JN312097

アジアの政治経済・入門
〔新 版〕

片山 裕・大西 裕 編

有斐閣ブックス

本書のコピー, スキャン, デジタル化等の無断複製は著作権法上での例外を除き禁じられています。本書を代行業者等の第三者に依頼してスキャンやデジタル化することは, たとえ個人や家庭内での利用でも著作権法違反です。

目　次

序　章　アジアの政治経済理解の魅力 ―――――――――――――1
1 イントロダクション……………………………………………2
海外旅行に行こう！（2）　停滞のアジア，発展のアジア（3）
2 変貌するアジア…………………………………………………4
経済の変化（4）　政治の変化（7）　相互学習（10）　アジア諸国のかかえる課題（11）
3 この本の読み方…………………………………………………12

第 I 部　基本的な見方

第1章　工業化とグローバル化 ――――――――――――――17
1 アジアの奇跡と政府の役割……………………………………18
レントをめぐる物語（18）　競争と成長（19）　産業政策と成長（22）
2 誰が政策を決めるのか…………………………………………24
レントをなくす改革（24）　レントを与える改革（26）
3 グローバル化と改革……………………………………………27
グローバル化とアジア通貨危機（27）　経済危機の原因（29）　グローバル化への対処（31）

第2章　政治体制の変動 ――――――――――――――――35
1 政治体制とレント………………………………………………36
権威主義で工業化？（36）　権威主義は生産的？（36）　民主主義は非生産的？（38）　非効率な権威主義（38）
2 権威主義体制の継続……………………………………………39
近代化論（39）　政治文化（40）　民主化の担い手不在——階級構造（42）　政治的制度化の失敗（43）
3 民主化とポスト民主化…………………………………………44
民主化の理由（44）　民主化以降の民主主義（47）

第3章 アジアをめぐる国際関係 ―― 53

1 国際環境における政策選択 …… 54
多様な国の類似した政策選択（54）　国際レジームの矛盾＝効用（55）　国際レジームをめぐる議論――大学講義のルールから（57）　アジア諸国にとっての国際レジーム――三つの見方（58）　冷戦の意外な作用（61）

2 国際環境の変容 …… 63
国際レジームの変化とグローバル化（63）　冷戦終結の複雑さ（65）

3 地域主義の波 …… 66
アジアン・ウェイ（66）　新たな地域主義の試み（68）

第Ⅱ部　アジアのすがた

第4章　韓国　財閥主導経済の誕生とその後 ―― 73

1 財閥――市場競争の勝利者か，政府が育てたモンスターか？ …… 75
財閥って何？（75）　自由化なのか，競争制限なのか（78）　官僚主導論（80）　本当に官僚主導なのか？（81）

2 民主化と財閥 …… 83
本当は改革したかった（83）　現実主義と財閥の膨張（83）　政策を歪めたのは誰か（84）　選挙が改革を止めた？（85）

3 金大中政権後の財閥 …… 86
金大中の改革（86）　改革実現の理由（87）　強い財閥と格差社会（88）

第5章　中国　地方政府主導型発展の光と影 ―― 91

1 中国の政治経済システムと地方政府 …… 93
政治システム（95）　経済システム（98）

2 鄧小平時代の経済発展と地方政府 …… 100
経済発展のプロセス（100）　外から見える側面（102）　内から見える側面（103）

3 江沢民時代以降の経済発展と課題 …… 106
経済発展のプロセス（106）　外から見える側面（108）　内から見える側面（109）　地方政府主導型発展の課題（111）

第6章 台湾　中小企業王国の発展とその変貌 ―――― 115

1 権威主義体制と中小企業の発展 ―――― 117
韓国とはちょっと違う？（117）　台湾なりの権威主義体制（117）　政府はどんな役割を果たしたのか（120）　なぜ財閥は生まれなかったのか（122）　がんばった中小企業（124）　やる気になった政府（126）

2 民主化と様変わりする中小企業王国 ―――― 127
「台湾化」でもあった民主化（127）　中国大陸へ向かう中小企業（128）　ハイテク・アイランドの立役者として（131）

3 二度の政権交替と今後の課題 ―――― 132
政権交替後の政府と民間企業（132）　アイデンティティーをめぐる対立（133）　二度目の政権交替が実現して（135）

第7章 インドネシア　権力集中，崩壊，そして分散 ―――― 139

1 独立，そして経済破綻 ―――― 141

2 スハルト体制の政治経済の基本的しくみ，そして変容 ―――― 145
すべてはスハルト大統領へ（145）　政治闘争の否定（147）　経済政策をめぐる二つの論理と華人資本（148）　1980年代半ばの変容――規制緩和，技術開発の夢，そしてファミリー（151）

3 経済危機，体制崩壊，そして権力分散 ―――― 154
権力分散，緩やかな経済復興（156）

第8章 フィリピン　特権をめぐる政治と経済 ―――― 159

1 政治に阻害された経済 ―――― 161
オリガーキーとクローニズム（161）　民主主義体制とオリガーキー（164）　権威主義体制とクローニズム（166）

2 民主化と自由主義的経済改革 ―――― 168
レントの廃止――自由主義的経済改革（168）　民主主義と経済自由化（169）　経済自由化の達成度（170）

3 経済自由化後の課題 ―――― 174
新しいレント（175）　所得格差（176）

第 9 章　マレーシア　アファーマティブ・アクションと経済発展 ────── 181

1　経済成長と分配 …………………………………………………… 183
多民族国家と国民統合──ブミプトラとノン・ブミプトラ（183）　アファーマティブ・アクション──多民族国家におけるケーキの切り方（185）　新経済政策とは何か？（187）　ケーキを切るルール──連邦憲法第 153 条（188）

2　アリ・ババから UMNO プトラへ ……………………………… 190
アファーマティブ・アクションとレント（190）　アリ・ババ・ビジネス（190）　UMNO プトラの誕生へ（192）

3　アファーマティブ・アクションを可能にする条件 …………… 193
ハイコスト経済──開発を支えた三つの資金（193）　ケーキの切り方とコック──輸出指向工業化と NEP（194）　コックの養成と食材の調達──NEP と工業発展のリンケージ（196）　北風と太陽──マレー人の特別な地位というレント（197）

第 10 章　タイ　非「国家主導型」発展モデルの挑戦 ────── 201

1　「微笑み」ながらの経済発展は可能か ………………………… 203
ガチガチの日本社会とユルユルのタイ社会（203）　タイの「奇跡的」な経済発展（203）　「金メッキ説」と「他力本願説」（205）　日本人好みの「ミニ韓国説」（206）　「次世代モデル説」の台頭と日本での不人気（207）

2　「弱い」国家の下での経済発展 ………………………………… 208
国家主導型開発モデルから民間企業主導型開発モデルへ（208）　産業政策不在の理由（209）　企業経営者と政界有力者との不安定な関係（211）　1970 年代のタイ経済の課題（212）　「弱い」国家の下での輸出指向型工業化への転換（214）　1980 年代後半からの高度経済成長（214）

3　「微笑みの国」の熱い政治 ……………………………………… 215
政治参加への熱い思い（215）　民主主義のレント抑制機能（216）　金融危機と新憲法制定（216）　タクシン政権の光と影（217）　2006 年 9 月のクーデタとタイ政治の混乱（218）　ハイリスク・ハイリターンではないタイ型発展モデル（221）

第11章　ベトナム　共産党支配体制下の市場経済化 ―――223

1　統制経済からドイモイへ ―――225

外資の進出と活躍（225）　植民地支配からドイモイまで（225）　共産党支配体制下での改革と経済発展（226）　経済改革の導入（228）　ソ連・東欧諸国との相違（229）　地域の寛容性（231）

2　ドイモイの進展と共産党支配体制 ―――232

経済改革と経済発展（232）　経済改革と共産党支配体制（234）　国有企業改革（236）　民間企業と外資（238）　社会の多様化（239）　国際社会の外圧（241）

第12章　ASEAN　イメージの曖昧な地域的国際組織 ―――245

1　ASEANって何？――相矛盾する印象 ―――247

地域的国際組織としてのASEANの特徴（248）

2　ASEAN設立の経緯と冷戦期の試練 ―――250

ASEAN設立前後の国際関係（250）　インドシナ三国の社会主義化とASEAN（254）　カンボジア紛争（255）　ARFの発足（257）

3　冷戦終結後のASEAN拡大と課題 ―――258

ASEANの拡大（ASEAN 10）（258）　AFTA（258）　アジア通貨危機から東アジア共同体への挑戦（263）　ASEAN統合に向けての課題（265）　ASEANとレント（266）

第13章　インド　貧しさと民主主義の競合 ―――269

1　社会主義と民主主義からの出発 ―――271

歴史と社会の重み（271）　植民地国家から独立国家へ（275）　社会主義と民主主義からの出発（277）

2　開発と統合の危機 ―――279

計画経済の破綻（279）　民主主義の危機（280）　会議派の凋落（282）

3　グローバル化の中のインド ―――283

経済自由化と三つのM（283）　ヒンドゥー過激派の運動と下層カーストの運動（284）　インド人民党政権の時代（287）　民主主義のダイナミズム（289）

新版あとがき————————————————————293
初版あとがき————————————————————295

 引用・参考文献 299
 事項索引 313
 人名索引 319

◆*Column*

① 国家と社会 9
② 開発主義，開発体制，開発指向国家と日本 21
③ 「よいレント」 24
④ 世界金融危機 32
⑤ クライアンテリズム（恩顧主義） 42
⑥ 社会主義・共産主義 46
⑦ イスラーム・ネットワーク 48
⑧ 福田ドクトリン 68
⑨ 東アジア共同体構想 69
⑩ 朝鮮戦争 78
⑪ 韓国の民主化 82
⑫ 中国の最高指導者のプロフィール 95
⑬ 中国の民主化をめぐる問題——天安門事件 105
⑭ 香　　港 110
⑮ 2.28事件 119
⑯ スマトラ島沖大地震 142
⑰ 9.30事件 145
⑱ フィリピンの国家と社会 165
⑲ 大統領の個性 173
⑳ ブミプトラ政策 187
㉑ シンガポール 198
㉒ 国王の政治的影響力 219
㉓ メコン地域開発とASEAN 252
㉔ 宗教紛争と国際政治 274
㉕ 市民社会を動かす女性とNGO 288

◆図・表

図序-1　開発途上国の地域における違い（1980-99 年）　5
図 4-1　現在の韓国　76
図 5-1　現在の中国　94
図 5-2　中国の GDP と実質成長率　101
図 5-3　対中直接投資額の推移　103
図 5-4　中国の貿易量と世界ランキング順位　108
図 6-1　現在の台湾　118
図 7-1　現在のインドネシア　143
図 8-1　現在のフィリピン　162
図 8-2　経済自由化前後の実質 GDP 成長率，インフレ率，失業率推移　172
図 9-1　現在のマレーシア　184
図 10-1　現在のタイ　204
図 11-1　現在のベトナム　227
図 11-2　ベトナムの GDP 成長率，1 人当たり GDP の推移　233
図 12-1　現在の ASEAN　248
図 12-2　アジア太平洋地域における国際的枠組み　259
図 12-3　ASEAN 諸国の実質 GDP 成長率（1980-2005 年）　260
図 12-4　ASEAN 5 と中国への海外からの直接投資の流入（1980-2004 年）　261
図 12-5　ASEAN への国／地域別海外直接投資（国際収支ベース）　262
図 12-6　ASEAN 原加盟 5 カ国の輸出額比率変化（1985，2007 年）　263
図 13-1　現在のインド　272

表序-1　各国の 1 人当たり GDP　6
表序-2　各国の産業別雇用者数　8
表 4-1　韓国略年表　74
表 5-1　中国略年表　92
表 6-1　台湾略年表　116
表 6-2　全輸出に占める中小企業の比率　121
表 6-3　台湾の製造業における中小企業と大企業の輸出販売比率　123
表 6-4　上位ビジネス・グループの売上高合計の対名目 GDP 比率　124
表 6-5　台湾企業による中国大陸への投資（対中投資）　130
表 7-1　インドネシア略年表　140
表 7-2　議会制民主主義時代の国家歳入・歳出　144

表 7-3　インドネシアの経済成長率　146
表 7-4　インドネシアの部門別シェア　146
表 7-5　インドネシアの国家歳入に占める援助の割合　149
表 7-6　原油依存度の推移　153
表 8-1　フィリピン略年表　160
表 8-2　1950 年代からの年代別年平均成長率　166
表 8-3　マルコス政権下の主なクローニー　167
表 8-4　フィリピン経済の自由化度　171
表 8-5　経済自由化開始前後の産業別成長率と構成比　175
表 9-1　マレーシア略年表　182
表 10-1　タイ略年表　202
表 11-1　ベトナム略年表　224
表 11-2　ベトナムにおける企業の所有形態別現状（2007 年）　238
表 12-1　ASEAN 略年表　246
表 13-1　インド略年表　270

●執筆者紹介●

片山 裕(かたやま ゆたか)〔編者。序章,第2章担当〕
京都大学大学院博士後期課程単位取得退学。
現在,京都ノートルダム女子大学副学長(比較政治,東南アジアの政治発展専攻)。
主な著作に,『現代フィリピンを知るための60章』(共著,明石書店,2001年),『講座東アジア近現代史──東アジア史の新構築』(共編著,青木書店,2002年),『日本比較政治学会年報第6号──比較のなかの中国政治』(編著,早稲田大学出版部,2004年),ほか。

大西 裕(おおにし ゆたか)〔編者。第1,2,4章担当〕
京都大学大学院博士後期課程中途退学。博士(法学)。
現在,神戸大学大学院法学研究科教授(行政学,公共政策論,アジア政治経済専攻)。
主な著作に,『韓国経済の政治分析──大統領の政策選択』(有斐閣,2005年,大平正芳記念賞),「比較行政学(開発途上国)」西尾勝・村松岐夫編『講座行政学①』(有斐閣,1994年),「与党ネットワーク」辻中豊・廉載鎬編『現代韓国の市民社会・利益団体』(木鐸社,2004年)ほか。

大矢根 聡(おおやね さとし)〔第3章担当〕
神戸大学大学院博士後期課程単位取得退学。博士(政治学)。
現在,同志社大学大学院法学研究科教授(国際関係論,国際政治経済学専攻)。
主な著作に,『国際レジームと日米の外交構想──WTO・APEC・FTA の転換局面』(有斐閣,2012年),『グローバル社会の国際関係論〔新版〕』(共編著,有斐閣,2011年),『東アジアの国際関係──多国間主義の地平』(編著,有信堂高文社,2009年)ほか。

三宅 康之(みやけ やすゆき)〔第5章担当〕
京都大学大学院博士後期課程単位取得退学。博士(法学)。
現在,関西学院大学国際学部教授(現代中国政治外交専攻)。
主な著作に,『中国・改革開放の政治経済学』(ミネルヴァ書房,2006年,大平正芳記念賞),「中国の経済発展と地方の産業行政」日本比較政治学会編『比較のなかの中国政治』(早稲田大学出版部,2004年)ほか。

松本 充豊(まつもと みつとよ)〔第6章担当〕
神戸大学大学院博士後期課程修了。博士(政治学)。
現在,京都女子大学現代社会学部教授(比較政治学,現代台湾政治論,アジア政治経済論専攻)。
主な著作に,『中国国民党「党営事業」の研究』(アジア政経学会,2002年,村尾育英

会学術賞奨励賞），「台湾——『二重の移行』と『黒金政治』」岸川毅・岩崎正洋編『アクセス地域研究Ⅰ——民主化の多様な姿』（日本経済評論社，2004年），「金権政治の再編と政治腐敗」「国民党の政権奪回——馬英九とその選挙戦略」若林正丈編『ポスト民主化期の台湾政治——陳水扁政権の8年』（日本貿易振興機構アジア経済研究所，2010年）ほか。

岡本 正明（おかもと　まさあき）　〔第7章担当〕
京都大学大学院博士後期課程単位取得退学。博士（地域研究）。
現在，京都大学東南アジア研究所准教授（地域研究，比較政治学専攻）。
主な著作に，『暴力と適応の政治学——インドネシア民主化と地方政治の安定』（京都大学学術出版会，2015年），「逆コースを歩むインドネシアの地方自治——中央政府による「ガバメント」強化への試み」船津鶴代・永井史男編『変わりゆく東南アジアの地方自治』（ジェトロ・アジア経済研究所，2012年），*Islam in Contention: The Rethinking of Islam and State in Indonesia* (eds. with Ota Atsushi and Ahmad Suaedy; CSEAS, CAPAS and Wahid Institute, 2010) ほか。

川中　豪（かわなか　たけし）　〔第8章担当〕
神戸大学大学院博士後期課程修了。博士（政治学）。
現在，アジア経済研究所主任研究員（比較政治学，制度分析，新興民主主義研究専攻）。
主な著作に，*Power in a Philippine City* (Institute of Developing Economies, 2002)，『ポスト・エドサのフィリピン』（編著，日本貿易振興機構アジア経済研究所，2005年），「政治制度形成の論理——新興民主主義国の制度分析にむけて」『アジア経済』第48巻第2号（2007年）ほか。

鳥居　高（とりい　たかし）　〔第9章担当〕
中央大学法学部卒業。
現在，明治大学商学部・大学院教養デザイン研究科教授（アジア史，東南アジア政治経済論専攻）。
主な著作に，『マハティール政権下のマレーシア——「イスラーム先進国」を目指した22年』（編著，日本貿易振興機構アジア経済研究所，2006年），『アジア中間層の生成と特質』（共編著，日本貿易振興会アジア経済研究所，2002年），「マハティールの開発戦略とASEAN——2020年ビジョンを中心に」山影進編『転換期のASEAN』（日本国際問題研究所，2001年）ほか。

浅見 靖仁（あさみ　やすひと）　〔第10章担当〕
東京大学大学院博士課程満期退学。
現在，法政大学法学部国際政治学科教授（比較政治学，開発学，タイ研究専攻）。
主な著作に，「東南アジアにおける民主主義の揺らぎ——紛争経験の記憶と解釈をめぐる争い」恒川惠市編『民主主義アイデンティティー——新興デモクラシーの形成』（早稲田大学出版部，2006年），「開発・ナショナリズム・民主化——開発独裁論再考」

赤木攻・安井三吉編『講座東アジア近現代史第5巻――東アジア政治のダイナミズム』（青木書店，2002年），「タイ――開発と民主化のパラドクス」末廣昭編『講座東南アジア史第9巻――「開発」の時代と「模索」の時代』（岩波書店，2002年）ほか。

白石　昌也（しらいし　まさや）　〔第11章担当〕
東京大学大学院博士課程単位取得退学。博士（学術）。
現在，早稲田大学大学院アジア太平洋研究科教授（東南アジア国際関係専攻）。
主な著作に，『ベトナム――革命と建設のはざま』（東京大学出版会，1993年），『日本をめざしたベトナムの英雄と皇子――ファン・ボイ・チャウとクオン・デ』（彩流社，2012年），『ベトナムの対外関係――21世紀の挑戦』（編著，暁印書館，2004年）ほか。

永井　史男（ながい　ふみお）　〔第12章担当〕
京都大学大学院博士後期課程単位取得退学。
現在，大阪市立大学大学院法学研究科教授（国際政治，東南アジア国際関係，タイ政治・行政専攻）。
主な著作に，「タイの多国間主義外交――経済外交の変化と持続」大矢根聡編『東アジアの国際関係――多国間主義の地平』（有信堂高文社，2009年），「タイの民主化と地方分権化――タムボン自治体創設の制度論的説明」玉田芳史・木村幹編『民主化とナショナリズムの現地点』（ミネルヴァ書房，2006年），「タイ――ASEANの1国としての受動的関与」岡本次郎編『APEC早期自由化協議の政治過程――共有されなかったコンセンサス』（日本貿易振興会アジア経済研究所，2001年）ほか。

竹中　千春（たけなか　ちはる）　〔第13章担当〕
東京大学法学部卒業。
現在，立教大学法学部教授（国際政治，アジア政治，インド現代政治専攻）。
主な著作に，「女性と民主主義――現代インドの実験」高畠通敏編『現代市民政治論』（世織書房，2003年），『世界はなぜ仲良くできないの？――暴力の連鎖を解くために』（阪急コミュニケーションズ，2004年），「平和構築とジェンダー」大芝亮・藤原帰一・山田哲也編『平和政策』（有斐閣ブックス，2006年）ほか。

（執筆順）

アジア諸国

世界の動きと，アメリカ，日本，本書で取り上げたアジア各国の主な政権

世界の動き		アメリカ	
年	主なできごと	年	大統領
1945	第二次世界大戦終了	1945-53	トルーマン（民主）
47	トルーマン宣言（冷戦の本格化）		
	IMF業務開始，GATT合意（戦後国際経済秩序の成立）		
49	中華人民共和国成立		
50	朝鮮戦争勃発（1953年休戦）		
51	サンフランシスコ講和条約（国際社会に日本が復帰）		
55	アジア・アフリカ会議（バンドン会議）	53-61	アイゼンハワー（共和）
65	米軍のベトナム戦争介入本格化（73年米軍撤退）	61-63	ケネディ（民主）
66	中国文化大革命開始（76年終結）	63-69	ジョンソン（民主）
67	ASEAN設立		
71	ニクソン・ショック（ドル・ショック）	69-74	ニクソン（共和）
72	ニクソン訪中（米中接近）		
73	第1次石油危機	74-77	フォード（共和）
79	イラン革命	77-81	カーター（民主）
	第2次石油危機		
85	プラザ合意	81-89	レーガン（共和）
	ソ連，ゴルバチョフによるペレストロイカ開始		
89	APEC設立		
	ベルリンの壁崩壊（冷戦終結）		
90	日本のバブル崩壊	89-93	ブッシュ（父）（共和）
91	湾岸戦争		
95	WTO発足	93-2001	クリントン（民主）
97	アジア通貨危機（～98年）		
2001	アメリカ，9.11テロ	2001-09	ブッシュ（子）（共和）
03	イラク戦争		
08	世界経済危機	09-	オバマ（民主）

日本		韓国		中国	
年	首相	年	大統領	年	最高指導者
1946-47	吉田（自由）				
47-48	片山（社会）				
48-54	吉田（自由）	1948-60	李承晩	1949-76	毛沢東
54-56	鳩山（民主～自民）				
56-57	石橋（自民）				
57-60	岸（自民）	60-61	張勉（首相）		
60-64	池田（自民）	61-63	朴正煕（軍政）		
64-72	佐藤（自民）	63-79	朴正煕		
72-74	田中（自民）				
74-76	三木（自民）				
76-78	福田（自民）				
78-80	大平（自民）	79-80	崔圭夏	78-92	鄧小平
80-82	鈴木（自民）	80-88	全斗煥		
82-87	中曾根（自民）				
87-89	竹下（自民）	88-93	盧泰愚		
89.6-8	宇野（自民）				
89-91	海部（自民）			92-2002	江沢民
91-93	宮澤（自民）	93-98	金泳三		
93-94	細川（日本新）				
94.4-6	羽田（新生）				
94-96	村山（社会）				
96-98	橋本（自民）				
98-2000	小渕（自民）	98-2003	金大中		
2000-01	森（自民）				
01-06	小泉（自民）	2003-08	盧武鉉	2002-	胡錦濤
06-07	安倍（自民）				
07-08	福田（自民）				
08-09	麻生（自民）	08-	李明博		
09-	鳩山（民主）				

※ 連立政権の場合は，中心となる政党を（　）に示した。

台湾	
年	最高指導者
1945-72	蔣介石（国民党）
72-88	蔣経国（国民党）
88-2000	李登輝（国民党）
2000-08	陳水扁（民進党）
08-	馬英九（国民党）

インドネシア	
年	大統領
1945-67	スカルノ
67-98	スハルト
98-99	ハビビ
99-2001	ワヒド
2001-04	メガワティ
04-	ユドヨノ

フィリピン	
年	大統領
1946-48	ロハス
48-53	キリノ
53-57	マグサイサイ
57-61	ガルシア
61-65	マカパガル
65-86	マルコス
86-92	アキノ
92-98	ラモス
98-2001	エストラーダ
2001-	アロヨ

マレーシア	
年	首相
1957-70	ラーマン
70-76	ラザク
76-81	フセイン
81-2003	マハティール
2003-09	アブドゥラ
09-	ナジブ

シンガポール	
年	首相
1965-90	リー・クアンユー
90-2004	ゴー・チョクトン
2004-	リー・シェンロン

タイ	
年	首相
1948-57	ピブーン
57-58	ポット
58.1-10	タノーム
59-63	サリット
63-73	タノーム
73-75	サンヤー
75.2-3	セーニー
75-76	ククリット
76.4-9	セーニー
76-77	タニン
77-80	クリアンサック
80-88	プレーム
88-91	チャーチャーイ
91-92	アーナン
92.4-6	スチンダー
92.6-9	アーナン
92-95	チュアン
95-96	バンハーン
96-97	チャワリット
97-2001	チュアン
2001-06	タクシン
06-08	スラユット
08.1-9	サマック
.9-12	ソムチャーイ
.12-	アピシット

ベトナム

年	国家主席（大統領）

ベトナム民主共和国

年	
1945-69	ホー・チ・ミン
69-76	トン・ドゥック・タン

ベトナム社会主義共和国

年	
1976-80	トン・ドゥック・タン
80-81	グエン・フー・ト（国家主席代理）
81-87	チュオン・チン（国家評議会議長）
87-92	ボー・チ・コン（国家評議会議長）
92-97	レー・ドゥック・アイン
97-2006	チャン・ドゥック・ルオン
06-	グエン・ミン・チエット

インド

年	首相
1947-64	ネルー（国民会議派）
64-66	シャストリ（国民会議派）
66-77	インディラ・ガンディー（国民会議派）
77-79	モラルジ・デサイ（ジャナタ連合）
79-80	チャラン・シン（バハラティヤ・ロク・ダル）
80-84	インディラ・ガンディー（国民会議派）
84-89	ラジブ・ガンディー（国民会議派）
89-90	V. P. シン（ジャナタ・ダル）
90-91	チャンドラ・シェーカル（サマジワディ・ジャナタ・ダル）
91-96	ナラシマ・ラオ（国民会議派）
96-97	ゴウダ（統一戦線）
97-98	グジラール（統一戦線）
98-2004	ヴァジパイ（インド人民党）
2004-	マンモハン・シン（国民会議派）

序章

アジアの政治経済理解の魅力

バリ島のヒンドゥー僧（2009年2月，写真提供：加納啓良）

1 イントロダクション

海外旅行に行こう！

　長引く不況と進行するデフレで，人々の財布の紐はますます固くなっているが，海外旅行だけは根強い人気で，年間延べ1,600万人もの日本人が海外に出かけている（2008年）。とりわけ手軽なレジャーとして定着している海外パッケージ・ツアーは円高の影響もあり，2009年は前年比11.5％の伸びであるという。

　海外旅行は楽しい。旅先で日本語が通じることはめったにないが，片言の英語と身振り手振りで最低限のコミュニケーションは成り立つ。人との出会いだけでなく，日本ではお目にかかれない建築物，料理，ショッピングと出合える。こうして，多くの海外旅行客は異文化体験の思い出とおみやげをスーツケースに詰め込んで帰国する。

　日本人の旅行先としては欧米が依然として根強い人気だが，アジアも捨て難い。何より，近いし，飛行機代も滞在費も安くあがる。欧米ほどではないにしても，日本では味わえない刺激に溢れる。韓国でエステを楽しむのもよし，シンガポールでショッピングするのもよし，タイやマレーシアのビーチで寝ころぶのもよし。日本人を目当てにした観光スポットも多い。内外の観光会社は，そうした観光スポットの売り出しに熱心である。「エキゾチック・アジア」「アジアへ行こう！」

　しかし，実際に観光旅行に行った人からは，次のような感想をよく耳にする。「あまり日本と変わらないねえ」。たしかに，観光ツアーに出て，たとえばタイのアユタヤまで来れば，日本にない鮮やかな風景を味わえるであろう。箸をとれば，珍味に出合える。しかし，ホテルも，町並みも，どこかで見たようなものが多いのも確かである。現地で暮らしている人々の服装も，ふつうに通りを歩いているかぎりではそんなに大きな違いはない。民族服を着ている人がいる。マレーシアやインドネシアでは，特にそうした人をたくさん見かける。それでも驚くほどではない。エキゾチックというよりは，近代化され，都市化され，日本とどこか似ているアジアの社会。そんな感想をいだく人が多い。

　エキゾチックなアジアと，近代化されたアジアとのギャップはなぜ生まれる

のだろうか。観光会社の人ならこう答えるであろう。日本と同じなどと言ったら，観光客が呼べないじゃないか。実際，観光スポットはいっぱいある。でも，それはスポットでしかない。大学の研究者ならこう言うだろう。観光客は社会の表面しか見ていない。それもそのとおり。しかし，忙しい日常生活を送る人々が，社会の深いところまで理解して旅行するのは難しい。こうしたギャップの発生について重要なのは，販売戦略や観光客の努力なのではなく，アジア社会が急速に変貌しつつあることである。昔はエキゾチックであったかもしれない。しかし，今は猛スピードで近代化しているのである。

停滞のアジア，発展のアジア
　エキゾチックなアジアという印象には，おそらく二つの側面が含まれている。一つは，そうした印象がアジア諸国の固有性に根ざすという側面である。たとえば，インドのカレーやベトナムのアオザイなどがそれである。まさにエキゾチック・アジアそのものである。もう一つの側面は，私たちの日本社会ではすでに痕跡を見つけることすら難しくなった旧い時代の諸相を，今日のアジア諸国に見出し，それをある程度の郷愁をもって見つめるという側面である。旧い時代の諸相とは，一言でいえば「停滞のアジア，貧しいアジア」である。
　ほんの30年前，アジアといえば停滞を意味した。欧米の進んだ文化，近代化された社会に対して，アジアは遅れた文化と前近代性が支配する社会として描かれることが多かった。識字率・教育水準が低く，不衛生で伝染病が広まっており，独裁的な政権が多く，言論の自由もないというイメージである。停滞の原因の一つは，第二次世界大戦前，アジアの多くが植民地化されていたことにある。イギリス，フランス，アメリカをはじめとする欧米列強は，南アジアと東南アジアの大半を植民地にし，かろうじて独立を保ったのはタイだけだった。北東アジアのうち，朝鮮半島と台湾は日本の植民地となり，中国は日本を含めた列強によって半植民地状態に置かれたのである。列強に搾り取られ，疲弊し停滞したアジアというイメージは，この時に定着した。
　政治体制の遅れも以前から言われてきたことである。編者の一人は，高校の「世界史」の授業でペルシャ戦争を学んだ時に，民主的なギリシャに専制的なアジアが負けたのだと教えられた。専制政治は，そのころからのアジアの政治の特徴なのだという。これは極端な事例だとしても，民主主義がアジアに根づ

きにくいという指摘は，戦後日本において随所でなされてきた。日本が例外なのだとも。あるいは，日本においてさえ，真の民主主義はいまだ根ざしていないとする人は少なくない。

しかし，一般的にこうしたイメージは現代のアジアからは消えつつある。先ほどの旅行客の感想からもわかるように，現代のアジア諸国は，異国情緒の裏返しとして存在する前近代的で遅れたアジアではなくなりつつある。工業化によって経済は急速に発展しつつあり，政治的には民主政治を実現する国が増えている。

2　変貌するアジア

経済の変化

アジアの政治経済がどう変わりつつあるのかを見てみよう。まずは経済からである。

経済状況の変化を見るのに，最もわかりやすい指標の一つが，その国の平均的な豊かさを示す1人当たり国内総生産（GDP）である。GDPとは，その国の国内で1年間に新しく生み出された生産物やサービスの金額の総和のことで，それを国内居住者の人口で割ったものが1人当たりGDPである。この数値が大きければ，その国は全体として豊かであると言える。しかし，1人当たりGDPだけでは，国民が総じて豊かであるかどうかはわからない。たとえば，年間所得100万円の人10人からなる国があったとしよう。この国の平均所得は100万円である。ここにもう一人，年間所得1億円の人が加わったとしよう。その時の平均所得は1000万円になる。大半の人が貧しくても，一部の人が豊かであれば，1人当たりGDPは跳ね上がる。

そこで，もう一つの指標として，貧困化率を見てみよう。貧困化率とは，収入が生活に必要な最低限の物を購入することができる最低限の収入水準にあり，娯楽や嗜好品に振り分けられる収入がほとんどない状況におかれた人々が全人口に占める割合を示すものである。この指標が高ければ，その国では貧しい人が多く，仮に1人当たりGDPが大きいとしても，その恩恵が社会に行き渡っていないことになる。

両者を組み合わせて開発途上国の地域ごとの違いを見たものが，図序-1で

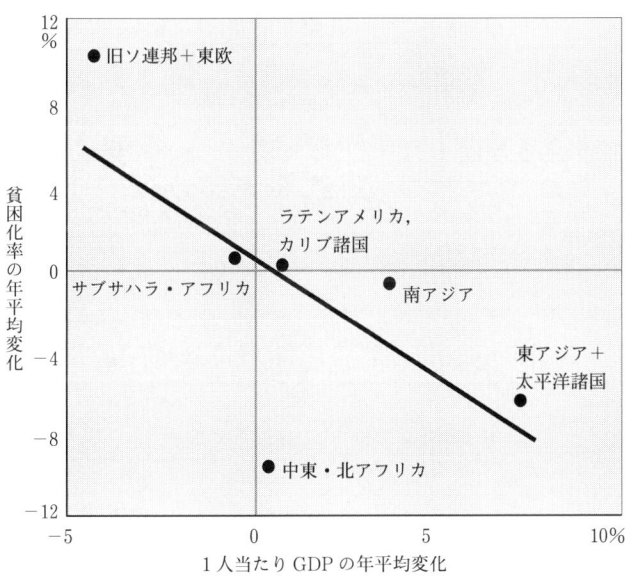

図序-1 開発途上国の地域における違い（1980-99年）

縦軸：貧困化率の年平均変化（%）
横軸：1人当たりGDPの年平均変化

プロット：
- 旧ソ連邦＋東欧
- ラテンアメリカ，カリブ諸国
- サブサハラ・アフリカ
- 南アジア
- 東アジア＋太平洋諸国
- 中東・北アフリカ

［出典］　世界銀行／西川潤監訳，2004年『世界開発報告――貧困との闘い 2000/2001』83頁。ただし，地域名を一部変更した。

ある。このうち東アジア・太平洋諸国は，開発途上国の中で最も急速に成長し，しかも貧困者の割合を減らしていることがわかる。南アジア地域も，東アジアほどではないにしても高い経済成長を示し，貧困者の割合を縮小させる方向に動いている。つまり，総じてアジア地域は，社会内で極端な格差を生み出さない形で経済成長を行ってきたということがわかるであろう。

同じアジア諸国でも，豊かさの程度や豊かになり始めた時期には大きな違いがある。表序-1は，各国別1人当たりGDPを示したものである。

アジア諸国は，経済成長の段階から，大まかに四つのグループに分けられる。第一は，韓国，台湾，シンガポール，香港のグループで，通常，**新興工業経済地域群（NIEs）**と呼ばれる。第二は，インドネシア，フィリピン，マレーシア，タイのグループで，いずれも第12章でふれる**東南アジア諸国連合（ASEAN）**の原加盟国であるため，ASEAN 4と呼ばれることがある。第三は，中国，インドとベトナムである。中国とインドは，ロシア，ブラジルとともに近年急速に経済成長を始めた人口規模，国土面積ともに大きな国で，頭文字をとって

表序-1　各国の1人当たりGDP　　　　　　　　　（単位：ドル）

	1970年	1980年	1990年	2000年
日　　本	1,978	9,184	24,706	37,561
韓　　国	275	1,632	5,893	9,762
台　　湾	389	2,344	7,851	13,873
シンガポール	914	4,854	12,158	22,450
香　　港	963	5,655	13,108	23,919
インドネシア	80	519	627	723
フィリピン	183	677	726	979
マレーシア	394	1,812	2,467	3,870
タ　　イ	196	703	1,559	1,936
中　　国	110	191	310	852
イ ン ド	109	264	375	456
ベトナム	—	—	98	401
カンボジア	104	—	116	257
北 朝 鮮	—	—	770	469
スリランカ	187	276	472	842
ネパール	73	134	200	239
パキスタン	162	292	364	442
バングラデシュ	135	206	274	343
ブルネイ	—	25,422	13,973	15,386
ミャンマー	75	166	500	730
ラオス	—	—	209	328

［注］北朝鮮，ブルネイ，ミャンマーの3国の2000年の数字は，1999年の数字である。
［出典］『世界国勢図会CD-ROM版』。台湾のデータは，*Taiwan Statistical Data Book 2005*による。ミャンマーの1970年と1980年の数値は，国際連合統計局（後藤正夫翻訳監修）『国際連合 世界統計年鑑』日本語版1983/84, 1974のGDP（1970年，80年）と人口センサス（1973年，83年）から算出した。

BRICsと称されることが多い。最後は，まだ経済成長が本格化していないそれ以外の国である。

　表序-1から，NIEs，ASEAN 4，BRICs＋ベトナムの順に経済成長を始めた時期が早く，それを反映して1人当たりGDPの大きさにも差があることがわかる。NIEsは1970年代から，ASEAN 4は1980年代から，BRICs＋ベトナムは1990年代から本格的に経済成長を始めたのである。

こうしたアジア諸国の経済成長の中心的なエンジンとなったのは製造業であった。表序-2は，各国の雇用者数の構成を産業別に見たものである。データが1年分しかないベトナムは除いて，いずれの国も，農業を中心とする第一次産業の割合が減り，第二次産業，第三次産業の比率が増加する方向に変化が生じていることがわかる。**工業化**が進んだNIEsでは第三次産業が中心的な産業となっており，ASEAN 4 にもその傾向が表れている。工業化が始まって間もないBRICs＋ベトナムでも，第三次産業の増加割合が大きい。

このように，図表を見て確認できるのは，工業化によってアジア諸国が急速に経済発展したという共通の方向性と，国によって工業化の程度に違いが見られる点である。方向性が同じことから，BRICs＋ベトナムが工業化に本格参入する以前，NIEsとASEAN 4 を指して，アジア諸国は日本を先頭に空を飛ぶ雁の集団にたとえられることが多く，**雁行型発展**と呼ばれてきた。タイムラグはあるにせよ，アジア諸国は第二次大戦後，急速な工業化に成功し，きわめて良好な経済実績を維持してきたのである。

政治の変化

次に，アジア諸国の政治の変化について見てみよう。政治のしくみは，経済とは異なり今でもさまざまであるが，共通の方向性がある。それは**民主化**である。現在，複数の政党が競争して選挙で政権を争い合う民主政治を実現しているのは，日本，韓国，台湾，フィリピン，タイ（2006年9月にクーデタが発生し，戒厳令を布告すると同時に軍政に移行したが，08年2月に民政に戻った），インドネシア，インドなどである。中国やベトナムはそうではなく，マレーシアやシンガポールは，選挙はなされても政権交替が起こらない，あるいは起こりにくい政治のしくみとなっている。まだ非民主的な政治体制が少なくないが，25年少し前，民主政治を実現していた国が日本とインドだけであったことを考えると，アジア地域の民主化には大きな進展が見られる。ただ，経済と違って民主化への政治の流れは直線的ではなく，行きつ戻りつであった。

アジア諸国の戦後政治は，大まかに，第二次大戦後から1950年代までの建国の時代と，1960年代以降の非民主主義の時代，1980年代後半以降の民主化の時代に分けられる。

ほとんどの国が第二次大戦後，日本や欧米列強諸国から独立することで政治

表序-2　各国の産業別雇用者数　　　　　　　　　　　　　　　（単位：％）

	年	第一次産業	第二次産業	第三次産業		年	第一次産業	第二次産業	第三次産業
日　本	1970	17.4	35.2	47.4	フィリピン	1971	50.4	15.3	34.3
	1980	10.4	34.8	54.8		1980	51.8	15.0	33.1
	1990	7.2	33.6	59.2		1990	45.2	14.6	40.2
	2000	5.1	30.7	64.2		2000	37.4	15.6	47.0
韓　国	1970	50.4	17.2	32.3	マレーシア	1970	46.0	11.8	38.2
	1980	34.0	28.7	37.3		1980	37.2	22.7	40.1
	1990	17.9	35.0	47.1		1990	26.0	26.8	47.2
	2000	10.6	27.8	61.6		2000	18.4	31.7	50.0
台　湾	1970	36.7	28.0	35.3	タ　イ	1971	76.7	6.7	16.5
	1980	19.5	42.5	38.0		1980	70.8	10.0	19.2
	1990	12.8	40.8	46.3		1990	64.0	13.7	22.4
	2000	7.8	37.2	55.0		2000	48.8	18.5	32.7
シンガポール	1970	3.5	28.9	67.6	中　国	1990	53.4	18.7	27.9
	1980	1.3	34.8	63.8		2000	46.3	16.9	36.8
	1991	0.3	34.7	65.0	イ　ン　ド	1971	72.1	11.2	16.7
	2000	0.2	33.9	65.9		1981	62.6	12.3	25.2
香　港	1971	3.9	51.6	43.0		1991	66.9	12.5	20.5
	1980	1.4	49.6	48.9		1999-2000	56.7	17.2	26.1
	1990	0.9	36.1	63.1	ベトナム	2000	65.3	12.2	22.5
	2000	0.3	19.8	79.9					
インドネシア	1971	62.2	9.5	27.3					
	1980	56.4	13.0	30.6					
	1990	55.9	13.6	30.6					
	2000	45.3	16.9	37.9					

［注］　国際標準産業分類を以下の通りにグループ分けし、雇用者合計数に占める比率を求めた。

　　　　　　　　　　　　　ISIC 第二版　　ISIC 第三版
　　第一次産業：1　　　　　　　　　　　A, B
　　第二次産業：2, 3, 5　　　　　　　　C, D, F
　　第三次産業：4, 6-9, 0　　　　　　　E, G-Q, X
　　ただし、マレーシアの 1970 年は国際標準産業分類 1958 による。

［出典］　ILO LABORSTA Internet（http://laborsta.ilo.org/），TABLE 2B：Total, employment, by economic activity. 台湾のデータは *Taiwan Statistical Data Book 2005* に，香港の 1971 年，マレーシアの 1970 年，インドネシアの 1971 年のデータは国際労働機関『国際労働経済統計年鑑』日本語版 1975（日本 ILO 協会）に，インドのデータは，1971 年は同『国際労働経済統計年鑑』日本語版 1975，1981 年は同『国際労働経済統計年鑑』日本語版 1985，1991 年は Office of the Registrar General, India, Census of India（http://WWW.censusindia.net/），1999-2000 年はインド財務省，Economic Survey 2002-2003 による。

> **Column①　国家と社会**
>
> 　開発途上国において大統領（首相），官僚制，国軍，司法制度などの国家の諸制度がどのくらい近代化したかを見るときに，国家と社会を対比させて考えることが多い。たとえば，大統領が政策立案・決定において大企業や有力一族の利益や意向に強く影響されることが多い場合は，国家は社会から自立していない（社会が国家に浸透している），あるいは国家は社会と比べて弱いという言い方をする。伝統的な国家においては，国家の利益は特定集団の利益にほぼ百パーセント浸透されている（強い社会，弱い国家）。近代国家成立は，国家指導者（集団）が自らの出身母体の個別的な利益ではなく，国家全体の利益を体現し，実現する過程とみなすことができる。こうして成立した近代国家は社会から自立した国家であり，その担い手である政治指導者や官僚は，社会の個別的利益から遮断されていると表現される（強い国家，弱い社会）。

の歩みを始めている。フィリピンやインド，マレーシアのように宗主国との交渉で独立した国もあれば，インドシナ三国（ベトナム，ラオス，カンボジア）やインドネシアのように独立戦争を経て独立した国もある。しかし，これら諸国には共通点があった。それは，国家を独立に導いた指導者が，建国の父として他を圧する権威を持ったことである。インドのガンディー，ネルー，中国の毛沢東，インドネシアのスカルノ，韓国の李承晩（イ・スンマン）などがその代表である。この時代，政治体制の違いよりはリーダーのカリスマ性が，政治に重要な影響を与えていた。スカルノや李承晩などは自ら都合のいいように政治体制を変形することができ，国民もそれを了承したのである。

　しかし，時間の経過にともない，こうしたカリスマ的指導者は退場していく。そこで重要性を持ち始めたのが，政治体制であった。中国，ベトナムなどの共産党一党独裁を実現した国々と，早期に民主主義体制を確立したインドは，カリスマ退場後も政治体制を変えなかったが，NIEs，ASEAN諸国は**開発独裁**と呼ばれる非民主的な政治体制に移行した。開発独裁とは，独裁を正当化する論理を開発におく体制である。すなわち，遅れた社会を開発し，経済的に発展させて人々の暮らしをよくするためには，政治的安定が必要なので，政治参加や人権の制限もやむをえないとすることで，独裁を正当化した体制である。

　こうした国々に表れた非民主的支配の程度，パターンはさまざまであるが，

大まかには政権を支える主たる装置が政党であるか（シンガポール，マレーシア，台湾），国軍であるか（韓国，インドネシア）によって分けることができる。国軍によって社会統制がなされる場合，時として，自国民を弾圧あるいは虐殺するという悲劇が生じた。

しかし，NIEs，ASEAN諸国は，1970年代半ばから生じた**第三の波**と呼ばれる世界的な民主化の潮流（ハンティントンによると，第一の波は1828-1926年の長い期間でアメリカ革命とフランス革命にルーツを持ち，第二の波は1943-62年と短く，第二次大戦とともに始まった）に乗って，民主主義へと政治体制を変えていった。フィリピンを皮切りに，韓国，タイ，台湾と民主化の波は広がった。少し後になるが，1998年にはインドネシアも民主化した。

他方，中国やベトナムなどの共産党支配の国では，政治体制の変動は現時点まで生じていない。これらの国では，政治のしくみだけでなく経済のしくみも，私たちの社会とは大きく異なり，私有財産の存在を大幅に制限する**社会主義**である（第2章 *Column* ⑥参照）。商品を売って金儲けをする民間企業の存在を長い間認めなかった。しかしながら，ミャンマーや北朝鮮などの一部の国を除けば，民主化の前提となる自由化は，少しずつだが着実に進行している。経済運営は，1980年代後半から私有財産や民間企業の存在を認める市場経済に移行した。政治的権利の基本である表現の自由も，以前に比べると規制が緩和されている。

相互学習

経済的に豊かになることと民主化の成功は，多くの非欧米諸国が夢見てきた目標であるが，目標にとどまってなかなか実現できない。アフリカ諸国が，経済成長どころか，飢餓や内戦，あるいは独裁者による個人支配に苦しんでいることは，多くの人が知っているところである。ラテンアメリカ諸国は，1980年代に入って民主化と経済成長の同時達成に一時近づいたが，1990年代後半以降，不況に陥り苦しんでいる。中東の国々は多くが民主的な政治体制ではなく，1980年代末に共産主義から自由主義・資本主義に移行した旧ソヴィエト連邦諸国でも，民主化と経済成長の両立に悩んでいる。そうした中にあって，アジアの多くの国が持続的な経済成長と民主化の両立に成功しつつあるのは，特筆すべきことである。

アジア諸国が連鎖的に成功の輪に入っていった理由を考えるうえで，一つのヒントとなるのが，隣国の経験に学び合う「相互学習」である。独立後，アジアでは，政治的にも経済的にもさまざまな試みがなされた。建国時の政治体制は，悪く言えばばらばらであった。民主政治を採用する国もあれば，共産党独裁体制を採用する国もあった。事実上は王制と変わりない大統領制を採用する国もあった。経済政策も多様であった。世界との関係を絶って自給自足経済をめざす国もあれば，貿易に依存し，そこに活路を見出す国もあった。当然，さまざまな国が政治的・経済的に失敗することとなったが，成功する国も出てきた。その中で，失敗したものが成功したものの経験を見習うという相互学習がなされたのである。

　1950年代の日本の経済的成功を目の当たりにした韓国や台湾が，日本の経済政策を学習し，急速な工業化の道を開くと，次はマレーシアがこれらの国の成功から学ぼうとした。東南アジア諸国が貿易を通じて工業化に成功すると，次は，孤立的な経済体制に固執していたインドがこれに倣って政策を転換し，経済成長の道を歩み始めた。この輪は，さらに中国やベトナムなど共産党支配の国々にも広がっていったのである。

　成功体験を相互に学習するということは望ましいことである。しかし，望ましいからといって，それが実践に移されるとはかぎらない。実際，アジア以外では，実践例はほとんどないか，うまくいっていない。他の地域ではできなかったのに，なぜアジア諸国で相互学習が実行されたのであろうか。相互学習を可能にした国際的な枠組みや国内政治経済の形は，どんなものであろうか。

アジア諸国のかかえる課題

　アジア諸国は政治的・経済的に急速に変貌をとげつつあるが，依然としていくつかの問題に直面している。一つは，民主化の質の問題である。たしかに，アジアの中では，競争的な選挙を曲がりなりにも実施し，選挙によって政権が交替する国が多くなってきている。しかし，選挙の公正さに課題のある国が少なくない。また，政府と民間企業の間での金銭のからんだ癒着関係など，政治と経済との関係が不透明だとみなされがちである。先進国や国際援助機関から受け取った援助が，国民全体のためではなく，少数の特権者のために利用されることも珍しくない。少数民族などマイノリティー集団の権利保障が不十分

で，政府による不当な弾圧に抗議し，分離運動が武力闘争となって燃え盛る国もある。要するに，民主化をどのように実質化していくのかということが，これらの国にとっては，重要な課題なのである。

次に問題となるのは，**グローバル化**への対応である。現在私たちは，人間や商品，資金の移動を区切っていた国境という垣根が急速に低くなる事態に直面している。情報は，すでにインターネットなどで瞬時に全世界に伝わるようになっている。外国人労働者が地方の街に住むのが見馴れた光景になり，手にする商品の多くが外国製品であったりもする。他方，グローバル化には光と影がある。グローバル化のメリットを十分享受できる国や地域はますます栄えるが，そうでない国や地域は取り残され，国家間，地域間の格差が拡大している。またグローバル化は，政府の能力を制限する可能性が高い。たとえば，企業からたくさん税金を取る制度を導入しようとすれば，大企業は税金の安い国に資金を移動させるであろう。政府は高い税金を取りにくくなり，ひいては，政府が必要な福祉政策を実施できなくなるかもしれない。

もう一つ大きな問題と考えられるのは，アイデンティティーにかかわることである。たとえば，日本人が日本人，フィリピン人がフィリピン人であると自分のことをみなす根拠にかかわる問題が，このところ急に重要性を増してきている。ジェンダーやエスニシティー，宗教がこの場合，特に重要である。イスラーム教徒であるインドネシア人は，同じイスラーム教徒であるイラクの惨状にどう向き合うべきか，惨状を生み出すのに関係したアメリカとどうつきあうべきなのか。韓国人は，同じ民族の住む北朝鮮を支援すべきなのか，政治経済体制を同じくする日本やアメリカと協力すべきなのか。台湾に住む人々は，台湾人なのか中国人なのか。日本人について言うならば，そもそも日本はアジアなのかどうか。国家としてだけでなく個人としても，アジアの一員として自らを位置づけるのかどうかは，戦後だけでなく現在においても重要かつ切実な課題である。

3　この本の読み方

アジア諸国を旅行し，少しまじめに考えてみようと思えば，このようにさまざまな疑問，とまどいにぶつかることだろう。アジア諸国はなぜ，あるいはど

のように政治的・経済的に変貌しつつあるのだろうか。現在，直面するさまざまな課題に，アジア諸国はどう取り組もうとしているのか。アジアは私たちにとって身近な存在であるだけに，理解する手がかりがほしいと考えている人は多い。

　もちろん，アジア諸国の政治経済については，日本国内でも専門書がたくさん出されており，それらを読み進めば深い理解を得ることができる。また，そうすることが実際，望ましい。しかし，忙しい日常に追われる人々に，この問題だけを考える余裕はない。また，何から読んでよいのかわからないという人も多いと思う。特に，大学に来て本格的に専門の勉強を始めようとする学生のみなさんは，迷われるだろう。本書は，そうした人々に向けて何らかの手がかりを提供できれば，という願いで書かれた。

　では，本書をどのように読んでいけばよいのか。簡単に説明しよう。

　本書は，大きく分けて二つの部から成っている。

　第Ⅰ部では，アジアの政治経済を理解する上で，共通して重要な事柄を説明する。これまで説明したように，アジア諸国は，急速な工業化や，グローバル化，民主化など，共通した経験を経ている。第1章では，アジア諸国の工業化は，これまでどのように見られてきたのか，工業化にあたって政治はどのように関係してきたのかを説明し，グローバル化への対応をどう見るのかを考える。第2章では，民主化はどのようにして起こるのか，民主的な政治体制と非民主的な政治体制とではどちらが経済成長にプラスの影響を与えるのか，グローバル化が政治体制にいかなる影響を与えるのかを見る。第3章では，アジア諸国が経済成長し，民主化するにあたって背景となった国際政治経済の制度を見る。

　アジア諸国が独立した時，世界はアメリカを中心とした自由主義陣営と，旧ソ連を中心とした社会主義陣営に分かれてにらみ合う東西冷戦の最中であった。民主化の第三の波は，この冷戦の終わりの時期に発生した。このように，アジア諸国同士の関係やアジアを取り巻く環境は，それぞれの国の政治経済に重要な影響を与えているので，それを第Ⅰ部で押さえよう。

　第Ⅱ部では，各国別に，工業化とグローバル化，民主化をはじめとする政治体制の変動がどのように生じて，現在の政治経済がどう形成されたかを説明する。各国には，第Ⅰ部で説明するような共通性もあるが，他方で驚くべき多様性が存在する。そうした各国の個性を，これまでどのように私たちは見てきた

のかを説明するのである。

　第Ⅱ部で取り上げる国は，北東アジアの韓国（第4章），中国（第5章），台湾（第6章），東南アジアのインドネシア（第7章），フィリピン（第8章），マレーシア（第9章），タイ（第10章），ベトナム（第11章），南アジアのインド（第13章）とする。これらは，先ほど説明した「相互学習」の輪に入ってきた，NIEs，ASEAN，BRICsの国々である。加えて，アジア諸国の間で長期にわたって相互学習と協力の舞台となってきた，ASEANについて説明する（第12章）。ヨーロッパの欧州連合（EU）のように，世界の各地は何らかの国を超えた地域協力機構を持っていることが多いが，アジア諸国にはこうした機構がこれまで存在せず，東南アジア地域に限定されたASEANくらいであった。ASEANは，東南アジアの枠組みを超えた地域協力を促してもきた。現在あちこちで提唱されている東アジア共同体も，おそらくASEANの経験をふまえたものになると考えられる。

　なお，香港，シンガポールについては，それぞれ第5章，第9章において，見開きのコラムとして取り上げた。

　このように，第Ⅰ部はどちらかというとアジア諸国を考える際に共通した部分を説明し，第Ⅱ部は各国の個性を説明するという構成になっている。本書を読むみなさんは，第Ⅰ部をふまえつつ第Ⅱ部の各国編を読めば，それぞれの国のことが立体的にわかるようになるだろう。しかし，忙しい人は，自分がいま関心のある国について第Ⅱ部で押さえ，関連するところのみ第Ⅰ部を読む，という方法も可能である。そのために索引をつけ，重要語句はゴシック体で表記している。

　読者の中には，本書を読んでいるうちに，もっと知りたいと思う人が出てくるだろう。当然のことである。実際，本書はみなさんに考える手がかりを提供するねらいで書かれている。さらに読み進めたいみなさんには，各章末に読書案内を用意したので，取り上げられている文献を読んで，もっと深く知ってほしい。やはり，海外旅行でも，とおりいっぺんのことを知って出かけるより，深く知って出かける方が実り多いものである。

　それではみなさん，楽しんで読んでください。

（片山　裕）

第Ⅰ部

基本的な見方

第1章
工業化とグローバル化

●世界一に躍り出た上海モーターショー（2009年4月20日。写真提供：Imaginechina/PANA）

　本章で説明する「レント（権益）」は，政治と経済の関係を理解するうえでの鍵となる言葉の一つである。アジア諸国は，第二次世界大戦後，急速な工業化に成功したが，それには政府の政策が大きく関係していた。20世紀の終盤にアジアに押し寄せてきたグローバル化の波への対応も政策上重要な課題で，1997年，2008年にはその対応能力が試される経済危機が生じた。危機に苦しむ中で，アジア諸国の政治と経済の関係は大きく変化しようとしている。

1 アジアの奇跡と政府の役割

レントをめぐる物語

　昨今，プロ野球人気が低迷していると言われることが多くなった。昔に比べて，プロ野球がおもしろくなくなったというのだ。一昔前であれば，夏場はサラリーマンのお父さんが，自宅でビールを飲みながらテレビでのプロ野球観戦というのは珍しくなかったし，学校帰りの子どもたちが近所の広場でキャッチボールに興じるのも当たり前の光景であった。

　プロ野球人気が低迷している理由はさまざまである。球団経営が成り立たない，サッカーなどほかにも楽しいスポーツが盛んになった，スター選手がいない，塾通いやTVゲームで忙しい子どもたちがそもそもスポーツをしなくなっているなど，いろいろな点が指摘される。人によって考え方は異なるが，プロ野球を何とか改革しないと，このままではじり貧であるという点は，多くの人々が共有している。

　ではどう改革すればよいのか。いろいろな提案がなされているが，ここではアメリカ大リーグとの関係を取り上げよう。プロ野球人気低迷の要因として，大リーグに日本の有力選手がとられてしまい，国内にスター選手が少なくなっていることがあげられるからである。

　これまでの日本の対応は，有力選手をできるかぎり移籍させないことで，大リーグへの移籍も拒むというものであった。選手は，入団して9年しないと，海外移籍の自由が生じるフリーエージェント制度（FA）の権利を獲得できず，その間，本人の希望は基本的に聞き入れられない。9年もすれば，スター選手も盛りを過ぎていることが多い。しかし，それでも有力選手が流出する状態が続いているのである。

　これに対し，全く逆の方向から二つのプロ野球活性化の提案がなされている。一つは，完全自由化である。大リーグに行きたい選手は行かせればいい。逆に，有力大リーガーをどんどん国内に連れてくればいいではないか。外国人保有枠の制限も取っ払えばいい。プロ野球をおもしろくするには，日本人の有力選手をかかえ込むことではなく，いいプレーをファンに見せることこそが重要だ，という議論である。もう一つは，外国チームへの移籍をさらに制限し，外国か

らの選手の流入も制限するというものである。日本のプロ野球がつまらなくなったのは，スター不在が原因であると言われるが，日本人のスターはたくさんいる。高校野球が盛んなので，将来のスター候補も多い。彼らを国内にとどめれば，プロ野球は活性化するはずである。

　前者の主張を開国派，後者の主張を鎖国派としよう。開国派の議論のポイントは，これまで存在した海外との競争制限を撤廃することである。制限の結果，有力選手を抱え込んだ球団は十分な経営努力をせず，ファン開拓を怠ってきている。抱え込まれたプロ選手は，競争があまり激しくない環境と高額年俸に安住してプレーに切れがなくなる。制限を撤廃すれば，こうした問題がなくなり，選手も球団も必死に努力するであろう。それだけではない。さらに次の利点が生まれる。日本人選手の特徴は，守備がうまく，足が速いが，パワーに不足する点にある。日本には剛速球投手や，メジャー級のホームランバッターは少ない。野球をおもしろくするには，日本人選手に足りないパワーを外国人選手で補うことである。逆に，走れて守れる選手はメジャーに輸出すればいい。

　他方，鎖国派の議論は，球団，選手の競争を国内に制限することにポイントがある。鎖国派は，日本のプロ選手は日本の野球で育ってきたのだから，日本の野球に貢献するのが当然であると主張する。いいプレーが見られるといっても，外国人選手ばかりのチームで日本のファンが楽しいだろうか，とも言う。それだけではない。もし開国派の言うとおりにすると，日本では剛速球投手もホームランバッターも生まれなくなる可能性がある。各チームの４番バッターやエースが外国人に占められれば，日本人選手は，歯が立たない外国人と勝負するより，その他のポジションでがんばろうとするだろう。そうなると，往年の王貞治選手や現在のダルビッシュ有投手クラスの選手が，日本では出てこなくなるかもしれない。それで野球は楽しいのか。

　みなさんは，どちらがよりよい提案だと考えるだろうか。

競争と成長
　プロ野球改革に関する以上の話の基本的な枠組みは，アジア諸国の工業化に関する議論の展開と構造がよく似ている。序章で述べたように，アジア諸国は他の地域とは異なって急速に工業化したが，それは，どんな政策によってなのか。これまでよく言われてきたものは二つある。一つは，海外の商品を自由に

輸入できるようにするなど，政府が競争を活性化させる政策によって工業化したという説明であり，もう一つは逆に，政府が海外の商品を輸入させなくする政策によって，国内の成長途上の若い企業の育成に成功したことが重要だという説明である。前者が開国派，後者が鎖国派に対応する。この二つの違いは，自由な競争を促すのがいいか，制限するのがいいかに集約される。

　政府による競争制限はいいことなのか，悪いことなのか，少し考えてみよう。そのヒントとなるのが，日本の農業保護政策である。日本の米価は，世界の標準的な米価からすれば10倍高い，とよく言われる。その理由は，日本でコメを作ろうとすると，人件費に耕作機械費に肥料に農薬にと，ともかく費用がかさむことに加えて，海外の安いコメの輸入が制限され，輸入米に高い関税を課していることにある。もし海外のコメが流入すると，値段の高い国産米は売れなくなり，日本の農家は格段に安くコメを作れる海外の農家と競争しなければならなくなる。その意味で，日本政府はコメ農家を優遇し，農業を保護しているのである。このように，市場における競争を制限することによって生じる「優遇」のことを，政治学や経済学の世界では「**レント（権益）**」と呼ぶ。つまり，レントとは，経済の世界において展開されるはずの自由な市場競争を制限することで，多くの場合，商品やサービスの提供側（生産者）が追加的に獲得する利益のことである。先ほどの米価の例で言えば，政府がコメの輸入を制限することで，コメ農家は，自由な市場競争の下では得られなかったはずの利益（レント）を得ているのである。

　こうしたレントは，市場競争を阻害し，より良い商品をより安く提供しようという意欲（インセンティブ）を生産者に与えなくなるので，できるかぎりなくすべきであるというのが開国派で，一般に**新古典派経済学**的な見方と呼ばれる。この見方によれば，レントは，それ自身も好ましくないが，もう一つ好ましくない点がある。政府がレントを設けて特定の企業や産業を保護することがわかると，他の企業や業界団体もロビー（陳情）活動をし，悪くすると関係者に賄賂を贈ってレント獲得のために政府に働きかけるであろう。こうした活動をレント追求行動と言う。レント追求の働きかけは，それ自身に時間やお金などのコストがかかり，生産活動に回せるはずのエネルギーを減らしてしまうことになる。だから，新古典派の立場に立てば，アジア諸国の工業化の成功は，他の地域とは異なって，市場からできるかぎりレントを排除したことによる，とい

Column② 開発主義，開発体制，開発指向国家と日本

　よく，東アジア諸国や東南アジア諸国の政治体制を表す時に，開発主義，開発体制，開発指向国家などと言うことがある。これらの言葉は，民主主義や権威主義，資本主義や社会主義という，政治経済のしくみを表す言葉ほど一般社会に定着した言葉ではないので，とまどうことも多いだろう。**開発主義**とは，個々の国民の利害よりも国家や民族の利害を優先し，工業化を通じた経済成長による国力強化をめざして，物的人的資源の集中的動員と管理を行う方法やイデオロギーのことを言い，**開発体制**とは開発主義を可能とする政治的，法制度的枠組みを指す。開発主義や開発体制を採用する国家のことを，開発指向国家と言うこともある。しかし，いま示した定義は，学者の間でも必ずしも共有されているとは言えない。開発主義と開発体制はしばしば混同され，区別されずに使われる。

　これらの言葉が政治経済学の世界で広く使われるようになったきっかけは，チャーマーズ・ジョンソンというアメリカの政治学者が，『通産省と日本の奇跡』という本の中で，日本の政治を扱う言葉として「**発展（開発）指向国家**」を用いたことである。ジョンソンによると，多くの先進国の経済政策に期待されるのは，弱肉強食の世界である経済活動を規制する点であるのに対し，日本では経済活動を発展させる点にあることを重視し，日本の政治経済の異質性を表す意味でこの言葉を用いたのである。

　発展指向国家と開発主義等の言葉のつながりは，アジア諸国の政治経済を考えるうえで日本の経験を知ることの重要性を教えてくれる。

うことになる。

　他方，鎖国派は，レントを設けて国内産業を保護することで良いこともあるのだと主張してきた。アジアの国々は，今でこそ工業化に成功し工業製品を輸出している国が多いが，数十年前までは，ほとんどが農業国で，主たる商品は，農産物と工業製品の原料となる鉱物資源であった。もしこの状況で，まだよちよち歩きの国内の幼稚産業を保護しなければ，市場には外国の輸入品があふれかえり，いつまでも農業や鉱業中心のままである。それでは，経済的に欧米先進国の言いなりになる状態が続いてしまうではないか。今すぐには国内の企業が安くて質の良い製品を作れなかったとしても，海外からの輸入を制限して，国内企業を育成し，外国からの輸入に頼っている工業製品を，彼らが代わって作り出す**輸入代替工業化**をしなければならないのである。こうした見方が鎖国

派の議論で、**構造主義**と呼ばれることが多い。

　野球の世界では、開国派と鎖国派とどちらがより良い提案であろうか。テストケースになるのは、2006（平成18）年に行われた「ワールド・ベースボール・クラシック（WBC）」であろう。野球の盛んな国同士での対抗戦で、優勝したのは日本、準優勝はキューバである。日本はやや鎖国的で、キューバは鎖国派である。しかし、日本よりは開国派の韓国が、日本に勝ち越してベスト4に進出している。2009（平成21）年の結果も似たようなものであった。結論はまだ出ていないと言うべきか。

　他方、新古典派と構造主義とではどちらがより説得的にアジアの成功を説明できるのかは、はっきりしている。アジアの国々は、1960年代半ばごろから鎖国派の主張する輸入代替工業化をやめ、世界経済の中で生きていくことを選択して工業化に成功していった。つまり、国内で作れる、輸出競争力のあるものを海外に積極的に売り込むことで、経済成長を果たした。工作機械や高い技術の必要な部品など、自分たちでは安くて良い製品を作れない分野では海外から輸入する一方で、先進国に比べて賃金の安い労働力を利用して作った、衣服や雑貨などの軽工業製品や、加工食品を海外に売るのである。こうして、輸出を通じて工業化を達成していくことを、**輸出指向工業化**という。

　この路線を初めにとったのが韓国、台湾、シンガポール、香港の、新興工業経済地域群（NIEs）と呼ばれる国と地域で、これに東南アジア諸国、中国が続き、最後まで構造主義に固執したインドも方針転換して工業化を急速に進めている。韓国、台湾を除けば、外資導入という形で欧米や日本の会社が直接現地に乗り込んで、子会社や工場を作って商品を生産・販売することも多かった。それゆえ、構造主義で説明できるとは言い難い。

産業政策と成長

　しかし、輸出指向工業化の政策が直ちに新古典派的にレントをなくしていく政策であったとも、言い切れないところがある。アジアの国々の中には、貿易を自由化するだけでなく、輸出振興などを目的にして国内産業を支援する産業政策を行った例が少なくないのである。つまり、アジア諸国の政府は、政府が育成しようと考える産業分野の企業に、低利などの借り手にとって良い条件で銀行に融資をさせる（政策金融）ほか、政府自らが補助金を与えるなどの資金

援助をすることが多く,しばしば法人税など企業にかかる税負担を軽減するといった措置もとった。これらの政策は,構造主義とは異なるが,通常の経済活動から得られるよりも多くの利益を与えることで,特定の企業を「優遇」している点では,先ほど述べた「レント」と同じ役割を果たす。本書では,産業政策によって生産者が追加的に得られる利益も,「レント」に含めて考える。

こうしたレントの中には,経済活動を促進する「よいレント」もあると考えられる。たしかに,新古典派の言うように,一般的にレントは経済活動に悪影響を及ぼすが,そればかりではない。たとえば,先進国に広く普及しているしくみに,特許制度がある。これは,発明や新しいアイデアが勝手に使われないように保護する制度である。言い換えれば,ある商品を開発,販売する際に,特定の人々を優遇するのが特許制度である。発明家や,新しいアイデアを思いついた人以外の人が,これらを使って商品開発しようとする時,必ず特許料を,そのアイデアの生みの親に支払わねばならない。もし特許制度がなければ,発明家よりもそれをまねする模倣家の方が新しい商品をより安く提供することができるので,発明家が損をすることになる。発明にはそのための資金と時間が必要だからである。もし発明家の発明を保護しないならば,多くの人は発明をするのではなく,発明を模倣することに力を費やすであろう。その結果,誰も発明しなくなり,世の中には新しい商品が登場しなくなる。発明を保護することで,発明家はたしかに優遇されるが,その優遇は技術革新をもたらし,経済活動を促進するのである。つまり,特許制度は「よいレント」をもたらす(*Column* ③参照)。

こうした「よいレント」なら,政府が特定企業や特定産業に与えることで生産性がかえって上昇すると見る見方を,本書では**制度派経済学**的な見方と呼んでおこう。たとえば,輸出実績を上げることを条件に企業に対して低利で優先的に融資するなどの企業支援政策は,企業に海外での熾烈な競争に打ち勝つという動機を与え,全体として経済活動を促進することにつながる。このように,アジア諸国の多くが経済政策上とってきた大きな特徴の一つである産業政策がよいレントをもたらすのであれば,新古典派と同様,あるいはそれ以上に,工業化の成功を説明することができる。

アジア諸国の工業化は,政府が市場に介入しなかったから成功したのか,それとも,介入したから成功したのか,どちらであろうか。論争は決着していな

> **Column③ 「よいレント」**
>
> 「よいレント」という言葉を聞くと，「よい」とは，誰にとって良いことなのかという疑問を持つかもしれない。本章の例で言えば，国内市場を独占する自動車メーカーが持つレントは，その会社にとっては「よい」レントではないかと言うこともできるだろう。しかし，本書で用いる「よいレント」の「よい」は，レントを受けるものにとって「よい」のではなく，その社会の生産力を引き上げるので「よい」という意味で用いられているので，注意してほしい。こうした意味での「よいレント」は，正確には価値創造的レントと呼ばれる。
>
> 通常のレントとの違いを，もう少し説明しよう。第2節でふれる自動車メーカーの例の場合，自動車メーカーは輸入制限政策によって得をしているが，自動車を購入する消費者は，もっと安くて良い外国車を購入できずに損をしており，その損失は自動車メーカーが受け取るレントよりも大きい。たとえば，仮に本来なら80万円で売れる車が，輸入制限によって100万円になっているとしよう。80万円ならこの車は120台売れ，100万円なら100台しか売れないとしよう。輸入制限によって，自動車メーカーは1台20万円得をし，消費者はその分損をしていることはすぐにわかるだろうが，それだけではない。80万円なら買える消費者が買わなくな

いが，たとえば，韓国については制度派経済学的な見方が有力で，インドは新古典派的な見方が妥当と考えられている。詳細は第Ⅱ部で見ていくことにしよう。

2　誰が政策を決めるのか

第1節で，レントがアジアの工業化を解く鍵になるということを話してきたが，新古典派的なレントをなくす改革も，制度派的な「よいレント」を生み出す政策作成も，実はかなり難しいことである。それゆえ，誰が，なぜ，どのように政策を決めてきたのかを，次に考える必要がある。

レントをなくす改革

初めに，レントをなくす改革を考えてみよう。この改革の難しさは，**既得権層**の存在にある。自動車産業を考えてみよう。現在，ある国で自動車メーカーは1社しかなく，外国車は輸入させない政策を政府がとっているとする。おそ

るため，生産されるはずの車 20 台が作られなくなっているのである。その分，社会は全体として損をしている。

　これに対し，特許制度の例の場合，発明家やその発明を無料で利用できる企業は得をし，消費者は幾分損をしているかもしれない。しかし，発明によってより魅力的な商品ができ，生産コストが低下するので，消費者の損失よりも，社会全体が受ける利益は大きくなる。先ほどの自動車の例で言うと，発明によって自動車の値段が下がり，80 万円のものが 60 万円に下がるとしよう。ただし，発明家の特許が保護されているので，実際には 70 万円までしか下がらないとする。60 万円に比べると，消費者は 1 台 10 万円損をしているかもしれないが，それでも発明がなされる前に比べると 10 万円得をしている。70 万円なら買うという消費者も現れ，自動車の生産台数は増えるであろう。その分，社会全体として得をしていることになる。

　つまり，通常のレントは，レントを受け取る側の利益よりもレントを受け取らない側の損失が大きく，社会が全体として不利益を被るという性質を持っている。しかし，価値創造的レントは，生産性が向上するなどの理由でレントを受け取る側の利益がそうでない側の被る損失よりも大きく，社会全体として受ける利益を増やす効果を持つのである。

らく国産車は，国内で競争がないため値段が高く，性能もあまり良くなく，故障しやすいであろう。この状態で，政府が輸入自由化に政策転換すれば，国産車メーカーは安くて優れた外国車と国内市場で競争しなければならなくなり，それまで得てきた利益は競争ゆえに吹き飛ぶどころか，会社が倒産してしまうかもしれない。それゆえ，国産車メーカーは輸入自由化に強く反対するであろう。通常，自動車産業は広い裾野を持ち，たくさんの関連企業が存在するので，このメーカーと一緒になって反対する企業もかなりの数になるだろう。このような，従来の政策で利益を得ていた既得権層をどう扱うか。既得権層が政権の支持基盤であれば，レントをなくす改革はさらに困難になるであろう。

　改革をする方法の一つは，既得権層を説得することである。しかし，この説得が難しいことは容易に想像できる。既得権層はまずもって改革に反対であるし，しぶしぶ賛成するとしても代償を得ずには納得しないだろう。もう一つの方法は，既得権層を強権的に従わせることである。これにはさらに，国家権力を使って抑圧するという手段と，改革支持勢力を動員して押し黙らせるという手段が考えられる。アジアの国々に関しては，どちらかというと強権的に従わ

せる方が重要であったとする見方が多いようである（第2章1参照）。

レントを与える改革

次に，「よいレント」を与える政策を考えてみよう。特許制度のような中立的で明快なしくみとは異なり，特定の産業，あるいは特定の企業を支援する産業政策が「よいレント」になるようデザインすることは，容易ではない。先ほどの自動車会社のように，レントを受け取る民間企業の言いなりになって政策を決定すると，その企業にとっては利益になるかもしれないが，経済全体の活性化にはつながらないことが多い。このため，レントを受ける側の要求を退けるだけの強さを持ち，優れた政策デザインを描ける主体，ないしはしくみが必要となる。

そうしたものとして描きやすいのは，優秀で自律的な官僚である。民間企業のように早期の利益追求というインセンティブを持たない官僚は，社会全体の利益を考慮して長期的視点から政策をデザインすることができる。日本で言えば，かつての通産省（現在の経済産業省）などがこれに該当する。良いデザインをするには，特定の企業や産業の言うことばかりを聞いてはならず，レントを与えることで，より安く，より良い商品を作るよう民間企業を誘導できる優秀さが必要である。官僚がいつもこうした条件を満たしているわけではないが，他の人々に比べて満たしやすい状況にあると言える。以上のように，官僚に政策形成の主導的役割があるのだとする見方は，**国家主導論**，あるいは**官僚主導論**と呼ばれる。

しかし，以上の議論には素直に納得し難い点がある。それは，優秀で自律的な官僚という存在そのものである。官僚が優秀であるとしても，政策デザインに不可欠な情報は，民間企業などとの交渉なしに収集することは難しい。教科書に書いてある難しい公式を理解できることと，生きた経済に対応した政策を作ることとは別物である。自律的であれば，唯我独尊になって，かえって市場の動きに鈍感になるのではないか。優秀で自律的であることが，「よいレント」を生み出す政策デザインを保証するわけではない。

それならば，官僚たちと民間企業などとの関係のあり方が，政策デザインに良い影響を与えたのだと考えられないか。たとえば，日本において産業政策形成の中心となった通産省は，各種業界団体と密接なネットワークを保持し，団

体を通じて産業界のさまざまな情報を収集していた。官僚は，審議会などの民間企業との話し合いの場を作ることで，民間企業と接点を持ち，必要な情報を吸収することができる。このようにしてネットワークで得た状況をもとに政策を作れば，「よいレント」の設定も可能になるだろう。

 しかし，民間企業は，このような場を利用して自分にとって良い政策を作ってもらうように，官僚にさまざまなアプローチをするかもしれない。退職後の就職の面倒をみてやる，などの取引を提案することもある。官僚も一生活人なので，そうした利益に敏感に反応するとしても不思議ではない。つまり，ネットワークは官僚たちを社会に「埋め込む」ことによって自律性を奪い，逆に政策デザインを良くないものにしてしまう可能性がある。もし，官僚組織がこのネットワークを通じて企業の虜(とりこ)になってしまうということがないならば，官僚が優れた政策を作り出せることになるであろう。以上のように，官僚が民間企業などとのネットワークを持ちつつも，それに取り込まれずに自律的に政策形成ができる状態は，「埋め込まれた自律性」と呼ばれる。

 このほかに，日本では民間企業が官庁とつながりを持つだけでなく，産業界の中でも必要な範囲で各種の情報を共有できるネットワークを形成していた。大企業と中小企業の間には，一般に「下請け」と言われる長期的な取引慣行を通じて，「系列」と呼ばれる密接な関係が形成されており，戦前の旧財閥系企業は，企業グループを形成して情報交換をしていた。アジアの国々でも，多かれ少なかれ同業者が業界団体を作っている。業界団体は，談合(だんごう)してレントを作り出すこともあるが，相互に情報を交換して，各企業がより生産性を上げる技術やビジネスモデルを生産活動に組み込んでいくこともある。談合を防ぎつつ，生産的な情報交換がなされるしくみがあれば，ネットワークは「よいレント」の提供者として機能するのである。

3　グローバル化と改革

グローバル化とアジア通貨危機
 1990年代中盤まで，アジア経済はきわめて良好で，世界銀行が「東アジアの奇跡」と題して経済成長の原因解明のためのリポートを出すほどであった。他方で，ほぼ時期を同じくして，アジア諸国はグローバル化という世界経済の

大きな変動を受け始めていた。グローバル化とは，それまで国と国との間を分けていた国境という障壁が低くなり，ヒト（労働力），モノ（商品），カネ（資金）と情報が国際的に大移動を始めることをいう。序章で述べたように，1990年代に入り，運輸・通信技術が爆発的に発展したことを受けて，現在，急速なグローバル化が進行中である。それが最も衝撃的に表れたのが，アジア諸国を襲った1997年の深刻な金融危機であった。

金融危機とは，銀行をはじめとする金融機関が民間企業や個人に貸し付けた資金が大量に焦げ付き，資金の貸出が困難になったり，金融機関自体がばたばたと倒れて経済に大混乱が生じたりすることである。アジア諸国では，**通貨危機**が引き金となった。つまり，ドルをはじめとする国際的に利用可能な通貨が不足し，海外からの輸入品代金支払いにも困る状態に陥って，金融危機が発生したのである。タイから始まった通貨危機は，東南アジア諸国でも連鎖的に発生した後に，まるで伝染病であるかのように，香港，台湾，韓国と，NIEs諸国にも広がっていった。この時期に日本も金融危機に陥ったため，世界経済に深刻な影響を与え，1929年以来の，全世界を巻き込んだ大恐慌の引き金になるかもしれないと恐れられた。実際，この時生じた不安感は，翌年，ロシアから中南米諸国で連鎖的に発生した通貨危機を促す要因として作用したと考えられている。

1997年の通貨危機に至る大まかな流れを見ておこう。危機には，日本が大きく関係している。1985（昭和60）年に日本を含む先進国は，プラザ合意と呼ばれる，ドルの価値を大幅に下げる形での外国為替レートの調整に合意した。その結果，日本の通貨である円の価値は大幅に高くなった。そうなると，日本製品は海外で売りにくくなる。何しろ1ドル＝263円であったものが，1988年には1ドル＝120円にまでなったのである。たとえば，263万円の自動車は1985年までは1万ドルだが，1988年にはドル安の効果で2万2000ドルに値上がりしたことになる。輸出する側としては，悲鳴をあげるしかない。1万ドルなら買ってくれても，2万2000ドルでは買う人が大幅に減るからである。

そこで，たくさんの日本企業が工場などの生産拠点を本格的に海外に移し始めた。投資先となった地域には，日本製品の消費地であるアメリカなどの先進国が多かったが，アジア諸国にも生産の拠点を移し始めた。当時アジア諸国の多くは，自国通貨の為替レートをドルに連動させていたので，日本円の上昇は

アジア諸国の通貨が相対的に安くなったことを意味した。同じ製品を作るにしても，アジアで作る方が安く売ることができる。日本企業の進出と円高は，それゆえこれらの国の輸出競争力を強化することになったのである。

　1990（平成2）年，日本はバブル経済と呼ばれる好景気が終わって長期不況に陥った。日本国内では，借金が返せず経営に苦しむ企業が続出した。他方で，この時日本は世界でも有数の貯蓄大国で，大量の資金が銀行などに蓄積されていた。こうした資金は国内に良い投資先を見つけることができなかったので，直接に，あるいは欧米の銀行を経由して，急速な成長を遂げているアジア諸国に流れ込んだ。その結果，アジア諸国では日本のバブルに似た現象が生まれた。東南アジア諸国では不動産や株式市場に資金が流れ込んで株価やマンション価格が高騰し，韓国では設備投資が過剰になされた。

　しかし，当時東南アジア諸国の競争相手であった中国が1994年に通貨人民元の価値を引き下げる元切り下げを行い，日本円も不況の影響で安くなった。つまり，ドルで表示すれば中国製品が安くなり，日本製品も安くなったのである。円安は日本と輸出品が競合するNIEsの商品を割高にし，日本の企業が東南アジア諸国に進出する意味を減じた。受け皿となったのは，元安で競争力のついた中国であった。アジアの好況を生み出した輸出競争力という条件は，NIEs，ASEAN諸国から失われ，バブルは崩壊した。そこで，外国から流れ込んでいた資金がいっせいに流出し，通貨危機が発生したのである。通貨危機後，アジア諸国は深刻な不況に陥った。

経済危機の原因

　アジア諸国で，なぜ通貨危機が発生したのであろうか。一般的に指摘される原因は，主として二つある。一つは，国際金融市場の変容である。金融市場はグローバル化が最も進んだ分野である。1980年代後半から，世界的な資金の流れは急速に自由化されてきている。以前は，資金の流れは国家単位で規制されていた。たとえば，私たちは，海外旅行か貿易関係で仕事でもしないかぎり，ドルをはじめとする外国通貨を自由に手に入れることはできなかった。外国の銀行に預金することも，外国の企業の株式を自由に売買することも困難だったのである。しかし，現在はこうした規制が世界的に撤廃されてきている。そのため，大量の資金がより良い運用先を求めて，国境をまたいで移動するように

なった。資金運用の妙は，他人より先に有望な投資先に投資し，他人より先に不振の兆候がある投資先から撤退することである。そのため，国際的な資金の動きは，量が多いだけでなくきわめてスピードが速い。たとえば，1日に全世界で動く資金量は，全世界の貿易で必要とされる資金量の約30倍である。これだけ移動の規模が大きいと，国際金融市場は不安定になりやすい。

　もう一つは，国内政治経済の持つ構造的問題である。アジア諸国では，政府と企業の間に外部からは見えにくい不透明な関係が存在することが多かった。第一は，産業政策を通じた関係である。この関係は，「よいレント」を生み出す政策を形成するかもしれないが，意図的に市場競争を制限していることには変わりがなく，結果として経済に悪影響を与えている可能性があった。第二は，汚職をともなう関係で，通常**クローニズム**（取り巻き中心主義。第8章参照）と呼ばれる。政権への近さを利用して，いわばコネで不当に有利な扱いを受ける企業が，アジア諸国では少なくなかった。

　政府との特別な関係が存在すれば，企業は何かあっても最終的には政府が救済してくれると考えるであろうし，企業に資金を提供する銀行などの金融機関も，そうした企業なら貸しても安全だと考えるであろう。そのため，企業や銀行はリスクを顧みない無謀な投資行動や商品開発に取り組み，その財務内容が急速に悪化していった。この現実を目の当たりにした外国人投資家は，資産の安全確保のために，早めに撤退せざるをえなかったのである。

　以上に述べた，国際金融市場の変化と，国内政治経済構造の問題のほかにも，通貨危機と，それに端を発する経済危機については，各国ごとにさまざまな原因が考えられる。しかし，この二つが主要な原因となり，複雑にからみ合いながら金融危機に陥った点は，だいたいどの国でも共通している。重要なのは，いずれもが政治と深く関係しており，単なる経済現象とは言えないということである。金融市場の自由化は，一見関係ないようだが，実際には政治と密接に関係している。自由化が可能になったのは，各国が規制を撤廃したからである。撤廃には，アメリカを中心とする国際的な資本や**国際通貨基金**（IMF）などの国際機関，先進国政府の働きかけがあり，それらと連携しながら国内の経済官僚やエコノミストたちが行動したと考えられる。国内政治経済の構造は，工業化に関して述べた，レントに関する話と表裏一体である。かつては有効であった政府―企業間関係が，この時は失敗を導いたということになる。

グローバル化への対処

アジア諸国の中で,韓国,タイ,インドネシアは,通貨危機のために国内でドルをはじめとする外貨が底をつき,IMFに救済融資を要請するなど,外国や国際機関から外貨を借りざるをえない事態に追い込まれた。その他の国も,そこまでにはいたらないものの,経済的な苦境に陥った。例外は,まだ輸出指向工業化へ向けたスタートを切ったばかりのインドとベトナムで,国内市場が十分に開放されていない中国も危機の影響はわずかであった。

経済危機を経験した国々は,IMFに救済融資を願い出たかどうかにかかわらず,経済構造の改革に取り組まざるをえなくなった。改革の方向性は,ワシントン・コンセンサスと呼ばれる経済改革の政策パッケージと同じものであった。**ワシントン・コンセンサス**とは,市場における自由な競争とそれを支えるアメリカ型経済制度が他国の制度よりも優れているという理解に基づいて進められる経済改革のプログラムで,IMFが通貨危機に陥った国に融資の条件として要求するのが通例となっているものである。その主たる内容は,財政赤字の削減,金融自由化を柱とする金融改革,貿易の自由化,国営企業の民営化,規制緩和,株主の権利保護のための企業経営・法制度改革(ガヴァナンス改革)である。

その中でも,アジア諸国の改革で中心的課題とされたのは,銀行をはじめとする金融機関の経営を健全化し,金融機関の経営危機を未然に防ぐ金融改革と,企業経営の透明性を高め,株主の権利を保護する民間企業のガヴァナンス改革であった。

金融改革は,さらに二つの要素からなる。一つは,金融機関がかかえる不良債権を処理することである。経済危機の結果,金融機関は,貸出先からの回収が困難となった不良債権を大量にかかえ込んでいたため,資金を必要とする企業に融資できなくなった。経済を回復させるには,不良債権を金融機関から大幅に減らし,金融機関が企業に円滑に資金を貸し出せるようにしなければならない。そのため政府は,金融機関に税金などの公的資金を注入し,あるいは外資導入と称して外国の企業に出資してもらって金融機関の不良債権を処理しようとした。もう一つは,金融機関が無茶な融資を行わないように,金融機関の経営状況を検査,監督する機構を整備することである。

民間企業のガヴァナンス改革は,企業が乱脈経営を行わないようにするため

Column④ 世界金融危機

　アジア通貨危機から約10年後，アメリカ発の経済危機が世界を襲った。一般的に世界金融危機と言われる。発端は，低所得者層向けに銀行が開発した，サブプライムローンという融資が焦げ付き，アメリカの金融機関を経営難に追いやったことである。借金を返せなくなった人々は次々と住居を手放したため，消費は一挙に冷え込み，アメリカの大手自動車会社であるゼネラル・モーターズ（GM）の経営破綻を引き起こした。世界金融危機以前，輸入大国であったアメリカの景気が後退したため，世界中の輸出産業が不振となった。加えて，サブプライムローンは金融工学の高度な技術によって債券化され，世界中の金融機関が購入していたので，アメリカのみならず世界中の金融機関に悪影響が及び，世界が同時に不況に陥ったのである。

　世界金融危機に対する世界各国の対応は，ワシントン・コンセンサスとは異なり，落ち込んだ個人消費のかわりに，公共事業を増やし，エコポイントの導入などで政府が消費を促し，超低金利政策をとって企業の投資意欲をかきたてようとするものである。他方で，投資ファンドの活動に一定の規制（高額報酬制約や資金洗浄防止）をかけると同時に，社会的弱者に対するセーフティーネットを政府主導で拡充しようという動きも顕在化した。

　G20（20カ国・地域首脳会議）の場などで協調して行われた景気刺激策，保護主義防止確認などが一応功を奏し，2009年秋時点では危機の最悪期を脱しつつあ

に，財務状況をはじめとした経営情報を外部に提供し，経営者の身内と見られない人物を経営に参加させて，経営の透明性を高め，株主に経営情報を提供するしくみを作ることを中心とした。アジアの企業は創業者家族によって所有され，政府と癒着し，取引にあたっても人脈を重視する傾向があったが，これらすべてが批判され，改革の対象とされた。

　二つの改革が推し進められることによって，アジア諸国の経済は，それまでの経済構造からの決別を余儀なくされている。政府が付与した「よいレント」を利用して急速な工業化を図るという産業政策は，もはや不可能となりつつある。良かろうが悪かろうが，レントはできるかぎりなくし，市場を通じた効率的な企業経営を行うことが重要となってきているのである。

　そのため，アジア諸国で依然必要な産業振興のあり方は様変わりしてきている。重点は，優秀な企業を育成することから，優秀な企業を誘致することに移っ

る。しかし，政府による景気の下支えには限界があり，巨額の財政赤字の発生など副作用も大きく，将来の先行きは依然不透明である。また，政府主導での金融部門への各種規制やセーフティーネット拡充が悪しきレント形成につながりかねないとの懸念も一部で表明されている。

　世界金融危機のアジアへの波及は，他の地域に比べるとまだ傷は浅いと言ってよい。その理由は，三つほどある。第一に，国内市場の開放度の低さである。欧米諸国に比べれば，アジア諸国は資本市場，貿易ともにさまざまな障壁が残っており，そのことがかえって危機の衝撃を弱めたようである。アジア諸国の中でも，閉鎖的な中国やインドネシアが比較的良好な経済を維持したのに対し，韓国，シンガポール，台湾で二桁のマイナス成長を記録するという違いが生まれたのはこの点であろう。第二に，製造業の重要性である。アジアの産業の中心は製造業であって，金融産業ではない。前者は後者ほど莫大な利益を生まないが，後者のように失敗すれば元も子もなくなるということはない。第三に，中国とインドの存在である。両国とりわけ中国の消費市場はいち早く力強さを取り戻し，内需主導型の経済回復を遂げつつある。近隣に中国とインドを持つ他のアジア諸国は，これによってアメリカへの貿易依存をおさえ，危機の衝撃を緩和することができたのである。ただし，このことは，危機後中国そしてインドの存在感をひときわ際立たせることにつながっており，アジアだけでなく世界全体の政治経済においても，長期的なインパクトを持つ可能性が高い。

た。政府の施策の中心は，誘致した企業が活動しやすくすることである。すなわち，港湾施設や道路などの産業インフラを整備し，労働者が不満を言わずにまじめによく働くよう訓練し，輸入制限の廃止や，関税の引き下げ，さらには撤廃などの貿易自由化を大規模に進める。第3章で述べる自由貿易協定（FTA）も，こうした政策と関連している。つまり，現在では，企業誘致に成功して産業集積をすることが，良き産業育成策となってきているのである。

　ただし，レントの提供による産業育成が全くなくなったわけではない。たとえば，韓国政府は，文化振興を旗印に映像産業に対し大規模な梃子入れを行い，それが「韓流ブーム」を巻き起こして，映画，テレビドラマ，キャラクター商品，ゲームコンテンツの輸出につながっていった。文化が産業となったのである。そのほかにも，医療政策としてのバイオ産業振興，教育政策の延長線上で大学で生まれた新技術やビジネスモデルの積極的活用などが，活発に見られる

ようになっている。もっとも最近では，環境政策も"エコビジネス"と称して産業振興に一役買おうとしている。つまり，本来産業政策と見られない政策分野でのレントの提供が，経済発展の種にならないかと考えられるようになってきているのである。

📖 さらに読み進む人のために―――

青木昌彦・金瀅基・奥野（藤原）正寛編／白鳥正喜監訳，1997年『東アジアの経済発展と政府の役割――比較制度分析アプローチ』日本経済新聞社
　＊日本とアジア諸国の政治経済の関係を，政府の役割に注目して制度派経済学の観点から説明する革新的な理論・歴史研究。

クルーグマン，ポール／三上義一訳，1999年『世界大不況への警告』早川書房
　＊1997年にアジア諸国を襲った通貨危機を，日本を含めて分析した，国際経済学の第一人者によるわかりやすい解説書。

新川敏光・井戸正伸・宮本太郎・眞柄秀子，2004年『比較政治経済学』有斐閣アルマ
　＊先進国を中心に，各国政治経済分析のための比較枠組みと理論を本格的に紹介した教科書であり，アジア諸国の説明にも参考になる。

末廣昭，2000年『キャッチアップ型工業化論――アジア経済の軌跡と展望』名古屋大学出版会
　＊アジア諸国の経済発展と1997年の経済危機を，工業化の担い手，イデオロギー，制度・組織を焦点にとらえたアジア経済論。

世界銀行／白鳥正喜監訳／海外経済協力基金開発問題研究会訳，1994年『東アジアの奇跡――経済成長と政府の役割』東洋経済新報社
　＊東アジアの高度経済成長はどのように達成されたのか。豊富なデータに基づいて，各国の成長要因と政策の関係を明らかにする。

（大西　裕）

第2章
政治体制の変動

❶マルコス大統領によって反乱鎮圧を命じられた海兵隊員に対し，花束を差し出して攻撃中止を呼びかける少女（1986年2月23日，パシグ町〈現在のパシグ市〉。写真撮影：片山裕）

　本章では，政治体制の変動とそれが経済に与えた影響について考える。アジア諸国はこれまでさまざまな政治体制を経験してきたが，それらは大きく分けて権威主義体制と民主主義体制に分かれる。1980年代から90年代にかけて，多くの国が前者から後者に移行した。しかし，グローバル化の進行や21世紀に入って深刻化している民族的・宗教的アイデンティティーをめぐる対立が，政治に大きな影響を与えるようになってきている。

1 政治体制とレント

権威主義で工業化？

 第1章で示したように，アジア諸国の工業化と経済危機，グローバル化への対応を説明するキーワードとして，レントが考えられる。レントを生み出す政策は，特定の企業や集団を優遇するので，レントを与えられなかった人々は不利に扱われることになり不満に思うであろう。与えられたレントは既得権になりやすく，レントを奪う改革を政府が行おうとすると，それを不満に思う人々も出てくる。こうした不満にどう対処するかは，政治的に重要な課題になる。

 対処の仕方には，大きく分けて二つある。一つは，多数決等の手続きをふんで決定することで納得させる方法である。もう一つは，不満層を抑圧し黙らせる方法である。前者の方法が支配的になる政治のしくみ（政治体制）は**民主主義**と呼ばれ，後者のそれが**権威主義**と呼ばれる。実際にアジア諸国では，どちらの体制がとられてきたのであろうか。

 序章でふれたように，第二次世界大戦後に独立することになった多くのアジア諸国は，国によってさまざまな政治体制を採用した。民主主義体制の国もあれば，そうでない国もあった。しかし，1960年代ごろから，「開発独裁」と呼ばれる権威主義国家が北東アジアと東南アジア諸国に現れた。開発独裁とは，独裁政治を正当化する根拠を，経済発展を図ることにおくものである。典型的な開発独裁政権としては，韓国の朴正熙（パク・チョンヒ）政権やフィリピンのマルコス政権，インドネシアのスハルト政権などがあげられる。開発独裁の下では，政府を批判する発言には大幅な制約が加えられ，集会を開くにも政府の許可が必要なことが多く，労働組合などは結成自体が困難であった。ところが，多くの国がこの時期に工業化を進め，高度経済成長を遂げたのである。これは，独裁国家では人々が強権的な支配に苦しみ，貧しい暮らしを強いられるという，一般的なイメージとはずいぶん異なるものである。

権威主義は生産的？

 このように直感に反した逆説を考えるヒントは，日本の戦国時代にある。この時代の主役となる戦国大名の家臣団については，信長率いる織田軍団や，甲

斐の武田，中国の毛利など，テレビドラマや小説の格好の題材となってきたが，注目すべき特徴が三つある。第一は，ボスである大名を頂点にしたピラミッド型の組織を作っている点である。部下である家臣たちは，大名の指揮の下，領土と領民を統制し，しばしば戦争を行った。第二は，他の戦国大名と苛烈な縄張り争いを続けたことである。第三は，彼らは収入源として特定の地域を支配しようとした点である。大名は，家臣を養い，武器を調達するために資金が必要である。その資金は，支配下の地域の住民から税金として取り立てた。

　大名にとって，資金は多ければ多いほどいい。より多くの資金を得ようとするならば，より多く住民から税金を搾り取ることである。特に，頻繁に抗争が発生し，支配地域の奪い合いが激しい時には，有無を言わせずに取り立てないと，自分たちの組織の存亡にかかわる。支配地域の住民がどれほど困ろうが，知ったことではなかった。

　しかし，大名にとって，住民から可能なかぎり税金を搾り取ることが，いつも理にかなった行為であるとは言えない。あまりに取り立てが厳しいと，住民はこの地域から逃げ出すか，貧しくなっていくかのどちらかなので，次第にこの地域は衰退し，大名が資金を得たくてもあまり得られない不毛の地になっていく。彼らが頻繁に支配地域を変えるのなら，そうすればよいが，支配地域を変えない場合，住民の窮乏化は資金源の縮小を意味する。それゆえ，長期的に特定地域を支配する大名は，住民が困らない範囲で徴税するようになる。彼らにとって，住民が豊かになればなるほど，たくさんの資金を集めることができるので，彼らはその地域を繁栄させる手だてをとるかもしれない。山賊などの暴力集団が入ってきて暴行，略奪行為をしないように治安を維持し，火事が起これば消火にあたる。人々を呼び寄せるために，「楽市楽座」（規制緩和による自由な取引）を実施し，道路を整備する。レントについても，この延長線上で理解できる。戦国大名は，その地域の繁栄を阻害するレントを排除し，逆によいレントを付与することで，その地域を繁栄させようとするであろう。

　相抗争して頻繁に支配地域を変える戦国大名は，私たちが一般的に抱く権威主義のマイナスイメージに近い存在である。たしかに，頻繁に政権が交替する国では，権威主義の強権的支配はその国民を窮乏化させるであろうが，権威主義でも政権が安定している国では，逆にその国の経済を発展させる可能性がある。

民主主義は非生産的？

　この理屈からすると，むしろ民主主義の下での経済パフォーマンス（実績）はあまり良くないかもしれない。民主的な社会では，さまざまな集団が存在し，政治に対し多様な働きかけを行っている。その中で代表的なものは，自分たちの利益を政治の場で追求する，レント追求行動である。第1章でふれたように，すでにレントが認められている人々がその既得権を維持するために行動をとる余地は民主主義の下での方が大きく，現在レントが認められていない人々も，レントが認められて利益を上げることができるならそうしようと行動するであろう。このように，自分たちの利益を追求する利益集団がたくさん存在し，政府がそれに応えていれば，その社会はいたるところにレントが存在することになる。レントは一般的には経済の非効率をもたらすので，社会には経済的停滞感が漂うであろう。このように，社会全体のためではなく，ロビー（陳情）活動や談合などを通じて自分の利益の分け前を得ようとする指向は，**分配結託**と呼ばれる。

　民主主義がいつも分配結託ばかりをもたらすわけではないが，権威主義と比べて分配結託を呼び寄せやすいと言える。権威主義は，権力者にとって都合のいい集団の利益だけを守るべく行動すればいいので，レントを認められる集団は自ずと限られる。しかし，民主主義では，権力者が選挙によって選出されるので，権力者はさまざまな集団の要求に応える必要があるのである。

非効率な権威主義

　だが，開発独裁を肯定的に見る説明ほどに，権威主義体制が経済成長を促すとは言えないかもしれない。戦国大名とは異なり，アジア諸国は領土と住民の取り合いをするという，苛烈な競争下にあるわけではない。国境線はおおむね安定しており，過酷な支配を対外的理由で行う可能性は，戦国時代に比べて格段に低い。また，仮に過酷な支配を敷いたとしても，住民が戦国時代のように逃散する可能性もあまりない。こういう状況下では，権威主義政権は，戦国大名ほど経済の活性化に関心を持たず，自分の懐を豊かにすることを優先するかもしれないのである。

　加えて，アジア諸国の権威主義政権は，戦国大名ほど専制的な権力を持っていないとも言える。軍事政権といえども，軍隊だけでその国を支配できるわけ

ではなく、国内のビジネス・グループなどと協力する必要がある。いや、戦国大名も、実際には織田信長を別にすれば極端な専制権力を持っていたのではなく、比叡山の延暦寺や一向宗などの宗教勢力や富裕な商人層の持つ既得権と折り合いながら、政権を維持していた。そうであれば、民主主義政権の下でと同じく、自らの権力基盤を安定させるために、分配結託が生じる可能性は大きい。

　権威主義政権が社会全体の生産性向上にあまり関心を持たなかったり、権力基盤を維持するためにレントを生み出す政策を行ったりすれば、経済パフォーマンスは悪化する可能性が大きい。開発独裁と言われた国の中では、たしかに韓国、台湾、インドネシア、マレーシア、シンガポールは権威主義時代に工業化したと言えるが、フィリピンやタイはそう言い難い。開発独裁とはみなされないが、中国は統治者の方針によって左右され、北朝鮮やミャンマー（ビルマ）は明らかに経済的に失敗している。政治体制と経済の関係は、あまり単純ではなさそうである。

2　権威主義体制の継続

　自由を制限された状態は息苦しいものである。それと引き換えに経済発展がもたらされたとしても、人はあまりありがたく感じないかもしれない。にもかかわらず、アジア諸国の多くの人々が権威主義支配を経験し、しかもそれが長期にわたった理由は何であろうか。アジア諸国といっても、経済的・社会的状況など、取り巻く環境がさまざまなので、一概に言うことはできないが、権威主義を経験した多くの国で、以下の四つの原因があげられることが多い。すなわち、社会が近代化していないこと、政治文化に問題があったこと、民主化の担い手が不在であること、そして、民主主義の制度化の失敗、の四つである。そのことを、もう少し説明しよう。

近代化論

　私たちの社会は、かつては農業中心で、多くの人が農村に住んでいた。交通手段も未発達で、隣村に行くのも場合によっては1日がかりであった。連絡をとり合う手段はせいぜい手紙程度で、インターネットはおろか、電話さえなかったのである。人々の生活水準は低く、たびたび飢饉に襲われて餓死する者が出、

疫病が流行った。教育水準も低く、文字を読めない人が大半であった。こういう状態から、私たちは脱皮してきている。生活の中心は都市で、職業の種類は増え、多様化している。交通手段も通信手段も急速に発達し、人々の生活は豊かになり、教育水準も上がった。こうした社会の変化は一般に近代化と呼ばれるが、近代化と民主主義の間に強い関係を認めるのが**近代化論**である。たしかに、近代化が進んだ欧米先進国はほとんどが民主主義国家である。近代化のレベルと民主化のレベルとは、相関性があるように思える。

近代化されれば、人々が日々の生活において、血縁関係や地縁関係にがんじがらめになっていた封建社会とは異なり、自由にいろいろな団体や組織を作って自分の利益を追求できる社会になる。それゆえ、政治も当然他人まかせではなく、自ら積極的にかかわっていくと考えられる。近代化論の中でも重要なのは、経済発展（経済の近代化）が民主主義の発展と密接な関係にあるとする立場である。まさに、「衣食足りて礼節（政治）を知る」であり、こうした考え方には、多くの支持者がいる。

しかし、近代化論には重要な問題が指摘されている。たとえば、世界でもかなり貧しく、社会的なインフラ（経済基盤）整備が遅れたインドは、独立後ほぼ民主主義を維持してきた。他方、シンガポールは、アジアの中でも高度に近代化した国家であるが、こと政治に限っては、民主主義国家であるとは言い難い。サッカー強国として有名なブラジルやアルゼンチンでは、近代化の最中に、近代化によって生み出された大量の労働者の不満への対応に失敗して、民主主義体制が崩壊してしまったことがある。近代化のレベルと民主主義の関係には、見過ごすことのできない例外が存在するのである。

そもそも、政治的近代化がすなわち民主主義である、という考え方が近代化論の一つであることからもわかるように、近代化論は概念的に広すぎる。加えて、近代化と民主化の因果関係も曖昧である。近代化論は、近代化の何が民主化をもたらすのかをはっきり示さず、多様な要素をあげるにとどまっている。それゆえ、より明確な因果関係を示す議論が必要となる。残りの三つは、そうした因果関係を示そうとするものである。

政治文化

20世紀を代表する哲学者の一人であるデューイによると、民主政治は、民

主主義的人間によって担われねばならない。周囲の人間に惑わされず，自分の考えで自己決定でき，かつ自分と考えの異なる人とも協調し，少数派の権利を尊重する人間でないと，民主政治を適切に運営することはできない。逆に，権威のある者の言うことに無条件に従ったり，権威を振りかざして他人に自分の意思を押し付けたりするような心性を持った人間が集まっていると，権威主義的な政治運営がなされやすい。つまり，民主主義には民主的な**政治文化**の存在が重要なのだというのが，政治文化を権威主義継続の原因とする説明である。

アジアの国々の多くは，近年まで王や首長などの支配者をかかえていた。国の重要な政策の決定はそうした支配者とその取り巻きなど少数の者が行い，国民はその決定と支配にただ従うだけ，というのが政治の実態であった。したがって，独立後，議会制や普通選挙，そして政党制が導入されても，実態は，独立の英雄などによるボス支配であり，欧米的な意味での民主主義は，アジアの多くの国では定着しなかったというのが，こうした政治文化の立場からの説明である。

民主的な政治文化とは何かということについては，以上の説明のほかに，さまざまな議論があるが，最近有力視されているのは，**社会関係資本**（Social Capital）である。たとえば，大学のサークルが資金集めのために学園祭で屋台を出したとする。売り上げを大きくすれば，その分サークルの財政は潤う。だから，メンバーの全員が協力して，少しでも売り上げを多くすることが必要である。しかし，中にはサボりながら利益の分け前に与ろうとする，不届き者がいるかもしれない。そうした不届き者が増えれば，真面目に働く者がばからしくなる。その結果，屋台の売り上げは落ち，サークルの資金も集まらず，全員が損をすることになる。サボりたいという誘惑を退けて，サークルのために一所懸命働く気になるには，メンバー相互の間に，ずる（フリーライド）をしないという信頼関係がなければならない。信頼関係があれば，眠いのを我慢して屋台の準備をすることもおっくうではなくなり，売り上げも増え，ひいては全員が潤うことになる。こうした信頼関係は日々の行いを通じて蓄積されるものであり，資本のように増えたり減ったりするというのが，この考え方である。

このことは社会全体にも当てはめることができる。有名な例はイタリアである。イタリアは，同じ国内でも南部と北部とは大きく異なる。北部イタリアは治安も良く，都市も清潔で美しいが，南部イタリアは，マフィアの故郷として

> **Column⑤　クライアンテリズム（恩顧主義）**
>
> 　アジアの政治のあり方を示すのによく用いられる概念であり，「パトロン―クライアント関係」ともいう。地主―小作人関係がその典型である。土地などの資産を持つ者（パトロン）が，労働力しか持たない小作人に土地を貸すだけでなく，病気や飢饉のときにも最低限の保護や便益を与える代わりに，小作人はそれを「恩恵」と感じて，つねに服従し，選挙などの時にも，パトロンの指示する候補者に投票する。両者の関係は相互の利益によって結ばれているが，対等でなく，やくざの親分―子分関係のように，服従しない場合，力による報復もありうる。独立後の開発途上国では，政党は政策やイデオロギーを共有する者が集まって結成され運営されているのではなく，政治ボスがポストなどの利権を分け与えることによって作った「派閥」の寄せ集めにすぎなかった，という見方を提示する。

有名なように，治安が悪い。北部では，自発的に市民が結成したクラブやサークルが多く，自分が他人のために何かしてやれば，いつかは，それが自分に返ってくるという他者との協力関係に対する信頼感が高い。高い信頼感を持つ社会であればあるほど，民主主義はよく機能する。言い換えれば，民主主義が機能するかどうかは，社会における信頼関係を左右する社会関係資本の大きさによる。権威主義が継続するのは，それが乏しいためということになる。

民主化の担い手不在――階級構造

　歴史をひもといてみると，民主主義は何らかの政治勢力が自らの政治的権利を獲得するための闘いを通じて実現している。たとえば，18 世紀のフランス革命や 17 世紀のイギリスの議会革命は，新たに台頭した資本家勢力が，従来の支配者であった国王や貴族から政治と経済の実権を奪い取ろうとした闘争であった。このように，民主主義の実現にはその担い手が必要となる。

　こうした担い手として最も注目を集めてきたのが，階級である。とりわけ，**資本家階級（ブルジョワジー）**と**労働者階級（プロレタリアート）**が重要である。西欧の例を見ればわかるように，民主主義への移行には，資本家階級が重要な役割を果たしてきた。政治的自由権を保障し，政権交替が有権者による自由な選挙によって行われるべきだとする民主主義の基本的なルールは，彼らの努力によってもたらされたところが大きい。「ブルジョワジーなくして民主主義な

し」という言葉があるほどである。ただし，資産を有する階級である資本家には，社会的弱者の権利を保障する動機に乏しいので，彼らによって実現される民主主義は実質をともなわない形式的な民主主義にすぎない，という批判がある。実質的な民主主義を実現するには，資本家階級以上に，政治的な権利のみならず社会的な権利を重く見る労働者階級が重要になると考えられる。

　アジア諸国で資本家が民主化に立ち上がったことはあまりない。アジアで活躍する資本家の中には，現地社会での政治的な立場が微妙であるがゆえに政治参加に慎重であった華人資本や，そもそも政治参加を許されない外資系企業が多かったこともそうした理由の一つである。労働者たちの団結の基盤となる労働組合が政府や大企業の御用組合となっていたため，労働者の政治活動がコントロールされるということもしばしば見られた。つまり，民主化の担い手の不在とは，こうした階級が存在しないか，存在してもまとまりに欠け，政治的に影響を及ぼすことができないことを指す。アジア諸国で長い間，権威主義時代が続いたのは，そのどちらかだということになろう。

政治的制度化の失敗

　アジア諸国の政治を見ていて気がつくことの一つは，民主政治は実現されても，不安定で短命だったことが結構多いことである。たとえば，韓国は独立時には一応民主主義体制でスタートしたが，すぐに李承晩（イ・スンマン）による個人支配に移っており，タイは長い間，クーデタで政権交替が生じる状態であった。タイでは1991年を最後に民主化が定着したかに見えたが，2006年，政治的混乱と腐敗を理由に再びクーデタが起こり，政権交替が生じた。こうした政治体制の不安定さを，選挙などを通じた政治参加とつなげて見てみようというのが，次の見方である。

　私たちは，民主政治であれば成人男女は誰でも選挙を通じて政治に参加できる，と考えるのがふつうであろう。しかし，現在のような普通選挙制の歴史は，世界に先駆けて民主政治を実現した欧米諸国でもそれほど長くはない。有権者を高額納税者などに制限する制限選挙制で，多くの国は民主政治をスタートさせており，成人女子にまで選挙権が拡大されたのは先進国でも第二次世界大戦後であることが多い。政治に参加できる人，言い換えれば政治的自由権を持つ人を比較的少数に限定し，民主政治を運営するルールを作ったうえで，全成人

に参政権を与えるという順番をたどったのである。

しかし，アジア諸国をはじめ，戦後独立した国々では一挙に普通選挙制を導入して，人々を政治の場に参加させることが多かった。政治への参加者は通常，何らかの要求を政府を通じて実現することを望んでいる。政治的要求を解決するルールや手順が定まらないうちに，たくさんの人々が多様な要求を掲げ始めると，政治システムは麻痺し，社会の不安定化と経済の混乱がもたらされる可能性が高い。民主主義が社会の安定を危ういものにするなら，むしろ国民の政治参加を大幅に制限するべきであるという考え方が，そこから生まれてくる。こうして，権威主義政権による反対派弾圧が正当化されるのである。

制度化の失敗とは，欧米諸国とは異なる条件の下で急進的な政治的民主化が進んだ結果，政治システムが麻痺したことを意味する。

先に序章で見たように，アジア諸国の中でも新興工業経済地域群（NIEs），東南アジア諸国連合（ASEAN）諸国の大半は1960年代以降権威主義を経験した後，80年代後半に民主化した。しかし，「第三の波」ですべての国が民主化したわけではない。共産主義国は，別の意味で民主的かもしれないが，本書で述べている意味での自由民主主義国家ではない。マレーシアやシンガポールは，選挙は行われているが民主的であるとは言い難い。また，しばしばクーデタが企てられ，大統領が深刻なスキャンダルに巻き込まれるフィリピンは，政治体制が安定しているとは言えないだろう。こうした国々の分析に，以上にあげた三つの説明はさまざまな示唆を与えてくれる。

3 民主化とポスト民主化

民主化の理由

では，権威主義支配が続いた国が，なぜ民主化に成功し，民主主義体制を維持しているのであろうか。他方で，インドのように例外的に民主主義体制が維持されてきた国が存在する理由は何だろうか。この問いに関しても，アジア諸国が置かれた条件がさまざまなので，一概に論じることは難しい。しかし，先に述べた権威主義の持続の原因と同様に，近代化論以外に三つの原因が考えられる。それは，市民社会の発達，中間層の登場，政治的制度化の成功である。

初めに，市民社会の発達を簡単に説明しよう。社会の急速な変貌を受けて，

さまざまな利益集団，非政府組織（NGO），非営利組織（NPO）などの**市民団体**が誕生したことが，民主主義の実現と維持に重要な役割を果たしているというのが，市民社会の発達を原因とする見方である。市民社会は，政府の行動を監視し，政府がとるかもしれない非民主的な行動を抑制することができる。アジア諸国で民主主義が維持されているのも，そうした市民社会の発達が背後にあるということができる。この見方は，先にあげた，民主的な政治文化の不在を権威主義の原因とする見解の延長線上にあるものである。

　次に，**中間層**の登場を説明しよう。工業化・都市化が進行する過程で，アジア諸国には分厚い中間層が形成されてきている。ホワイトカラーと呼ばれる民間企業事務職，管理職や，教員，医師，弁護士などの知識産業従事者，独立自営業者からなる中間層は，工場などで働く労働者よりも経済的に裕福であることが多い。工業化で豊かになった彼らが次に求めたものが，政治的自由であり，しかも階層的な厚さから彼らが政治的に影響力を持ちえたことが，民主化を推し進めたのだということができる。中間層の登場を重視する見方は，民主化の担い手の説明と基本的には似ている。アジア諸国で権威主義政権は工業化政策をとったが，その結果誕生した中間層が「権威主義の溶解」をもたらしたのだ，という説明がよくなされる。

　三番目にあげられるのは，政治的制度化の成功である。この議論は権威主義における政治的制度化の失敗による説明の裏返しであるが，筋道がやや異なるので，少し詳しく説明しよう。

　権威主義から民主主義に至る過程で，権威主義政権は多くの場合，政権の強圧的な支配に反対し，実際に行動しようとする人々（民主化勢力）を抑圧する。民主化勢力はデモやストで抗議行動を行うが，政権側が軍隊などの暴力装置を持っているので，多くの場合抑圧に成功する。しかし，抑圧にはどうしてもコストがともなう。武器はもちろんのこと必要である。人命が犠牲になることも珍しくなく，弾圧をきっかけに，社会の不安定化やそれにともなう経済的困難がもたらされることもある。国際的な非難にも直面する。こうしたコストを大きいと見るか小さいと見るかは，人によって，立場によって異なり，権威主義政権内部に，急進派と穏健派との亀裂を引き起こしがちである。民主化勢力も，多くの場合穏健派と急進派に分かれる。双方の急進派が政治力を持っている場合，抵抗と抑圧は繰り返されるであろうが，逆に双方で穏健派が政治力を持っ

> *Column⑥* 社会主義・共産主義
>
> 　社会主義，共産主義には長い歴史と多様な系譜があるが，理論的に最も影響力を持ったのがマルクスとエンゲルスであり，現実の国家や運動への影響という点ではレーニン，スターリン，毛沢東が重要である。彼らによれば，貧困，恐慌，戦争などは，原材料，工場，土地そして技術などの生産手段を資本家が独占し，労働者が自らの労働力しか持たない不平等な所有関係（階級社会）であることが根本原因である。また資本主義国家のさまざまな制度や文化は，資本家の支配を維持し正当化するために設計されていると見る。したがって，人々が不平等から解放され，真に自由になるには国家をなくし，階級のない社会（共産主義）を実現するしか方法がないと主張するのである。
>
> 　ソ連邦の支配原理となったマルクス＝レーニン主義は，こうした目的を実現するには，被抑圧階級である労働者・農民を代表する前衛党（共産党）が国家を支配し，生産手段を国有化もしくは集団化することが不可欠だとした。社会主義とは前衛党が独裁的な支配（プロレタリア独裁）を行う過渡期であり，最終的には国家を廃棄し，階級支配のない真に自由な社会（共産主義）がめざされると考えた。
>
> 　マルクスやエンゲルスは，資本主義が高度に発達したヨーロッパの先進国で共産主義が実現すると想定したが，実際には，ロシアや中国などの後進工業国（農業国）

ている場合，両者は妥協しようとするし，妥協点が見つかれば，双方が譲歩して民主化の実現がありうる。つまり，民主化が実現するかどうかは，政治エリート間の調整がなされるかどうかにかかっていると考えられる。

　こうして生まれた妥協点が，憲法として制度化されると，権力者にとっては再び民主主義体制を否定し，権威主義に戻るためのコストがきわめて大きくなるので，民主主義体制が持続しやすくなる。

　以上の三つの原因のうちどれを重視するかは，それぞれ，民主主義に対する人間の姿勢が変化するのか（政治文化），社会の構造が重要なのか（社会構造），それとも人間が社会で自分の利益を実現するための選択肢を考える際のルールが重要なのか（政治制度）という，ものの考え方の基本的な違いに根ざしたもので，簡単にどれが正しく，どれがまちがっていると言い難い。各自が考えてみたいところである。

で共産党が権力を掌握した。こうした地域では，欧米・日本の帝国主義勢力による植民地支配などで独立が脅かされていたため，それへの強い反発（民族主義）がバネとなって共産主義が影響力を伸ばしたのである。今日でもアジア，アフリカ，ラテンアメリカの一部の国などで共産主義運動が盛んであるのは，少数のエリートが政治経済的特権を享受し，大多数の農民労働者が貧困に喘いでいる現実と無縁ではない。

　しかし，前衛党は農民労働者に階級意識を植え付け，革命を指導するとしたため，高度の中央集権性を帯び，党内や国内の少数派・批判者を外部の帝国主義勢力と結託した階級敵として抑圧する傾向が強かった。エリート党員以外の一般国民は，言論の自由や自由選挙を認められない厳しい監視や統制の下で，息をひそめて暮らすことが日常となったのである。

　加えて，生産手段の国有化・公有化は結果的に国民の労働意欲をそいだだけでなく，ソ連などで採用された計画経済は，技術革新や国民の多様な需要への対応という点で後れをとり，資本主義国との間の体制競争にも負け，1990年前後にソ連と東欧の社会主義政権・共産主義政権が相次いで崩壊することになった（冷戦の終焉）。本書が取り上げる中国（第5章），ベトナム（第11章）は，そうした中にあって例外的に共産党支配が続いている国家である。

民主化以降の民主主義

　1980年代まで，アジア諸国で民主主義と言える国は数少なかったが，それ以降は，民主主義はアジア諸国でふつうに見られる政治体制となってきている。今のところ，民主主義的な政治体制は民主主義を導入した多くの国で持続しそうである。しかし，アジア諸国の民主主義は，これまで単に運が良かっただけかもしれない。

　アジア諸国同様，非欧米地域であるアフリカやラテンアメリカの諸国でも，民主主義的な政治体制が採用されたことはあったが，これらの地域では，不況などの深刻な経済的困難を経験した後に民主政治が崩れる，ということがしばしば見られた。アフリカ地域では，不況どころか飢饉や食糧不足に悩んでいる国が多いことはみなさんもご存じだろう。ラテンアメリカ地域では，40年ほど前に輸入代替工業化に失敗して大量の失業者が街にあふれかえった。アジア諸国では，まだこれらの地域が経験したほどの深刻な経済危機を経験していない。もしそうした危機が生じた時に，民主主義を維持できるかどうかは，まだ

Column⑦ **イスラーム・ネットワーク**

　東南アジアのイスラームは，中東のイスラームと異なり，戒律の遵守に対して概して大らかで，政治的にも一部の地域を除き穏健であった。しかし，イラン革命（1979年）の後，イスラーム法（シャーリア）による統治の復活を唱える運動（イスラーム原理主義）が中東で勢いを増すと，その影響は，メッカへの巡礼者，中東への出稼ぎなどを通じて浸透していった。その結果，1980年代ごろから都市部の知識人や富裕層の間に，戒律を厳しく守り，伝統的な衣装をまとう人たちが次第に増えたのである。これと並行して，ソ連のアフガニスタン侵攻（1979年）に端を発するアフガン内戦にそれぞれの国から義勇軍として参加したイスラーム教徒が，中東のイスラーム過激派との間に資金や武器援助のネットワークを築き上げた。東南アジアでは，タイ南部，マレーシア，フィリピンのミンダナオ，インドネシアなどに拠点を持ち，相互に連携して，各国でのテロ活動や誘拐などに関与している。こうした過激派は数の上では決して多くないが，イスラーム世界からの豊富な資金援助を得ているため，機動力に優れ，治安面で大きな不安定要因となっている。

試されていない課題である。

　本格的な経済問題は，第二次世界大戦前に西欧諸国でも民主主義を危機に陥れた。1930年代の大不況の後に，労働者階級と資本家階級の対立は激しくなった。労働者たちは，現行の資本主義経済と政治体制の下では自分たちが幸福になることはないと思い，自由よりも平等を重視し，会社や工場などの国有化と，そのための革命の必要性を主張する共産党などの社会主義政党を支持し，資本家を敵視した。資本家たちもそうした労働者と妥協するどころか，自らの生き残りのために賃金切り下げなどによる労働条件悪化を押し付けたのである。階級対立から政治が機能不全に陥ったドイツとイタリアは，ファシズムに移行した。大正時代に民主主義を実現した日本も，軍国主義に陥った。イギリスやフランスなど，民主主義を維持した国でも，社会の深刻な分裂と対立を克服できたわけではなかった。

　戦後，西欧諸国では，こうした対立を克服するために，資本家は労働者に対しある程度の賃金と雇用を保障する代わりに，労働者は過激な闘争とその先にある革命を求めないことで労使双方が和解した。和解の過程で，市場経済での熾烈(しれつ)な競争における敗者が復活可能な緊急避難的なメカニズム（**セーフティー**

ネット）を整備し，さらに国民生活の最低保障を政府の義務とする福祉国家を形成していった。こうした，労使和解と広範な社会保障プログラムを軸とする政治体制は，「戦後和解体制」と呼ばれる。西欧諸国とは異なるが，1970年代後半以降に民主化した，アジア以外の他の地域の国でも，典型的にはスペインで見られるように，民主化に際して階級間の和解がはかられた。

　この点で，アジアの民主主義国家は，他の地域よりも困難な模索を迫られているようである。多くのアジア諸国では，民主化にあたって労働者・資本家階級があまり重要な役割を果たさなかったため，戦後和解のような階級間の和解は生じようがなく，セーフティーネットの整備も遅れている。1997-98年の通貨危機は短期で収束し，また2007年からの世界金融危機でもアジア諸国は比較的早い立ち直りを見せているものの，将来大規模な経済後退が生じた時に，現行民主主義の下で政治の安定性が維持できるかどうかは不透明である。

　実際に，政治体制の安定性を微妙にしかねない変化が，アジア諸国にこのところ生まれてきている。一つは，いくつかの国で，中間層が縮小する現象が現れていることである。「民主化の理由」のところでふれたように，アジア諸国の民主化には，工業化の過程で中間層の厚みが増したことが大きな役割を果たしたという見方がある。この見方に立つならば，中間層の縮小は民主主義体制の安定に悪影響を与えると思われる。しかし，グローバル化への対応からアジア諸国がとり始めた経済政策は，国民の間で所得格差の拡大を助長し，中間層を衰退させる効果を持ちやすい。いわゆる「**格差社会**」が生まれるのである。たとえば，経済危機からの復興において優等生であった韓国では，現在自営業を除く就業者の過半数が，アルバイトや契約職などの不安定な非正規職となっており，所得格差も拡大し，「格差社会」が現れつつある。

　もう一つは，国民内部に深刻な対立を引き起こしかねない，宗教問題や民族問題が重要性を増してきていることである。アメリカで2001年に発生した，過激イスラーム分子によって引き起こされたものとされる9.11テロ事件は，人々の目を宗教問題に向けさせる効果をもたらした。アジアは，中東と並んでイスラーム教徒が多数居住する地域で，マレーシアでは国教であり，インドネシアにおいては国民の87%がイスラーム教徒である。タイ南部やフィリピン南部にもイスラーム教徒が多い。実際，アメリカでのテロ事件以降，これらの地域では暴動やテロ活動が頻発しているのである。北東アジアでも，民族アイ

デンティティーをめぐる問題が急速にクローズアップされている。台湾では，中国との関係が問題になる。現在，台湾は中国という国の一部であるが，台湾に居住する人々には，台湾は中国とは別であると考える台湾人ナショナリズムを持つ者が少なくない。このことが，われわれは台湾人なのか，中国人なのかというアイデンティティー政治を登場させる下地を作っている。韓国では，北朝鮮をどうとらえるかによって政治的対立が発生しやすい。北朝鮮は韓国人の同胞が住む国であるが，約60年前に大規模で悲惨な朝鮮戦争をこの国と行ったため，複雑な感情を形成することになっている。

以上のような，アイデンティティーをめぐる政治は，アジア地域にとって新しい問題ではなく，いずれも以前から存在し，しばしばアジア諸国の歴史に何度も登場し，政治体制に深刻な影響を与えてきた問題である。しかし，1990年代終わりの経済危機と21世紀に入ってのテロ事件以後，より深刻な問題になって政治体制を揺るがす可能性がある。

さらに読み進む人のために

オルソン，マンサー／加藤寛監訳，1991年『国家興亡論——「集合行為論」からみた盛衰の科学』PHP研究所
* 安定した民主主義国が衰退する原因を分配結託に求めて国家の盛衰を分析しようとする，経済学者による野心作。

重冨真一編，2001年『アジアの国家とNGO——15カ国の比較研究』明石書店
* アジア諸国におけるNGOの多様なあり方を分析することによって，それぞれの国における国家のあり方の違いを浮き彫りにする。

恒川惠市編，2006年『民主主義アイデンティティ——新興デモクラシーの形成』早稲田大学出版部
* 民主主義体制がなぜ持続するのかを，アジア，アフリカ，ラテンアメリカの事例分析を通じて説明する。本章では紹介できなかった「紛争理論」を提示する。

東京大学社会科学研究所編，1998年『20世紀システム(4) 開発主義』東京大学出版会
*「開発主義」がどのように生まれ展開していったかを，アジア諸国や日本の例をふまえて比較検討する好著。

ハンチントン，サミュエル・P.／内山秀夫訳，1972年『変革期社会の政治秩

序』上・下，サイマル出版会
　＊政治参加（民主化）の拡大がなぜ体制の安定につながらず，政権の不安定化や独裁体制をもたらすのかを説明してくれる。

ハンチントン，サミュエル・P.／坪郷實・中道寿一・藪野祐三訳，1995年『第三の波――20世紀後半の民主化』三嶺書房
　＊1974年から90年の間に発生した，アジア諸国を含む民主化事例について，その原因，過程，結果を分析する。

　　　　　　　　　　　　　　　　　　　　　　　　　（片山裕・大西裕）

第3章
アジアをめぐる国際関係

❶ 第4回東アジア・サミットで記念撮影する参加国首脳たち。右から2人目が鳩山由紀夫首相（2009年10月25日，タイ・フアヒン。写真提供：共同）

　これまでに見たように，アジア諸国の多くは輸出指向工業化に成果をあげ，その際に国内産業にレントを提供することが多かった。この方式による経済発展が可能だったのは，それを促すような国際環境があったからだった。その国際環境としては，国際経済レジーム（ルール）と冷戦があげられる。これらは，アジア諸国が自由競争を尊重しながらも，部分的に市場介入するのを促した。しかし，グローバル化の進展と冷戦の終結によって，その国際環境は大きく変化した。この変化も，アジア諸国が発展の方式を改めて，自由競争を最優先し，また地域協力を進めるようになる際に，無視できない影響を及ぼしている。

1 国際環境における政策選択

多様な国の類似した政策選択

　第1章と第2章で見たように,アジア諸国の多くは市場競争を重視し,輸出指向工業化の戦略を採用した。しかし同時に,国内ではレントを用いることが多く,輸入を制限したり,国内企業に補助金や税制上の優遇を提供したりした。いくつかの国では,そのレントを「よいレント」(第1章 *Column* ③参照)として活用し,市場競争を生かしながらも国内企業を効果的に支援した。しかしアジア諸国は,アジア通貨危機に直面した後,方針を変えた。その後は,経済のグローバル化に適応するようレントの利用をひかえ,市場競争を活用する方向に転換している。

　このように,多くの国がよく似た政策選択をしたのは,考えてみれば不思議なことでもある。というのも,アジアの国々はあまりに多様だからである。アジアの各国は,経済発展の程度や社会的な成熟度,文化的な特徴,宗教や歴史的な背景などにおいて,相当に異なっている。では,なぜ多様な国に,似たような政策選択が見られるのだろうか。本章では,その答えを国際環境から考えてみよう。国内に相違があっても,地域の国際環境の下で共通する刺激を受け,類似した政策を選択できたと考えてみるのである。

　初めに,アジア諸国が輸出指向工業化を採用した理由を考えてみよう。輸出指向工業化は,対外的な輸出振興と,国内的なレントの利用のセットであるとすると,このような政策の組み合わせを促したのは,どのような国際環境だったのか。この対外的な政策と国内的な政策は,一見逆の方向を向いている。前者は自由な市場競争を,後者は競争の部分的な制限を意味しているからである。

　まずは,第二次世界大戦後しばらくの国際環境とはどのようなものだったのかを見ておこう。

　アジアに限らず,世界中の国は何らかの利益を追求しており,また各国は利益追求のために軍事力や政治力,経済力などのパワー(力)を行使する。各国の利益はつねに調和するとは限らないから,各国間の対立や緊張は避け難い。国内の社会であれば,仮に個人の間に軋轢(あつれき)が生じても,最終的には政府の機能,すなわち行政府の政策や裁判所の判決などに基づいて,問題はどうにか決着す

る。しかし国際社会では，そのような世界規模の政府機関が存在していない。もちろん，国際社会には国際連合や国際法などがあるものの，それらの機能には限界があり，一般的には各国に対して十分な強制力や拘束力を持っていない。したがって，各国間の対立はしばしば深刻化する。

そこで各国は，対立を抑え，また対立が発生しても深刻化しないように，一定のルールを創り上げてきた。そのルールは国際組織や政府間の条約，国家間の暗黙の慣行など，さまざまな形をとっている。このようなルールを**国際レジーム**と呼ぶ。国際レジームは，各国の同意に基づいて成立しており，その各国は自国の利益を追求しているから，国際レジームの影響力は必然的に限られている。そうだとしても，国際レジームは国際関係をスムーズにし，一定の秩序をもたらすうえで重要な役割を果たしている。

国際経済の分野では，第二次世界大戦の末期から国際レジームとして国際通貨基金（IMF），国際復興開発銀行（IBRD），関税及び貿易に関する一般協定（GATT）などが成立していった。GATTは1995年に，**世界貿易機関（WTO）**に発展している。これらの国際経済レジームは，アジア諸国が外国と経済関係を持ち，輸出を推進し，投資を導入する際に安定した国際環境を提供した。すなわち，IMFは各国の通貨交換を安定させ，IBRDは各国の開発事業に資金を貸し与えるなどしたのである。GATTとWTOは，各国の貿易行動を自由競争の原則に基づくものにした。

国際レジームの矛盾＝効用

すでに見たように，アジア諸国は輸出指向的な工業化政策を採用し，輸出を成長のエンジンとした。それが可能だったのは，国際経済レジームが自由に参入できる海外市場を提供し，通貨の交換を安定化させるなどしたためであった。それだけではなく，国際経済レジームがアジア諸国の国内にも作用した。それは，企業間の市場競争を刺激し，しかも同時に，政府が企業に一定の優遇措置をとり，レントを提供するのを許したのである。

というのも，第一に，国際経済レジームが市場での自由競争の下でこそ経済成長が実現すると想定し，自由主義を基本原理にしていたためだった。しかし第二に，国際経済レジームは各国の国内経済の安定性や自律性をある程度まで認め，国内経済が国際経済の荒波を正面から受けないよう配慮していた。すな

わち，各国が独自に雇用や福祉を充実させ，弱小産業を維持せざるをえない事情を想定して，ある程度はそれらを許していたのである。

　そのため，第一点にあげた自由主義の基本原理は，部分的な例外をともなっていた。たとえば，GATT 規約は自由貿易主義を原則とし，各国に対して関税，数量制限などの貿易規制措置を廃止するよう求めていた。とはいえ，仮に関税を廃止すると外国からの輸入が急増し，国内産業に深刻な打撃が生じる場合もありうる。その際に GATT は，例外的に関税を再び引き上げる権利を，各国に許容していたのである。各国は，例外なく競争力の弱い産業を国内にかかえており，また手厚い福祉を整備しようとしていた。こうした例外規定がなければ，自由主義を掲げる国際経済レジームが各国の同意を得て，実現するのは難しかったであろう。

　このように複合的な性格を持つ国際経済レジームの下にあって，アジアの国々は，部分的であるならばレントの利用を容認された。同時に，基本原理は自由主義であるから，各国はレントを弱小産業や特定の企業のためだけに利用するわけにはいかなかった。この双方の要請がうまくかみ合う点において，政府が潜在的に成長力のある産業を育成し，自由競争に耐えられるように誘導する措置，つまり「よいレント」が実現したのである。

　もちろん，国際経済レジームはアジア以外の国にも影響を及ぼし，域外の国にもレントや「よいレント」は認められる。しかし，アジアでは「よいレント」がより多く実現し，それが経済的成功に結び付いた。アジア地域に独自の要因がいくつか考えられるものの，その一因は日本という先例である。

　日本は，多くのアジア諸国に先行して国際経済レジームに加入し，輸出指向の政策を展開して，1960 年代から 70 年代に驚異的なほどの経済成長を遂げた。その過程において，日本政府は「よいレント」を積極的に国内産業に提供した。いわゆる産業政策である。産業政策における市場競争と政府介入のコンビネーションは，欧米にはあまり見られず，しかも日本は，この政策に基づいて顕著な経済発展を実現したのである。そのため日本の先例は，政策上のモデルとして周辺の国々で参考にされた。

　以上のように，国際経済レジームが重要な意味を持ったとすれば，次に問うべきは，なぜそれが成立し，持続したかであろう。逆に言えば，それは，アジア諸国を含む国々が国際経済レジームに加盟し，それに従い続けた要因でもあ

ろう。国際関係論においては，国際レジームの成立・持続要因として三つの説が唱えられている。

それらの説はやや抽象的なので，まずは読者に身近なレジーム，つまり大学で講義を静かに聴くという暗黙のルールについて，要因を考えてみよう。それは，国際レジームとはあまりにも性格が違うものの，ある種のルールではあり，一定の共通性を持つ要因が見出せそうでもある。

国際レジームをめぐる議論——大学講義のルールから

世界には実にさまざまな国が存在する。大学のキャンパスにも，さまざまなタイプの学生がいる。世界にはさまざまな国が支持し，守っている国際レジームがある。大学でも，さまざまな学生が同じように（あるいは大体同じように），比較的静かに講義を受けている。それは暗黙のルール，つまり一種のレジームになっているようだ。なぜだろうか。三つの考え方がありうる。

第一は，パワーがレジームを生み出し，維持するという考えである。学生たちはそれぞれに自分の利益や関心を持っていて，それを追求するパワーも持っている。したがって講義においても，講義に集中する学生ばかりでなく，昨夜の野球中継について感想を交わす学生，彼／彼女と週末に行く映画館を携帯電話で調べる学生などもいる。この状況がエスカレートすれば，講義は無秩序に陥りかねない。そうならず，静かに受講するルールが成立し，持続しているのだとすれば，学生たちのパワーを超えるパワーが作用し，学生たちの行為を抑えているのだと考えられる。

そのパワーを行使しているのは，講義の担当教授であろう。教授のパワーは腕力などではなく，学生の成績を決めて単位を提供するという，公式の権限に基づいている。パワー行使の目的は学生全般の公共的利益，つまり静かな講義を確保する点にもあろう。学生たちも単位を落としたり，悪い成績になったりするのは嫌であるから，仕方なく静かに受講する。

第二には，共通の利益がレジームを生み出し，維持するという考え方がある。学生たちは，たしかに多様な利益や関心を持っているものの，共通の利益も持っている。すなわち学生はみな，同様に安くはない学費を支払っているのである。単純計算すれば，1講義当たりの学費は数千円になるともいう。あるいは，どの学生も程度の差はあれ，社会に出る前にそれなりに勉強しようと思っている。

静かに受講するルールは，こうした共通利益の反映だとも考えられる。この場合，担当教授がパワーを行使しなくとも，学生たちの共通利益を背景にして，自ずと静かに受講するルールが生まれ，持続しうる。講義中の私語は時に強まっても，そのうちに静まる。

　第一，第二の考えは，一見異なるものの同じ前提に基づいている。学生たちは自分の行動がもたらす結果を想定して，その結果をめぐって損得の計算をし，事前にどう行動すべきか判断するという前提である。その意味で，ここに見られる行動の論理は，「結果の論理」と呼ばれる。しかし，はたして学生たちは，それほどたえず計算して行動しているのだろうか。次の第三の考え方は，それとは異なる「適切性の論理」に基づいている。学生たちは，何が損か得かをつねに計算しているのではなく，周囲の状況や自分の立場からして何が適切なのかを判断し，行動しているという解釈である。

　この第三の説は，共通の認識こそがレジームを生み出し，維持すると考える。大半の学生は，朝起きれば自ずと大学に行くものだと思い，また大学に到着すれば，自ずと静かに受講するものなのだと思い込んでいる。そうするのがごく当然であり，適切なのだと，何となく信じ込んでいるのである。これまでの経験や他の学生たちのようすから，大半の学生が静かに受講するというルールを無意識に心に刻み，あえて疑いもしない。このような共通の認識を背景にして，ルールが存在しているという説である。

　以上の三つの考え方は，人間社会におけるルール，つまりレジームの本質を照らし出している。また，国際レジームをめぐる議論にも通じている。上の三つの考え方に沿って，①なぜ国際レジームが成立し，持続しているのか，②戦後の国際経済レジームがなぜ，自由主義とその部分的例外を内容としているのか，また，③アジア各国はどのように国際経済レジームに対応しているのか，を考えていこう。

アジア諸国にとっての国際レジーム——三つの見方

　先に述べた第一の考え方は，国際関係論における覇権安定論と呼ばれる理論に通じる。これは，**ネオ・リアリズム**（新現実主義）という理論の一部にあたる。
　ネオ・リアリズムによれば，国際関係は，世界政府が存在せず，各国が個々にパワーを持って対立し合っている状態を基本としている。このような状態を，

アナーキー（無政府状態）と称する。すべての国は，このアナーキーな国際的構造の影響を受けざるをえない。そのため各国は，他国による協力を頼りにしないで，自らのみを信じて行動し，他国以上の利益を獲得しようとしてパワーを行使する。こうした状態においては，各国は対立し合うのが必然であり，協力して国際レジームを築くのは難しいと，ネオ・リアリズムは考える。

しかし覇権安定論は，このようなアナーキーな状態においても，例外的に国際レジームが成立する場合があると論じる。圧倒的なパワーを持つ超大国が存在する場合である。このような国を覇権国という。覇権国は，国際レジームの創設を他の国に説得し，反対に対しては援助によって懐柔し，また圧力をかけて強制することができる。覇権国のみが，国際レジームを創設し，維持する負担に，単独で対応できるからである。覇権国にしてみれば，国際レジームが成立すれば国際関係が安定し，覇権国優位の状況が続くことになる。

第二次世界大戦後の世界について言えば，覇権国とはアメリカにほかならない。アメリカは，とりわけ終戦直後には唯一の核保有国であったし，圧倒的な軍事力や政治力，経済力，それに文化的な魅力も併せ持っていた。この卓越したパワーを背景にして，アメリカが国際レジームの創設をリードし，維持した，というのが覇権安定論の見方である。

この観点からすると，戦後の国際経済レジームが自由主義的で，同時にその例外を認める内容になったのは，アメリカの立場を反映したからだと考えられる。自由主義はアメリカの国家的理念そのものである。しかしそのアメリカも，国内の雇用や福祉の充実をめざし，また一部には国際競争力を欠く産業をかかえていたのである。

覇権安定論によれば，アジア諸国が国際経済レジームに加盟し，それに従ったのは，アメリカの影響力のためだと考えられる。実際に日本や韓国を典型として，少なからぬアジア諸国はアメリカの支援や説得を受けて，GATTやIMFに加盟した。特に日本は，GATT加盟にあたってヨーロッパ諸国の強い反対にあったため，アメリカの支援なくして加盟は難しかった。中国が2001年にWTOに加盟した際も，アメリカの同意が重要な意味を持った。

先に述べた講義のルールをめぐる第二の立場は，**ネオ・リベラリズム**（**新自由主義**）と呼ばれる国際関係理論と共通している。この立場からすると，アナーキーな国際的構造の下にあっても，各国は共通する利益を持っており，国際レ

ジームこそが共通の利益に基づく協力を促す。というのも，国際レジームは他国の意図について正確な情報を提供し，他国と比較的容易に協議できる場を提供するからである。その結果，各国が他国への不信や敵対意識を弱め，協力できるようになる。したがって，各国は国際レジームの形成や維持をめざすのだと，ネオ・リベラリズムは考える。

　このネオ・リベラリズムによれば，国際経済レジームが自由主義的で，同時にその例外を認める内容になったのは，それが各国の共通利益に合致していたからだと言える。第二次世界大戦前には，各国は自国の利益を拡大するかに思われた保護貿易主義を採用し，国際経済のネットワークを寸断してしまい，かえって国益を失っていた。各国はその経験から，自由貿易主義の効用を理解していた。とはいえ，国際的な自由競争は各国の雇用や福祉に悪影響を及ぼす可能性があり，競争力を欠く産業に打撃を与える可能性もあった。このジレンマにおいて，各国は例外付きの自由主義が妥当だとしたのである。

　アジア諸国が国際経済レジームを支持し，それに従ったのは，このネオ・リベラリズムの観点からも説明できる。アジア諸国は，国際経済レジームの下で自由な国際市場を獲得し，他国の政策の情報を知り，他国とスムーズに協議できたからである。そのため韓国やシンガポールなどは，GATTの多国間貿易交渉に積極的に参加した。しかもインドなど，先進国に批判的な開発途上国でさえ，同様の利益を期待してか，やはりGATTの交渉に参画したのである。

　先に見た講義のルールの第三の立場は，**コンストラクティヴィズム**（構成主義）の考え方に対応している。コンストラクティヴィズムは，第一と第二の立場が強調したパワー，利益といった要素ではなく，理念や規範などに着目する。そして国際レジームは，各国間に成立した共通の認識を反映していると見る。その共通の認識はどのようにして生まれるのか。各国が対話や協議などを重ねる中で，次第に互いの理念を知り，またより高い説得力や正当性を持つ規範を受け入れるようになる。ひいては各国がある理念について同様の認識を持ち，しかも他国が同じように理解していることを互いに了解するようになる。こうして共通の認識が成立し，それを背景に国際レジームが形成されるのである。

　このコンストラクティヴィズムによれば，国際レジームが自由主義とその部分的例外を内容としているのは，そのような理念の正当性や説得力を，大半の国が受け入れたためである。アジアにおいて，各国が国際経済レジームを支持

し，それに従った背景では，序章でも見たように日本からの学習が無視できない意味を持った。日本は国際経済レジームの下で自由競争とレントを活かし，産業政策を推進して，目覚しい成果をあげた。周辺国は，この政策の理念から影響を受けたのである。日本の影響を受けた韓国などがさらに他国に影響を及ぼすなど，影響の連鎖というか，政策理念の相互影響がアジアには見られた。

　以上の三つの説のうち，どれが国際経済レジームの成立と持続を，またアジア諸国の国際レジームへの加盟と遵守を，最も適切に説明できるのか。実はかなり論争的である。1980年代から90年代にかけて第一と第二の説が論争になり，どちらかといえば第一の説を優位として推移した。しかし，いくつかの事例では，第二の説も第一の説以上の説得力を持った。近年は第三の説の支持が拡大している。

　読者は，アジアの現実を読み解くうえで，どの説が説得的だと考えるだろうか。複数の説が並存するほどに，現実の国際政治経済は複雑で多面的である。それを自分なりに考え，その考えを個々の事実にあたって検証する点にこそ，政治経済学や国際関係論のおもしろさがあるのだと言える。

冷戦の意外な作用

　アジアの多くの国がレントを利用し，また国内で経済の停滞をもたらす分配結託（第2章1参照）を抑えた背景には，もう一つの国際的要因が作用していた。冷戦である。

　冷戦とは，第二次世界大戦後にアメリカとソ連の間に生じた，厳しい緊張関係を指す。両国は直接的な戦争（熱戦）にはいたらなかったものの，自由主義と社会主義（第2章*Column*⑥参照）という思想上の違いを背景にして，軍事的・政治的に鋭く対立し，経済的・文化的にも激しく競合した。また米ソは，それぞれ西側陣営，東側陣営と呼ばれる勢力圏を形成し，世界を舞台に対立した。

　この冷戦は，戦後すぐはヨーロッパを舞台にしていたが，アジアで起こった戦争をきっかけにして，世界的な対立へと発展した。1950年に朝鮮戦争が勃発し，韓国と北朝鮮が戦火を交え，これを支援する形でアメリカと中国とが衝突したのである（第4章*Column*⑩参照）。朝鮮戦争を受けて，アメリカは軍事予算を大幅に拡大した。またアメリカは，アジアで共産主義国を仮想敵国として，日本や韓国，台湾などと同盟関係を結んでいき，そのネットワークによっ

てソ連や中国の影響力の拡大を封じ込めようとした。その延長線上で，アメリカは1960年代半ばにもう一つの熱戦，ベトナム戦争を戦うことになる（第11章参照）。

冷戦の下で，アメリカのアジア政策は必ずしも一貫していなかったものの，次の2点において，アジア諸国におけるレントの利用を間接的に促す結果になった。

第一に，アメリカはアジア諸国に対して，国際経済レジームの自由主義ルールを必ずしも厳格に適用しなかった。というのも，アメリカは西側陣営としての安全保障上の結束を最優先し，各国における経済的な自由化やレントの利用状況を，厳しく問い質さなかったのである。むしろアメリカは，共産主義に対抗する国に自国の市場を開放して経済的なチャンスを提供し，また援助を供与した。日本や韓国をはじめとして，多くのアジア諸国が2000年代半ばまでアメリカを最大の輸出先としたのは，アメリカの方針と無関係ではない。

第二に，アメリカは，アジア諸国のうち権威主義体制の国がその体制を維持するのを，結果的に促してしまった。第2章で述べたように，アジアのいくつかの国は，経済発展を掲げた権威主義体制を採用し，政治の強い力によって国内の分配結託を効果的に抑えた。アメリカはアジア諸国に経済援助を行う際に，共産主義に対抗する方針をとっていれば，共産主義政権と同じように権威主義的な国であっても，比較的寛大に対応した。このため権威主義体制の国は，アメリカによる支持と援助を背景にして，国内の批判を抑え，体制を維持できたのである。こうしてフィリピンのマルコス政権，インドネシアのスハルト政権，韓国の朴（パク）政権などが，長期政権を維持した。たとえばフィリピンは，アメリカから1960年代を通じて年間約2500万ドルの援助を受け，70年代にも7000-8000万ドル規模の援助を獲得し続けた。

しかし，1980年代に入って韓国やフィリピンなどで民主化が本格化すると，アメリカも方針を転じた。民主主義は元来，アメリカ自身が採用し，世界に広めようとする理念でもあった。民主化の支援は，1989年に冷戦が終結するとさらに鮮明になる。

冷戦はまた，アメリカの政策とは別に，アジア諸国が自ら権威主義体制を維持し，国内の分配結託を抑えるうえでも効果を持った。権威主義国の政府指導者が，近隣の共産主義・社会主義国の脅威を強調し，それに対抗する観点から

自らのリーダーシップの強化や国民の忍耐を正当化し，国内開発を推進したのである。韓国政府が経済開発を推進する際に「滅共統一」を唱え，台湾政府が「光復大陸」を掲げたことは象徴的であろう。

以上のように，国際経済レジームとともに冷戦も，アジア諸国が経済発展を進めるうえで重要な意味を持ち，各国がレントを効果的に用いる際にも一定の影響を及ぼしたのである。

2　国際環境の変容

国際レジームの変化とグローバル化

第2章で見たように，多くのアジア諸国は1997-98年のアジア通貨危機をきっかけにして，レントに頼るのでなく，市場競争を一層重視するようになった。その国際的な要因としてのIMFの勧告については，第1章で述べた。それ以外の国際的要因として，第1節で見た国際経済レジームと冷戦における変化が無視できない意味を持った。

まず，国際経済レジームの変化とは，WTOの成立と国際資本移動の活発化である。ともにグローバル化の典型的な要素である。

戦後に成立したGATTは，国際貿易分野の国際レジームとしてアジア諸国の経済発展を支えてきた。しかし，国際レジームとして十全だったわけではない。というのも，1970年代後半から90年代半ばにかけて，アジア諸国と欧米の間で**貿易摩擦**が発生し，GATTはそれをスムーズに処理できなかったからである。貿易摩擦は繰り返し激化した。それだけでなく，欧米諸国は1980年代の後半，GATTの自由主義ルールが不十分であるために，アジア諸国が過剰にレントを利用していると批判するようになった。このため欧米諸国は，アジア諸国に政治的圧力を加え，欧米諸国と同等の貿易自由化や規制緩和を求めるようになった。

その際にアメリカでは，特に日本におけるレントの利用法が，欧米の自由主義の考え方からすると異質で，不公正だと論じられるようになった。いわゆる日本異質論である。韓国や台湾などのアジアNIEs（アジア新興工業経済地域群）は，欧米で「第二の日本」「もう一つの日本」などと呼ばれ，日本に対してと同様の批判を受け，自由化や規制緩和を求められた。この時期から，アジア諸

国は否応なくレントの利用を縮小していった。

　それを決定的にしたのが，1995年に成立したWTOである。WTOは，激化した貿易摩擦を解決できるよう，厳格な紛争解決手続きを備えていた。またWTOは，自由主義をより徹底するために，それまでの鉱工業製品についてだけでなくサービスや知的財産権，農業などについてもルールを設け，経済のグローバル化により適合する内容となった。このWTOの下で貿易摩擦は急速に減少し，アジア諸国は，従来ほど貿易摩擦に悩まされなくなった。しかし同時に，アジア諸国もWTOに対応した，より高度な貿易自由化を迫られた。しかも，その自由化が不十分であれば，今度は欧米諸国によってWTOに訴えられ，WTOの紛争解決手続きの下で厳格に自由化を求められる可能性があった。WTOの紛争解決手続きは，訴えられた国がWTOの判定に従わなければ，提訴した国が対抗措置をとることを認めているのである。

　このように，貿易分野では国際レジームが強化されたものの，通貨・金融分野では国際レジームの維持に失敗した。1970年代にIMFの機能が大きく低下し，その後，先進諸国は為替や経済政策の相互調整を繰り返し試みた。しかし，膨張した国際市場を各国政府がコントロールすることは，不可能に近かったのである。しかも各国の銀行，証券会社などの民間金融機関は，資金を世界市場で積極的に運用するようになり，欧米諸国の政府は，むしろそれを支援するよう資本の自由化を進め，規制緩和を進めていった。こうして巨額の資本が国境を越えて移動するようになり，グローバル化が急速に進んだ。今日では，わずか1日で1兆5000万ドル以上とも言われる資金が世界を移動している。

　アジア諸国は，このグローバル化の恩恵を受け，海外の資本を国内に導入して経済開発を進めた。しかし，グローバルな資本は各国政府の管理の目が届かず，民間投資家の思惑によって不安定に流動した。どのようなきっかけで予想外の動きをするかわからず，その国際資本の危うい特質が，第1章で見たように1997-98年のアジア通貨危機で明白になった。

　アジア諸国は通貨危機に見舞われたものの，経済開発を続けるためには，やはり国際資本を受け入れるほかない。そのためには，国際的な投資家の信用を得る必要がある。したがって，アジア諸国にとって，経済自由化や規制緩和を否定する選択はもはやなかった。

　このようにGATTやIMFの国際経済レジームは，WTOや先進諸国の協調

体制へと移行し，それと並行して貿易や資本のグローバル化が大きく進んだ。国際経済環境が変化すると，アジア諸国も以前のようにレントを利用することは難しくなった。最初は否応なく，その後はグローバル化に対応するために主体的に，市場競争の活用を選択していった。

ただし，仮に自由競争をさらに進めるならば，アジア通貨危機のようなグローバル化の悪影響が再来するおそれもある。実際に 2007-09 年には，アメリカにおけるサブプライムローン問題をきっかけにしてグローバルな経済危機が起こり，アジア諸国も深刻な影響を受けた。このようなことが続くと，国内ではグローバル化や自由競争に抵抗する勢力が拡大しかねない。そこでアジア諸国は，後に見るように地域協力によって対処を試みているのである。

冷戦終結の複雑さ

1989 年，数十年に及んだ冷戦が終結し，安全保障の分野でも国際環境が大きく変化した。冷戦は，アジア諸国におけるレントの利用に影響していたから，その冷戦の終結も，アジア諸国に影響を及ぼす可能性があった。

冷戦の終結は，アメリカにとっては共産主義や社会主義の敗北，自由主義と民主主義の勝利を意味した。アメリカは，かつてのように共産圏を牽制するために，権威主義国を支援する必要もなくなった。アメリカ政府が，繰り返し中国やミャンマー（ビルマ）などの民主化，人権擁護を要求しているのは，その表れである。

それだけでなく，冷戦終結によって安全保障の環境が変わり，冷戦期とは異なる間接的作用がアジア諸国に及んだ。冷戦終結によって，共産主義の脅威は減少したものの，アジアには不安定要因や不透明な状況が残っていた。すなわち北朝鮮の核開発問題，中国の軍事的な近代化と増強，南沙諸島の領有をめぐる対立，等々である。こうした不安定性や不確実性は，アジア諸国の政治的・経済的な安定を脅かしかねないと考えられた。そこでアメリカは，冷戦期の二国間同盟を持続し，その目的を自由主義や民主主義の価値を擁護する点に置いたのである。この点においても，アメリカは自由主義や民主主義を志向し，アジア諸国によるレントの利用を間接的に抑える役割を果たした。

冷戦終結後の新たな脅威として，テロが浮上しても同様だった。テロは貧困を温床として拡大すると見られ，テロ対策の一手段として開発途上国の開発の

重要性がクローズアップされた。アメリカは，その課題に対して開発援助の増額とともに，経済の自由化・民主化によって対応しようとした。そのためアメリカ政府は，貿易自由化のためにWTOの国際交渉を促し，また各国と**自由貿易協定**（FTA。詳しくはこの章の最後に述べる）を締結していった。ここでも，アメリカは自由主義や民主主義を志向しており，やはりアジア諸国のレント利用を抑える役割を演じた。

このように冷戦の終結も，アジア諸国のレント利用を間接的に制約するように作用した。同時に，安全保障上の環境変化はまた，アジア諸国が地域協力を進める一因となる。アジアでは近年，先に述べたテロだけでなく海賊や麻薬取引，鳥インフルエンザをはじめとする感染症，エネルギー不足など，非軍事的な安全保障問題が深刻さを増している。こうした問題は，国境を越えた広がりをともなっており，1国で対処するのは難しく，地域協力が不可欠なのである。

3 地域主義の波

アジアン・ウェイ

現在，アジア諸国はさまざまな課題や挑戦に直面している。各国はグローバル化に直面しており，一方でそれに適応して海外の資本を受け入れ，国際貿易を拡大する必要がある。他方で各国は，グローバル化にともなう経済的打撃や，さまざまな安全保障上の悪影響を避けなければならない。対応の困難さと問題の地域的な広がりを背景に，アジア諸国はかつてないほど地域協力を進めている。具体的には **ASEAN＋3**（アセアン・プラス・スリー）（東南アジア諸国連合と中国，韓国，日本），東アジア・サミット（首脳会談），中国・ASEAN包括的経済協力枠組み協定，日本・シンガポールFTAなど，多様な協力の枠組みが実現している。現在，交渉中・検討中の措置も多い。

これらは，これまでに見た国際レジームに対して，地域的な協力の枠組みであり，地域統合もしくは地域主義と呼ばれる。地域主義は，ここ10年間ほどに驚くべき勢いで拡大し，その機能も多様化している。アジア諸国の今後は，ある程度は地域主義によって左右されると見られる。地域主義のあり方によって，貿易・投資の自由化や国内の構造改革の進み方，国際レジームの作用の仕方などが変わるかもしれないからである。

それでは，どのような地域主義が，どのような動きを示しているのかを，具体的に見てみよう。アジアでは，かつては他の地域に比べて地域主義がむしろ少なく，1967年に設立された東南アジア諸国連合（ASEAN。第12章参照）のほかに，長い歴史を持つ地域主義はあまりない。しかし1990年前後に，現在の動きに先んじて，興味深い二つの地域主義が台頭した。経済分野の**アジア太平洋経済協力**（**APEC**, 1989年創設）と，安全保障分野のASEAN地域フォーラム（ARF, 1994年創設）である（図12-2参照）。

　APECが誕生したのは，欧米で地域主義的な動きが盛んになり，またアジア諸国と欧米諸国の間で貿易摩擦が深刻化した時期である。GATTレジームにおける多国間の貿易自由化交渉（ウルグアイ・ラウンド）が，停滞した時期でもあった。このような状況において，アジア太平洋地域内の貿易や投資を促進し，経済協力を拡大して対応しようとしたのである。APECを構想したのは日本の通産省（経済産業省の前身）であったが，日本による提案では，戦前の大東亜共栄圏をイメージされたり，過度の影響力拡大の戦略と受け取られたりして，アジア諸国が反発する事態も懸念された。そこで通産省は，その提案をオーストラリアに委ねた。

　APECは貿易・投資の自由化を，各国の自主性を尊重してコンセンサス（全会一致）に基づいて，徐々に進めた。またAPECは，「開かれた地域主義」を掲げて，自由化の成果をアジア域外の国にも適用し，閉鎖的な経済共同体となることを避けた。このように柔軟なアプローチをとると，獲得できる経済的成果は限られるかもしれない。それもあってAPECでは，1993年にハイレベルの非公式首脳会談を開催するようになり，1994年のボゴール宣言では，貿易・投資の自由化措置にめどを設けた（先進国は2010年まで，途上国は2020年までに自由化）。ただし，そうした方向は元来の自主性や柔軟性との間に矛盾をはらんでおり，その矛盾がAPECの早期自主的分野別自由化（EVSL）協議で明白に表れた。この協議が失敗し，APECに対する各国の期待は弱まってしまった。

　他方のARFは，冷戦後のアジアの安全保障問題に関して，新たな方式で対応するものだった。従来の同盟は，仮想敵国を想定し，その脅威に対して二国間もしくは複数国間で対抗しようとしていた。これに対してARFは，**協調的安全保障**と呼ばれる方式を試みた。すなわち，潜在的な敵対国も含めてすべて

> *Column⑧* 福田ドクトリン
> 　日本はアジア外交について，25年をへだてて二つの政策構想を示している。一つは福田ドクトリンであり，1977年8月に福田赳夫首相がマニラで表明した。1974年に田中角栄首相が東南アジアを歴訪した際，激しい反日暴動が起こるなど，日本―東南アジア関係は悪化していた。福田ドクトリンは関係改善をはかるとともに，アメリカのアジア関与の低下をはじめとして，アジアにおける構造的変化に対処しようとしたものだった。すなわち福田ドクトリンは，日本が軍事大国にならない点，日本が東南アジア諸国と多分野の協力を進め，「心と心の触れあう」関係を築く点，ASEANとインドシナ諸国の双方に協力する点を掲げている。
> 　「心と心の」関係とは，日本が先進国としてではなく，アジアの一員として協力する姿勢を象徴的に示した語であり，東南アジア諸国で一定の評価を得た。日本は近年，中国や韓国など北東アジア諸国とは，しばしば外交関係の悪化を経験しているが，東南アジアとの関係は比較的安定している。福田ドクトリンは，その日本・ASEAN関係における一つの原点とも言えるものである。

の関係国をグループに取り込み，各国が対話を重ねて信頼感を創り上げ，脅威や課題に協調して対応しようとしたのである。ARFの活動は，当初は各国による政策の一方的な表明や，情報の交換などにとどまったものの，その後は北朝鮮の核開発問題やミャンマーの民主化問題など，政治的によりデリケートな問題も扱うようになっている。ただし，ARFは問題の迅速な解決を想定しておらず，ここでも各国の自主性と成果との間のジレンマが生じている。

　APECやARFのアプローチは，**アジアン・ウェイ**（アジア方式）と呼ばれる。その特徴は，各国の自主性や合意を尊重し，徐々に協力を築いていく点にある。このような柔軟性は，多様性に富むアジアに適したアプローチだと言える。欧米の欧州連合（EU）やNAFTA（北米自由貿易協定）などが志向しているのは，厳格で各国に対する拘束力が強く，成果を重視したアプローチであり，アジアン・ウェイとは対照的である。

新たな地域主義の試み

　近年の地域主義は，再びアジアン・ウェイと成果とのジレンマに挑んでいる。グローバル化にともなってさまざまな課題が浮上し，従来以上に成果が必要になっているからである。

Column⑨ 東アジア共同体構想

　日本のもう一つのアジア政策の構想は，福田ドクトリンの25年後，2002年1月にシンガポールでなされた。小泉純一郎首相が，いわゆる東アジア共同体構想について，政策演説を行ったのである。この政策構想もアジアの構造的変化に対応する意味を持っており，冷戦が終結し，グローバル化が進み，各種の地域主義が見られる中で提起された。またこの構想は，中国をはじめとして，いくつかの国が東アジア秩序を積極的に構想し提案する中で，日本の立場を示す意味も持っていた。

　小泉演説の要点は，東アジアで多分野の関係の緊密化を進め，「共に歩み共に進む共同体」をめざす点，その際にASEAN＋3の枠組みを利用しつつ，メンバーにオーストラリアやニュージーランドなど広範な国を含める点，日本・ASEAN包括的経済連携構想を提案した点などにあった。「共に歩み共に進む」という言葉には，福田ドクトリンにおける「心と心の」関係が反映されていよう。

　この後も，東アジア共同体をめぐっては，日本や東アジア諸国が構想や提案を打ち出している。日本では2009年10月に，鳩山由紀夫首相が東アジア共同体構想を表明した。それは，開かれた地域協力を原則として他分野で協力を進め，また，日本が戦前・戦中に与えた損害や苦痛に関する和解や，「人と人との触れ合い」をも進めようというものだった。

　具体的にASEAN＋3とFTAを見てみよう。前者は，アジア諸国の包括的な地域主義の一つである。これは1997年に開催された後，各国がアジア通貨危機に協力して対応する場となり，2000年にチェンマイ・イニシアティブという合意を導いた。各国はこの合意に基づいて通貨交換の二国間協定を締結し，金融市場の監視体制を築き，経済危機の再発に備えている。ASEAN＋3では，この成果を踏み台にして，経済だけでなく政治，安全保障を含む多分野で協力を進めている。さらにASEAN＋3では，将来の東アジア共同体（*Column*⑧参照）を視野に入れて，東アジア規模のサミット（首脳会談）やFTAなどを検討した。前者は2005年に実現し，その後も開催されている。後者は中国や日本などが提案し，議論されている。

　FTAにおいては，成果がさらに求められる。FTAとは，二国間もしくは複数国間で関税その他の貿易制限措置を撤廃する協定であり，法的な拘束力を持っている。近年のFTAは，貿易に加えて投資やサービス，労働市場などの自由化，それに地球環境や技術開発の協力などをともない，より包括的な経済統合

化をめざしている。このような FTA は，アジアでは 1990 年代末までほとんど見られなかった。しかし，欧米諸国が FTA やそれ以上の経済的統合を進め，経済競争力の強化や構造改革に成果をあげる中で，シンガポールと中国，韓国，それに日本が，時を接して FTA を追求する方針に転じたのである。その後，アジアでも FTA が増大しており，現在も多数の FTA が交渉中・検討中になっている。

このように，アジア諸国は経済的，政治的な成果を求めて，従来よりも拘束力の強い地域主義を模索し，追求しつつある。この現象は非常に興味深く，注目されているだけに，その要因についてさまざまな見解が見られる。国際関係論の分析で，先に国際レジームについて見た三つの説がしばしば用いられている。それぞれの説によって，どのような説明や理解が得られるだろうか。考えてみてほしい。

さらに読み進む人のために

田中明彦，2007 年『アジアのなかの日本』（日本の〈現代〉2）NTT 出版
 ＊アジアの国際関係が変動するなかで，日本がアジアの諸国や地域とどのようにかかわってきたのか。その軌跡を歴史的にたどりつつ，重要なトピックに焦点を当てて明快に論じている。

添谷芳秀・田所昌幸編，2004 年『日本の東アジア構想』（「現代東アジアと日本 1」）慶應義塾大学出版会
 ＊東アジアの地域主義の動向と日本の対応について，文化，政治経済，外交，安全保障，国内基盤の観点から，多様で斬新な分析を行っている。

山田高敬・大矢根聡編，2006 年『グローバル社会の国際関係論』有斐閣
 ＊本章でも用いた国際関係論の理論をより詳しく解説し，安全保障や国際経済，地球環境などの具体的な事例を分析している。本章で述べたアジア地域主義の分析も掲載している。

大矢根聡編，2009 年『東アジアの国際関係──多国間主義の地平』有信堂高文社
 ＊東アジア諸国は，自国の利益や目標を追求しながら，どの程度まで多国間協調的な外交を展開しているのか。その様相を中国やインド，韓国，ASEAN，そしてアメリカなどについて分析している。

（大矢根 聡）

第II部
アジアのすがた

第4章

韓国 財閥主導経済の誕生とその後

🔼 2007年大統領選挙での李明博候補の演説風景（2007年，ソウル。写真提供：浅羽祐樹）

🔼 韓国車があふれるソウルの街並み（2002年，筆者撮影）

　財閥への経済力集中は韓国経済の特徴である。朝鮮戦争後，世界の最貧国からスタートした韓国は急速に工業化し，今やハイテク工業国家となったが，そのエンジンとなったのが財閥で，財閥もまたこの間に急成長した。急成長の原因には，他のアジア諸国に先駆けてなされた経済自由化のためという見方と，政府がレントを提供してきたためという見方がある。巨大化した財閥は，韓国社会に大きな影響を与えるため，その扱いは今でも政治的に重要な争点であり続けている。

表 4-1 韓国略年表

年　月	事　項
1945年8月	日本の植民地支配からの解放
9月	アメリカ軍政開始
48年8月	憲法制定，大韓民国独立，初代大統領に李承晩選出
50年6月	朝鮮戦争（〜53年7月）
52年8月	四捨五入改憲，事実上の李承晩独裁体制へ
60年4月	学生革命，李承晩大統領退陣，亡命，議院内閣制の第二共和国成立
61年5月	朴正煕，軍事クーデタ
63年12月	第三共和国発足，大統領制に復帰。朴正煕，大統領に就任
71年4月	朴正煕，大統領選挙で金大中に辛勝
5月	国会議員選挙で与党共和党が事実上の敗北
72年10月	10月維新（朴正煕による宮廷クーデタ，非常戒厳令，国会解散）
12月	第四共和国発足，朴正煕，事実上の終身大統領へ
73年10月	第1次石油危機
78年12月	第10代国会議員選挙で与党民主共和党が事実上の敗北
79年3月	第2次石油危機で経済混乱
10月	朴正煕暗殺
12月	大統領に崔圭夏，「ソウルの春」始まる
80年5月	光州事件，全斗煥による軍事政権
81年2月	第五共和国発足，全斗煥を大統領に選出
85年2月	第12代国会議員選挙で与党が事実上の敗北
87年6月	6月抗争（民主化運動），6.29民主化宣言
12月	民主憲法採択，盧泰愚を大統領に選出
88年4月	第13代国会議員選挙，与党敗北
9月	ソウル・オリンピック
92年12月	金泳三を第14代大統領に選出
97年11月	通貨危機発生，IMFに救済融資要請
12月	金大中を第15代大統領に選出
2000年6月	初めて北朝鮮政府と南北首脳会談
02年12月	盧武鉉を第16代大統領に選出
04年3月	韓国国会，盧武鉉大統領弾劾訴追。大統領職務権限停止（〜5月）
4月	第17代国会議員選挙，与党開かれたウリ党勝利
07年12月	李明博を第17代大統領に選出

1 財閥——市場競争の勝利者か,政府が育てたモンスターか？

財閥って何？

　一昔前，韓国産の商品と言えば，キムチであった。安い焼酎（しょうちゅう）としてジンロを知っている人もいることはいた。とはいえ，韓国の商品のうち日本で知られているのはこうした特産品ぐらいで，工業製品ではあまり見るべきものがなかった。実際に，下関と韓国の釜山（プサン）を結ぶフェリーでは，電気ポットや炊飯ジャーを日本で買って持ち帰るおばさんたちの姿がよく見られたし，タクシーの運転手がガタガタ振動する韓国車に客を乗せながら，安定走行する日本車がうらやましいと愚痴を言うことが珍しくなかった。

　しかし，このような韓国への見方は様変わりしつつある。最近，韓国を旅行する人が増えているが，彼らがまず気がつくことの一つは，道路に日本車が走っていないことである。それどころか，アメリカ車もヨーロッパ車も走っていない。もっぱら目につくのは，ヒュンダイ，サムスン，キアなどの韓国国産車である。これは世界的に見てかなり変わった現象である。日本車は世界のどこでも走っており，「TOYOTA」「HONDA」のマークはたいがい目に入る。自動車王国のアメリカでも，日本車は年間売上高の3分の1近くになる。それでも韓国では，日本車がないから，アメリカ車がないから不便だということはない。韓国車は安全，快適で，特に不自由は感じない。

　新聞の経済欄を見ると，従来の韓国では考えられないような数字がさらに目に入る。かつては日本のお家芸であった家電・IT関連商品で韓国の会社が世界規模で相当のシェアを占めており，中にはすでに日本の会社が二番手，三番手になっている業種もある。半導体市場では，サムスンが世界最大手のインテルに次いで世界第2位になって久しい。携帯電話市場でも，ノキアに次いでサムスンが第2位で，LGが3位である。液晶テレビ，プラズマテレビなどでも韓国製品は大活躍している。自動車分野でも2006年時点でヒュンダイがアメリカ市場で7％を超え，日産と肩を並べる売り上げを見せるまでになってきている。韓国は，いまや世界の主要な工業国の一つなのである。

　しかし，こうした韓国企業のうち，私たちの目に入るのは，サムスン，ヒュンダイといった数少ない企業にすぎない。日本を代表する世界的ブランド企業

図 4-1　現在の韓国

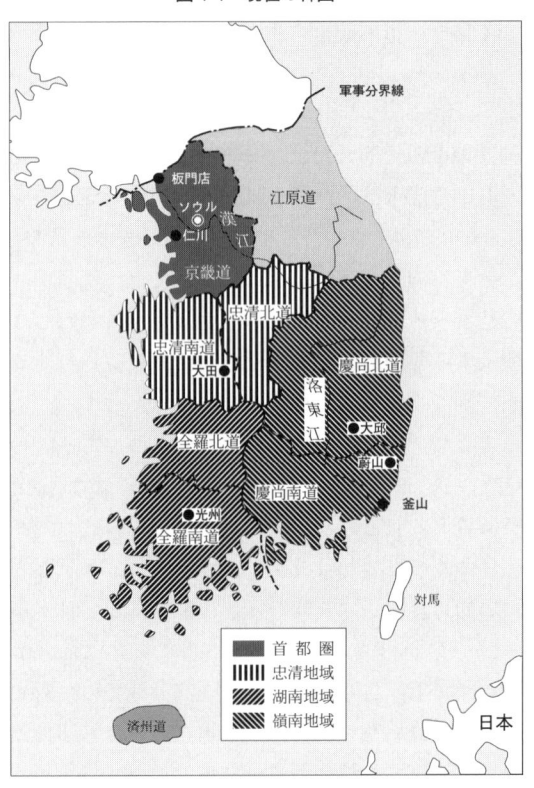

[出典]　筆者作成。

大韓民国		宗教	キリスト教（プロテスタント，カトリック），仏教，儒教
面積	9万9720 km²（2007年）	元首	李明博大統領
人口	4860.7万人（2008年推定人口）	通貨	ウォン（1米ドル＝1,103.36ウォン，2008年終値平均）
首都	ソウル		
言語	韓国語（朝鮮語）	1人当たりGDP	19,106ドル（名目，2008年）

[出典]　『アジア動向年報 2009』アジア経済研究所。

が，トヨタ，日産，ホンダ，ソニー，パナソニック，NEC，シャープ等々たくさん存在するのに比べると，その数の少なさに目を引かれるだろう。

　世界的ブランドは存在するが，その数が少ない。このことは韓国経済を象徴している。韓国経済の大きさは，2008年の世界金融危機以前の水準で日本の5

分の1程度である。人口が日本の3分の1程度なので，1人当たりの年間所得はだいたい日本の半分強になる。こうした経済規模の割には少数の巨大な企業グループが存在し，世界的に活躍しているのである。

韓国の企業グループは通常，財閥(チェボル)と呼ばれるので，韓国経済は財閥主導の構造を有していると言っていいであろう。韓国の財閥は，創業者一族が経営を支配し，業種を多方面に展開している。財閥自体は，企業経営のスタイルとして決して珍しいものではない。日本でも戦前には財閥が存在し，旧財閥系企業が戦後も大企業として日本経済の中で一定の地位を占めてきたことは確かである。しかし，それと比べても韓国の財閥への経済力集中は著しい。

韓国の財閥には，さらにいくつか特徴がある。第一に，グループを構成する企業同士の関連が乏しい。グループの中には，家電産業から，自動車，建設業，デパートなどの小売業，生命保険，証券業まで種々雑多な企業が雑然と存在しており，創業者一族が所有者であるという点を除くと，グループ企業内の関連はあまりない。このことを指して，蛸足(たこあし)経営と呼ばれることが多い。第二に，グループの中に銀行が存在しない。戦前の日本に存在した財閥では，銀行が財閥の中軸的役割を果たしていたが，それが韓国にはない。

こうした韓国財閥の特徴は，韓国にもともとあったものではなく，1960年代以降に現れてきたものである。それ以前は，韓国自体がきわめて貧しかった。今となっては想像するのも難しいが，朝鮮戦争によって焦土と化したかつての韓国は，世界の最貧国の一つであった。その状況から脱して急速な工業化を成し遂げたのは，財閥が今日的特徴を示すのと軌を一にしている。つまり，韓国の財閥は，工業化と深い関係を持ちながら今日の姿になってきたのである。しかし，韓国経済が急成長するからといって，それにともない財閥が急成長をしなければならないというものではない。台湾のように，中小企業が主役となっていいはずである（第6章1参照）。

財閥が韓国経済の特徴となり，巨大化し，ブランド化していったのには，政府の政策が深く関係していると言われる。政府がどんな政策をとったことがこうした特徴を生み出したのか，またその政策を決めたのは誰なのか，以下，説明していこう。

> *Column⑩* 朝鮮戦争
>
> 　1945年に日本の植民地支配から解放された朝鮮半島は，アメリカ軍とソ連軍に占領された。両軍が支配する地域の境界線となったのが，北緯38度線だった。その後，ソ連軍の占領を受けた北部は朝鮮民主主義人民共和国（北朝鮮）として，南部は大韓民国（韓国）として，それぞれ1948年に独立したが，二つの政権は双方とも朝鮮半島全域の領有権を主張していた。
>
> 　1950年，両政権が全面的に衝突する朝鮮戦争が始まった。冷戦の最中であったため，アメリカを中心とする国連軍と中国共産党義勇軍が参戦することで，本来は内戦であったものが，国際戦争になった。朝鮮半島のほぼ全域が戦場になったため，当時の国民の10人に1人は戦死し，親子，夫婦が生き別れるという離散家族を大量に生み出し，工場などの生産設備は焼かれて，全土が焦土と化した。1953年に休戦し，とりあえず戦時状態は脱したものの，その後も北朝鮮の存在は，現在にいたるまで韓国社会にとって，安全保障上のみならず，民族アイデンティティーの問題としても重くのしかかっている。朝鮮戦争によって固定化した南北分断の問題は，映画のテーマとしてもよく取り上げられ，近年では「シュリ」「ＪＳＡ」「ブラザーフッド」「タイフーン」などの作品がある。

自由化なのか，競争制限なのか

　初めに，少数の財閥に経済力が集中した理由を考えてみよう。中小企業でなく，財閥が韓国で重要になった理由には，朝鮮（チョソン）王朝時代以来の家父長的な家族構造の延長線上に韓国の企業が発展してきたことや，韓国の企業の多くが戦後生まれでまだ若いことなどもあげられるが，何と言っても政府の政策が重要な影響を与えたと言われている。問題は，政府のいかなる政策が財閥の成長に力を貸したかである。二つの可能性が考えられる。一つは，政府が自由化政策をとった結果，財閥が韓国内での競争に勝ち残ったということである。もう一つは，韓国政府が特定の少数財閥を優遇・育成したというものである。つまり，市場における競争を促進する政策と，競争を制限し，特定産業を育成する政策である。韓国政府は相反しかねない二つの政策を両方ともとっている。いずれがより重要であったのだろうか。財閥と政府の関係を見てみよう。

　財閥の登場は，植民地支配から解放されてまもなくである。財閥は，1950年代に李承晩（イ・スンマン）政権（1948-60年）の下で，政権と密接に関係しながら登場してき

た。当時，韓国はアメリカから膨大な援助を受けていたが，その援助物資を独占的に引き受け，利用して，繊維産業，食品加工業や，建設業に携わることで特定の企業家たちが事業を拡大してきた。こうして登場した財閥は，一般に特恵財閥と呼ばれる。当時彼らが政権から受けたのは，どこにでも見られる，輸入代替工業化政策にともなう，ありふれたレントであった。

　1961年の軍事クーデタによって成立し，以後1979年に彼が暗殺されるまで続いた朴正熙(パク・チョンヒ)政権は，特恵財閥を誕生させたレントのあり方を根本的に変える政策を採用した。朴政権は，従来の政権がとっていた輸入代替工業化から，輸出指向工業化へと政策の方針を大きく転換した。政策転換に合わせて輸出産業に事業を展開した財閥は，規模を拡大していった。ただし，この時の輸出指向工業化政策自体が，矛盾しかねない二つの要素を含んだものだった。すなわち，それまでの政権は，主として先進国から購入せざるをえなかった工業製品を国内企業に生産させるために，輸入関税や輸入制限によって海外から安くて良質の製品が入ってくることを抑制しようとした。けれども朴政権は貿易の自由化を進め，国内企業が生産する商品の市場を海外に求め国際競争力をつけるためなら，外国の原材料や半製品，工場プラントを輸入することもよしとする方向に，政策を転換したのであった。

　他方で，朴正熙政権は国内企業を支援するために，また政権が必要と考える産業に企業家を進出させるために，さまざまな金融支援や税負担軽減などのインセンティブ（誘因）を企業家に与えた。政府が育成したいと考える産業分野は時代とともに変化したので，財閥はそうした政府の意向をふまえて次々に事業分野を拡大していった。その結果，蛸足経営という財閥の特徴が生まれた。つまり朴政権は，一方で輸入自由化によって従来のレントをなくすかその規模を縮小するかし，他方で輸出を振興する目的でレントを付与するという政策をとったのである。前者を強調すれば，それによって成功した財閥は市場競争の勝者ということになり，後者を強調すれば，政府が育てたモンスターということになろう。

　レントの付与について，もう少し見てみよう。朴正熙政権下の韓国では，労働力は豊富にあったが，工場を造り，労働者を雇うための資金を，企業があまり持っていなかった。しかも，資金の主たる供給先である銀行は国営であった。そこで，朴政権は，銀行に指示して，低利で企業に貸出を行わせたほか，政権

の方針に同意する企業には，政策金融（第1章1参照）として一層優遇された条件で融資をするよう銀行に指示し，当時ふつうの企業にとって入手困難だったドルなどの外貨を優先的に提供した。政府の方針に従って実績をあげれば，財閥はより多くの資金を銀行から借りることができた。その資金で，財閥は急速に規模を拡大していったのである。

　政府が実施したさまざまな自由化措置と，金融支援をはじめとするインセンティブ付与とでは，どちらが重要な役割を果たしたのだろうか。韓国の経済発展自体については議論の分かれるところであるが，財閥の特徴形成については二つの要素が共に重要な影響を与えたと言えるだろう。

官僚主導論

　では，誰がこのような政策を決定したのだろうか。その答えは官僚だとする見方が，政治経済学の中で強い支持を得てきている。第2章で述べた開発独裁の典型的なモデルは，権威主義時代の韓国である。優秀な経済官僚が，長期的視野に立って企業家たちをリードすることで経済が発展したとされたのである。大統領や与党は，積極的に政策形成にたずさわるのではなく，レントを追求しようとしてアプローチしてくる企業や業界団体から官僚たちを守るという，消極的な役割を演じたと考えられた。

　この見方に立てば，官僚は一方でレントをなくす改革をし，他方で新たなレントを設けていくという政策を担ったということになる。しかし，第1章で述べたように，二つの政策は，一方は**新古典派経済学**，他方は**制度派経済学**といった，経済政策に対して大きく異なる見方を前提にしており，同じ官僚の頭から両方の政策が出てきたとは想像しにくい。実際，官僚制内部には肌合いの異なる官庁が複数存在した。それは，経済企画院と財務部，商工部である。**経済企画院**は，主として経済政策全般と予算編成，経済統計を担当する官庁で，財務部は予算編成を除いた財政と金融を担当し，商工部は農林水産業を除く産業全般を担当していた。経済企画院の関心は経済全般に及ぶため，財務部・商工部と関心が重なる部分が多いが，両者では経済政策に関する考え方に大きな違いがあった。経済企画院は，新古典派経済学を軸に政策を策定しようとする傾向が強く，レントに対して全般的に否定的であったのに対し，財務部・商工部は，レント付与に肯定的であった。

本当に官僚主導なのか？

　問題は，この2種類の官僚たちの間の意見の違いがどのように調整されたかである。経済企画院の官僚たちにしてみれば，商工部と財務部が進めていた産業政策は大幅に縮小されるべきであり，後者の立場に立てば，経済企画院が推し進めようとする自由化は経済に無用の混乱を与えるので抑制されるべきであった。両者は考え方が大きく異なるので，もし対等な立場であれば衝突するしかなかったであろう。

　公式の官庁間の関係という観点から言えば，一般に経済企画院の言い分が通りやすい構造になっていた。というのも，経済企画院のトップである長官は内閣副総理を兼ねていたので，財務部や商工部の長官を指揮する権限があった。財務部や商工部が何と言おうと，経済企画院は自分の意思を強制できる立場にあったのである。しかし，韓国は大統領制の国である。大統領がこうと言えば，経済企画院はそれに従うべき立場にあった。その大統領には，直属の機関として大統領府に秘書室が存在し，そこに1官庁並みのスタッフが各官庁から集められていた。つねに大統領の身辺にいる彼らは，大統領の代理人（エージェント）として事実上各官庁に指示する立場になれるので，秘書室の主要なポジションに商工部や財務部の官僚たちがつけば，法制度上の経済企画院優位も揺らいでしまう。それゆえ，意思決定については，官僚たちの力関係だけを見てもわからないのである。

　官僚たちの力関係には誰が影響を与えるのだろうか。おそらく，次の二つを考えねばならないだろう。一つは，財閥そのものである。韓国が直面する具体的な経済状況に関して，より多くの情報を持っていたのは財閥である。それゆえ，官僚たちも財閥の情報に依存せざるをえないはずである。加えて財閥は，政権最大のパートナーとして大統領に身近な存在でもあった。大統領はしばしば，選挙資金などを財閥からの献金に依存した。そのせいか，多くの経済政策は結果的に財閥の成長を促すものであった。

　もう一つは，大統領や政党である。最近の研究では，権威主義時代についても，財政政策や金融政策は選挙と関連があることがわかってきている。つまり，選挙に負けないように，あるいは負けた後の反政府運動を沈静化するために，与党議員などの政党政治家たちが経済政策に影響を与えようとしたのではないかと考えられるのである。また，国政全般にわたって圧倒的な影響力を持った

Column⑪　韓国の民主化

　1987年に、韓国はそれまでの権威主義的支配から抜け出して民主主義体制に移行したが、その道のりは単純なものではなかった。韓国では、1948年の独立当初と、60年の李承晩政権退陣時に民主化の機運が高まった。しかし、独立後40年近くにわたって非民主的な政治が行われ、1961年以降は軍人であった朴正熙が政権を支配した。朴政権末期の1979年、後に大統領となる金泳三の地元である釜山と馬山(マサン)での民主化を求めるデモがきっかけとなって、朴正熙大統領が暗殺され、民主主義体制への移行が試みられた。これは「ソウルの春」と呼ばれるが、翌1980年には軍部を率いていた全斗煥が政権を掌握し、民主化運動を弾圧してしまった。その最大の悲劇となったのが、陸軍がデモ隊を鎮圧して多数の犠牲者を出した「光州事件」である。

　その後、民主化運動はほぼ潰(つい)えたかに見えたが、1985年の国会議員総選挙で息を吹き返した。この選挙で、大統領直接選挙制への憲法改正を民主化の旗印として訴えた野党新韓民主党が大躍進し、民主化の機運が一挙に高まった。1987年6月には、ソウルをはじめ国内の随所で民主化を求めるデモ隊が街頭を埋め尽くし、最終的に権威主義政権が屈して要求を受け入れた。民主化が実現した直後から、運動を主導した野党勢力と急進民主化勢力は分裂し、後者はいったん政治の場から退場していった。ただし、後者は近年再登場し、ある部分は盧武鉉政権の誕生に力を尽くして政権を支え、別の部分は韓国初の本格的な左派政党である民主労働党を作り出した。

とされる大統領が、経済政策に関してだけは官僚に決定を委ねたというのは不自然で、官僚に対する人事を行うことで政策に影響を与えていたのだと考えられる。

　実際、韓国では権威主義時代にも選挙が重要であり続けた。国会議員選挙で特に顕著であるが、自由で公正な選挙が保証されなかった時代であるにもかかわらず、当時の政権与党は意外に選挙で勝てていない。国会の議席そのものは与党が過半数を割り込むことはなかったが、得票率では与党が過半数を得ることは稀なうえに、野党と拮抗(きっこう)し、時に野党の得票率を下回った。こうした選挙での事実上の敗北は、政治体制そのものの変動すらもたらした。具体的には、1971年の大統領選挙での朴正熙の辛勝と国会議員選挙での与党の事実上の敗北は、72年、維新体制と呼ばれる、より独裁色を強めた権威主義支配への移

行につながった。1978年の国会議員選挙での与党惨敗は，79年の朴正熙大統領暗殺の伏線となった。1980年から始まる全 斗 煥(チョン・ドゥファン)政権でも，85年の国会議員選挙で与党が事実上敗北したことが，87年の民主化を引き起こしたのである。こうした政治の変化が，経済政策に影響を与えたとしても不思議ではない。

権威主義時代の経済政策決定は，開発独裁論から想像されるほど単純ではなさそうである。

2 民主化と財閥

本当は改革したかった

第1節では，権威主義時代の2方向の政策が財閥主導経済を生み出したことを説明した。そこで次に，財閥が巨大化していった理由を考えてみよう。財閥が巨大化したのは時期的には1987年の民主化以降なので，民主化以降の政府が，財閥に対していかなる政策をとったかが重要になる。政府がレントをなくして競争を促した結果なのか，それとも政府が財閥にレントを与えた結果なのか。財閥の巨大化を許すような経済政策を決めたのは，誰なのだろうか。

民主化後の政府は，当初は新古典派経済学の指し示す方向に沿った経済改革をめざした。つまり，レントをなくし，競争を促す方向で行こうとしたのである。改革の主眼とされたのは，政府による統制色の強かった金融の自由化である。たとえば，1988年からスタートする盧泰愚(ノ・テウ)政権では，80年代初めに民営化されたにもかかわらず，政府によって規制されていた銀行の自律的経営を促す第一歩として，貸出金利の全面自由化を宣言した。1993年からスタートする金 泳 三(キム・ヨンサム)政権も，大幅な金融自由化を計画した。加えて，両政権とも財閥の影響力を削ぐための経済政策の実施に意欲を燃やした。たとえば，財閥に対する銀行からの融資を制限し，財閥傘下の企業を整理して蛸足経営をやめさせようとした。盧泰愚政権は財閥が所有する不動産を売却しないと融資を止めると脅し，金泳三政権は財閥のトップを次々と逮捕するということもした。民主化後の政府のスタンスは，基本的には財閥にあまり好意的ではなかったのである。

現実主義と財閥の膨張

しかし，実際には財閥の特徴である蛸足経営は変化するどころではなく，経

済に占めるプレゼンス(存在感)も以前より大きくなっていった。たとえば,主要な財閥は,権威主義時代の終盤に手をつけていた金融業に本格的に参入し始めた。銀行経営への参加は政府によって禁止されていたが,各種保険業や証券業などへは政府の許可を得られれば起業できた。ただし,この機会を利用して実際に参入したのは,すでに規模の大きい財閥であった。というのも,外資系の参入は厳しく規制されており,小規模な企業には新たに金融業に参入する余力がなかったのである。政策金融の枠組みを使って,銀行から大量の融資を受けたのも財閥であった。財閥は,こうして集まった膨大な資金で経営規模の一層の拡大をはかった。

　財閥が新たに目をつけた分野には,政府の規制によって守られているものが少なくなかった。たとえば,携帯電話事業は,将来的に市場の拡大が見込めたものの,政府が事業者数を絞ったため,事実上財閥しか参入できなかった。もっとも,財閥にこうした新分野について経営ノウハウがあったわけではない。彼らは,政策金融や保険・証券業などで集めてきた資金を,効率性やリスクを十分に考えずに,政府の規制で守られた新規分野に投入していったのである。つまり,レントを利用して財閥が一層規模を拡大したというのが,この時期の実相と言えそうである。財閥がモンスターとなったのは,市場競争というよりは,結果的にせよ政府の政策によるものであった。

政策を歪めたのは誰か

　レントをなくそうとした政権の基本政策を押し止めたのは,誰であろうか。権威主義時代のことを考えれば,すぐに思い付くのは経済官僚であろう。たとえば財務部の官僚は,銀行に対する支配を維持しようとしていた。そのためには,銀行経営に政府が関与できるようにしておく必要がある。たとえば1980年代に大半が民営化されていたとはいえ,韓国の銀行は株主が経営にあまり関与できないようになっていた。日本で頭取にあたる銀行長の選任は,事実上財務部が行っていた。政府の介入余地を大幅に認めることで,経営の自律性を制限し,融資においても政府の意向を反映するように制約を加えた。このような経済官僚の既得権保持の姿勢が,政策を歪めたということができるだろう。

　官僚主導論に対しては,権威主義時代と同様に反論が考えられよう。しかも以前とは異なり,韓国は民主化したのである。韓国でも,権威主義時代とは異

なりさまざまな人々が政治過程に入ってきて，さまざまな要求をするようになるのは当然である。まず，最大の受益者である財閥が影響力を強め，自分たちにとって利益になるような経済政策を政府に実施させるよう働きかけたから，レントが維持されたのだと考えられよう。実際，民主化後，経済団体や企業が政党や大統領府にロビー（陳情）活動を行う機会は増えている。次に，民主化以降に登場したさまざまな利益集団の要求に政党や政治家が配慮せざるをえないため，官僚が長期的視野に立って作ったはずの政策を歪めたのだとも考えられる。民主化以降について，韓国においても分配結託（第2章1参照）の存在を認めようとする説明である。韓国は「デモ共和国」と呼ばれるほどデモが多い。旅行の際に街を歩けば，どこかで何らかのデモがなされている。それは，デモによって政策が影響を受ける証でもある。

選挙が改革を止めた？

もう一つ，選挙や政党の支持基盤を重要視した説明が考えられる。民主化を契機に，韓国の政党制は根本的な再編を受けた。権威主義時代の選挙で，与党は主として農村部を支持基盤とし，都市部の有権者は野党を支持する傾向があった。この現象を「**与村野都**」という。

民主化以降，この構図は激変した。図4-1を見ればわかるように，韓国は大まかに言って，釜山を含む南東部の嶺南地域，光州を含む南西部の湖南地域，大田を含む中西部の忠清地域，ソウルを中心とする首都圏，首都圏の東方に位置する江原道，済州道に分かれる。民主化後の選挙では，1988年当時の主要政党のボスである盧泰愚が嶺南北部，金大中が湖南，金泳三が嶺南南部，金鍾泌が忠清地域をそれぞれ支持基盤とし，首都圏で雌雄を決するという構図が誕生した。これを**地域主義**という。

地域主義を前提にすると，政界実力者で政党のボスである大統領は，開発が遅れた地盤と，首都圏の双方の支持を獲得できるように政策を展開しなければならなくなった。首都圏の有権者は，基本的に新古典派的な経済改革に賛成であったが，地盤となる地域は，首都圏に比べると開発が遅れ，産業基盤が乏しいため，政治家が利益誘導して開発のための資金や産業を引っ張ってくることを期待していた。そうした観点からすれば，巨大な経済力を持つ財閥は，地元に産業を誘致するための手段となりえ，政権側がその力を利用しようとしたと

考えられる。

　官僚主導論的な説明に対する批判は，いずれも民主化で韓国の政治が変わり，先進国でふつうに見られる政治過程が働き始めたことを重視するものである。ただし，それは経済にとっては決して良い結果をもたらすものではなかったようである。韓国経済は1988年のソウル・オリンピック以降，10年近くにわたる長期の不況に陥った。その中でも財閥は，さまざまな政策を利用して借金によって巨大化したが，経営状態は良くなかった。財閥の破綻によって連鎖的に増大した，銀行をはじめとする金融機関の不良債権は，最終的には1997年末に金融危機を引き起こした。そして，韓国は経済危機に陥った。

3　金大中政権後の財閥

金大中の改革

　最後に，財閥がブランド化していった理由を考えてみよう。ブランド化は，1997年の経済危機以後に生じている。つまり，民主化以降，財閥はぶよぶよに太ってしまったのであるが，経済危機を境に，シェイプアップして力強く無駄のない体質に生まれ変わった。その結果，財閥は良質で世界的に信頼される商品を製造するようになり，ブランドを獲得していくのである。財閥の飛躍に強い影響を与えたのが，1998年に登場した**金大中**政権の改革であった。

　金大中政権の誕生は，経済危機の最中だった。財閥の借り入れによってふくれあがった巨額の不良債権で，銀行が対外的な信用を失い，外貨準備高が底をついた韓国は，国際通貨基金（IMF）に救済融資を願い出ざるをえなくなった。以降，韓国は急激な経済改革に取り組んだ。

　金大中の経済改革によって，韓国は見事に経済復興を成し遂げることができた。IMFからの借入金は，2001年にはほぼ完済した。経済危機に陥った国の中で，これほど短期間に復活を遂げた国はなかったので，韓国はよく「IMFの優等生」と呼ばれ，ほぼ同時期に経済危機に陥り，いつまでも経済的苦境を脱することができない日本と対比されたものである。

　改革の内容は多岐に及ぶが，ポイントとなるのは，金融制度改革と，企業のガヴァナンス改革，労働市場の改革である。改革の骨子を簡単に紹介しよう。**金融制度改革**の中身は主として二つである。一つは，遅れていた金融の自由化

を一挙に推進することであった。自由化の結果，海外から投資家の資金が大量に流入した。たとえば，株式市場に上場されている会社の総株式の30％以上を，外国人投資家が保有するまでになった。もう一つは，銀行をはじめとする金融機関の破綻を事前に防止するための，金融検査監督機構を整備することであった。銀行は以前のように無茶な貸出をしようとすると，金融監督院という政府機関がイエローカードを出して警告するため，ある程度健全で自律的な経営を行うようになった。

　企業の**ガヴァナンス改革**の主眼は，もともとは株主の影響力を強め，経営に関する情報を公表するなど，経営の透明性を高めることにある。韓国でもそうした改革は行われたが，それ以上に力点が置かれたのは，財閥の改革であった。財閥の特徴である，蛸足経営や創業者による経営支配を改めさせ，不得意分野から撤退させることで財閥を特定業種に専門化し，専門経営者に経営を委ねる体制に転換しようとした。これは，財閥の韓国の社会経済全体に対する影響力を削ぐと同時に，財閥を優良企業にして国際的な競争に耐えうるようにしようとしたものであった。労働市場の改革は，民主化以降徐々に形成されてきていた日本的な年功序列，終身雇用に近い安定した雇用習慣をやめ，企業の都合によって労働者を解雇できる，アメリカ的で柔軟な労働力移動を認めるものにすることであった。労働力の柔軟化は，ある意味で進行しすぎ，自営業者を除いた労働者のうち半数以上がアルバイトや契約社員などの非正規労働に従事するところまで来ている。

改革実現の理由

　金大中政権が推し進めた改革は，全般的に言えば，自由化を推し進めることでレントをなくし，経済の効率性をあげようとするものであったということができる。問題は，金大中政権がなぜこうした改革を成し遂げることができたのかである。

　その解答として最もよく示されるのが，IMFの存在である。救済融資を受けた韓国は，IMFが貸付にあたって示した条件（コンディショナリティ）を守らざるをえない立場に置かれた。コンディショナリティの中には，以上にあげた改革がすべて入っていたので，韓国は改革を実行せざるをえなかったのである。たしかに，この主張に付合するようなできごとはあちこちに見出すことができ

る。たとえば，金大中政権の大半の期間，IMFの本部は経済財政政策を与（あずか）る財政経済部（1994年に経済企画院と財務部を合併してできた財政経済院を，98年に組織替えしたもの）の中に置かれた。そのようすは，あたかも韓国の経済政策をIMFが牛耳（ぎゅうじ）っているかのようであった。

なるほど，IMFという外圧が存在したことが改革にあたって推進力になったことはまちがいないであろう。しかし，それだけで説明がつきると言えば，それは言いすぎである。なぜなら，コンディショナリティには，立法措置が必要なものが多く，国会で，さらには全国民的に支持を得る必要があるが，それはIMFが要求したからといって無条件に得られるものではないからである。実際，コンディショナリティが救済融資を受けたすべての国で順調に満たされたわけではなかった。

経済改革実現にあたっては，さらにいくつかの要因を考える必要がある。一つは，IMFが示した改革内容が，韓国政府内部ですでに経済危機以前から準備されていたということである。危機発生前に国会は，財政経済院が提出した金融改革関連法案を審議してもいたのである。第二は，金大中大統領個人のリーダーシップである。金大中は，非常に強い個性の持ち主であり，また大統領としての任期が5年間保証されていたことから，思い切った改革を決断できたのである。第三は，大統領与党の支持基盤の違いである。当時の与党は，それまでの政権と異なり，地盤となる湖南地域で90％を超えるという圧倒的な支持を受けていたため，地元に利益誘導をする必要がなく，経済改革を断行することができたのである。

強い財閥と格差社会

皮肉なことに，経済改革の結果，財閥はさらに経済的に強くなった。政府が意図した財閥の専門化は部分的なものにとどまったが，財務体質は格段に強化された。たしかに，危機に対処する過程で一部の問題ある財閥は解体され消滅した。しかし，生き残った財閥には，政権と癒着（ゆちゃく）することで発生するレントゆえにではなく，その競争力ゆえに資金が集まり，積極的な投資が可能となっていた。経済危機以前から優秀な人材を集め，育成してきた財閥にとっては，その人材もまた戦略上重要な資源となった。こうした資金と人材を武器に，中国の台頭や東南アジア諸国との技術格差の縮小をにらみながら，もはや競争余力

のない分野を財閥から切り離し，韓国にとって将来性の高い分野に積極的に事業を展開するようになっていったのである。経済復興後の財閥は，韓国経済の強さの象徴となった。

　経済改革は，市場競争における勝者と敗者をはっきりさせることになる。敗者もまた，機会を与えられれば再度チャレンジすることができるであろうが，多くの場合，経済的苦境に陥り，ひどい場合には失業することになる。金大中による改革は，それゆえ，貧富の差を拡大し，結果的に韓国社会の中枢部分であった中間層を縮小させた。

　アジア通貨危機後，韓国の雇用環境は不安定化したままである。契約社員，派遣，パート，アルバイトなどのいわゆる非正規雇用の労働者は雇用労働者の半分近くを占めている。正規雇用の労働者に対しては，早期退職が要求されるのが日常の光景となっている。40代半ばを過ぎると退職年齢で，50代で会社に残ると害になると言われるほどである。アジア通貨危機以前なら，会社を退職したサラリーマンは，飲食業，小売業などの店舗をかまえて自営業者となることが多かったが，最近では自営業も以前ほど収入を得られず，店をたたんで非正規雇用労働者になったり，最初から自営業をあきらめてしまうケースが多い。いずれにせよ，多くの人々が不安定な労働環境に置かれていることに変わりはないのである。

　金大中政権は，こうした問題点を認識して，国民年金制度や公的扶助，社会保険制度などのセーフティーネットと呼ばれる社会保障のしくみを整備し，敗者を下支えしてチャレンジの機会を作ろうとしてきた。しかし，経済改革がもたらした構造変化の速さに追い付かないまま任期を終えてしまった。続く盧武鉉政権も，同じ政党，類似した支持基盤を背景に社会改革を行おうとした。同政権は経済改革の結果発生した二極化の問題を地域間格差と捉え直し，地域間均衡発展により解決を図ろうとした。すなわち，首都のソウルからの移転，首都圏から他地域への生産設備移転，そのための首都圏での土地利用制限などである。しかし，いずれも「勝ち組」の強い反対に遭い十分な効果をあげなかった。盧武鉉政権の場合，首都圏住民の反対が決定的であった。

　皮肉なのは，金大中政権，盧武鉉政権がいずれも比較的進歩的な政党・政治勢力を背景にした政権であったことである。本来平等志向であるはずの彼らのもとで，新自由主義改革が進み，経済の二極化が進展するという事態に，国民

の失望感が広がった。進歩派としては口惜しいところであろう。しかし，広がる格差になす術もなかったため，国民から NO を突き付けられた。2007 年の大統領選挙では進歩派の失策ばかりに焦点が当たり，それが保守派の李明博政権を誕生させたのである。

2008 年の世界金融危機は，こうした韓国を直撃した。韓国通貨ウォンの価値は半減し，経済成長率も 2008 年第 4 四半期（10-12 月）にはマイナス 18% に落ち込んだ。株価も 2007 年の半減である。アジア諸国の中で唯一，ハンガリーやアイスランドのように通貨危機に陥るのではないかと一時騒然となった。

2009 年に入り，日米との通貨スワップ（交換）協定によってドル不足を解消したうえで，李明博政権は大胆な財政出動と金融緩和政策で，急速に経済を回復させつつある。ただ，このプロセスでますます影響力を強めているのは財閥である。二極化という現代韓国を語るキーワードのもと，一方の極である勝ち組を象徴する存在として，今後とも存在感を示していくことであろう。

さらに読み進む人のために

大西裕，2005 年『韓国経済の政治分析——大統領の政策選択』有斐閣
  ＊金融政策形成過程の分析を通じて，政策決定における大統領のイニシアティブを明らかにする。韓国経済への政治のかかわりを本格的に論じた書。
木宮正史，2003 年『韓国——民主化と経済発展のダイナミズム』ちくま新書
  ＊韓国の政治を，国際関係，経済開発，民主化，統一問題，国内政治といった主題別に整理してわかりやすく解説した入門書。
高安雄一，2005 年『韓国の構造改革』NTT 出版
  ＊リスクを顧みないドラスティックな政策方針によって大成功を収めたとされている，韓国の経済改革に関するまとまった調査研究。
辻中豊・廉載鎬編，2004 年『現代韓国の市民社会・利益団体——日韓比較による体制移行の研究』木鐸社
  ＊1997 年の韓国基礎団体調査に基づいて現代韓国の市民社会・利益団体の現実を分析し，現代韓国の市民社会像を立体的・重層的にとらえる書。
韓培浩／木宮正史・磯崎典世訳，2004 年『韓国政治のダイナミズム』法政大学出版局
  ＊朝鮮戦争以降の軍事独裁政権の変転を権威主義体制の制度化の失敗の過程として位置づけ，民主化へのダイナミズムを分析した書。

（大西 裕）

第5章 中国 地方政府主導型発展の光と影

❶高度成長を続ける上海に急増する新富裕層の豪邸（2003年，筆者撮影）

❶出稼ぎ者がおらず荒廃する内陸奥地の農家（2003年。写真提供；西野真由）

　1970年代末の「改革開放」路線への転換以来，30年にわたり高度成長を続けた結果，社会主義国・中国は「世界の工場」「世界の市場」として注目を集めるようになった。巨大国家ゆえに，持続的成長に地方政府が積極的役割を果たしたことから，中国の経済発展は「地方政府主導型」と呼ばれる。しかし，格差拡大や汚職の蔓延などの社会問題が顕著になったように，市場経済化する社会と共産党政権との間の矛盾は深刻化する一方である。

表 5-1 中国略年表

年　月	事　項
1945年8月	日中戦争終結
46年6月	中国国民党と中国共産党の内戦開始
49年10月	中華人民共和国成立
50年6月	朝鮮戦争（〜53年7月）。10月，中国志願軍参戦，国連軍と交戦
53年1月	第1次5カ年計画（〜57年）開始
6月	毛沢東，社会主義への即時移行を提起
57年6月	反右派闘争開始（〜58年）
58年5月	大躍進運動開始（〜62年1月）。8月，人民公社設立
63年9月	中ソ論争全面化
64年10月	第1回原爆実験
66年5月	プロレタリア文化大革命開始
72年2月	ニクソン米大統領訪中。9月，日中国交正常化
76年9月	毛沢東死去。10月「四人組」逮捕，文革終結
78年12月	中共第11期3中全会，「改革開放」路線への転換
80年5月	深圳などに四つの経済特区設置
82年9月	中共第12回代表大会，胡耀邦が総書記に
12月	憲法改正，人民公社解体決定
84年10月	中共第12期3中全会，農村改革から都市改革へ
87年1月	胡耀邦総書記失脚
12月	中共第13回代表大会，趙紫陽が総書記に。「社会主義初級段階論」提起
88年1月	趙紫陽，沿海地区経済発展戦略を提起
89年6月	天安門事件，趙紫陽総書記解任，江沢民を後継に
92年1月	鄧小平，「南巡講話」を発表
10月	中共第14回代表大会，江沢民総書記，「社会主義市場経済論」提起
94年1月	分税制スタート，為替レートの一元化など
97年7月	香港返還
9月	中共第15回代表大会，国有企業改革の本格化
2001年12月	WTO加盟発効
02年11月	中共第16回代表大会，胡錦濤党総書記に就任
07年10月	中共第17回代表大会
08年8月	北京オリンピック

1 中国の政治経済システムと地方政府

「世界の工場」「世界の市場」として世界中から注目される中国。その中国への進出に，A社もついに乗り出すこととなった。早速，担当者Bさんが北京(ペキン)に飛び，中央政府（国務院）の関係省庁へ打診に出向いた。ところが，なんとか面会を取り付けたものの，「わが国でこの業界には外資企業はもう進出過剰状態ですし，国内企業も伸びており，新規投資はちょっと……」とけんもほろろの対応である。しかし，担当者としてはここで引き下がるわけにはいかない。工場建設の目星をつけていた，C市に立ち寄ってから帰国することにした。念のためC市の関係局に連絡を入れて飛行機で向かったところ，空港では「熱烈歓迎A社B先生」の出迎えから，あいさつもそこそこにリムジンに乗せられ，まっすぐ宴会場へ。C市のお偉いさんが音頭をとり，乾杯につぐ乾杯に中華料理のフルコース。翌日の商談では，「優良パートナーの紹介はお任せください，工場用に一等地を準備しましょう。よその市よりも減免税も多くします。トラブルは起こさせません」と，至れり尽くせりの好条件の申し出である。Bさんは，はたして北京とC市のどちらを信用したらいいのだろうか。なぜ中央と地方では，こうした食い違いが生じるのだろうか。

＊

実のところ，A社が経験したようなエピソードと多かれ少なかれ似たことは，中国の全国各地，各方面で日常的に起こっていると言ってよい。さらに言えば，中国の経済発展は，加工貿易や外資進出あるいは中央指導者の政策の成果という以上に，C市のように経済活動に熱心な地方政府が互いに激しく競争する中から達成された，という理解が近年，中国研究者の間で定着してきている。そして中国の経済発展は，地方政府が牽引した，つまり「**地方政府主導型**」であったと特徴づけられるようになっている。では，なぜ地方政府はそれほどまで熱心に経済活動に取り組むのだろうか。

以下ではこうした疑問に答えるため，外部からは見えにくい「地方政府主導型」経済発展のしくみの検討を通じて，中国の政治経済の特徴を明らかにしていく。先に結論を述べると，地方政府は，管轄する地方の経済成長率が人事評価と直結するため，発展競争に駆り立てられた，とする見解が近年有力視され

図 5-1　現在の中国

[出典] 南亮進・牧野文夫編, 2005年『中国経済入門〔第2版〕』日本評論社, xiii頁。

中華人民共和国		
面積	960万 km²	元首　胡錦濤国家主席
人口	13億2802万人（2008年末）	通貨　元（1米ドル＝6.8346元, 2008年末現在, 中国人民銀行公布の中間レート。対日は 2008年末で1元＝13.22円）
首都	北京	
言語	漢語, チベット語, モンゴル語, ウイグル語など	1人当たり GDP　3,258ドル（名目, 2008年）
宗教	道教, 仏教, イスラーム教, キリスト教	

[出典]『アジア動向年報 2009』アジア経済研究所。

ている。まず本節では，中国の政治経済システムの中における地方政府の位置づけを確認し，次節で経済成長における地方政府の役割を見る。最後に，「地方政府主導型」経済発展の結果生じている問題点を検討する。

Column⑫　中国の最高指導者のプロフィール

　毛沢東（1893-1976年）　革命家であり，詩人にして軍略家。中国の実情に即した共産主義革命を追求し，毛沢東思想として一時代を画した。建国後は大衆動員を好んで利用したが，その代表例の大躍進運動でも文化大革命でも運動は暴走し，犠牲は甚大であった。

　鄧小平（1904-97年）　建国前は革命家・軍人として活躍し，建国後は党・国務院中枢で幅広い実務に携わった。2度失脚しながらも復活，再復活を遂げ，毛の死後，党の路線を経済成長優先に転換させた。イデオロギーにとらわれず，現実の効果を重視した。

　江沢民（1926年-　）　工場技術者から電子工業部部長（大臣）にまで出世し，上海市のトップに転じた。上海市党委員会書記在任中に起こった天安門事件の際に総書記に抜擢され，1990年代を通じて経済発展を推進した。

　胡錦濤（1942年-　）　水利技術者出身。派遣先の甘粛省で頭角を現し，党青年団中央で党務を身につけた後，貴州省・チベット自治区で地方行政の経験を積み，1992年，ポスト江沢民を見越して党中央中枢に抜擢された。

政治システム

　さて，ここまでなにげなく中国と呼んできたが，言うまでもなく，その正式名称は中華人民共和国である。この名は，人民（労働者と農民）が主人公の共和国づくりをめざして中国共産党が命名したものである。中国と言えば悠久の歴史を思い浮かべやすいが，人民共和国は，第二次世界大戦（日中戦争）後起こった内戦で中国国民党に勝利した中国共産党が1949年に打ち立てた国であり，その歴史は60年ほどにとどまることにまず注意してほしい。

　建国以来，人民共和国を統治してきたのは中国共産党だけであり，党と言えば中国共産党を指す。また建国から今日までの歴史は，党中央の最高指導者の名を冠して，毛沢東時代（1949-78年），鄧小平時代（1978-92年），江沢民時代以降（1992年-　）の三つに区分される（Column⑫参照）。これらの点がよく示すように，中国の政治の最大の特徴は，中国共産党の一党独裁下にある社会主義国，ということである（社会主義，共産主義については第2章Column⑥参照）。そこで，統治者である中国共産党から政治のしくみを見ていくことにしよう。

　マルクス＝レーニン主義と毛沢東思想を信奉する中国共産党はピラミッド型

の組織構造をとっており，ピラミッドの頂点に当たる党中央には人事権，政策決定権や軍部統制権など国家統治の重要な権限が集中している。政府機関や文化団体から企業や病院，学校，村にいたるまで，党員が3名以上存在するあらゆる機関・団体には共産党委員会が設けられている。下級組織は，上級組織の命令に絶対服従することが共産党の基本原則であり，社会のすみずみまで党中央の意思が貫徹される体制となっている。また，中国の正規軍である人民解放軍は党の軍隊であり，一党独裁体制を支える不可欠の力となっている。

しかし，中国共産党がいかに強力かつ大規模な政党組織を誇るとはいえ，世界第3位の国土面積をどうやって一党独裁で統治するというのだろうか。この点を理解するため，国家制度に目を転じることにしよう。アメリカ，カナダ，ロシア，インド，ブラジルなどに見られるように国土面積の広い国が連邦制国家である傾向が強いのに対し，中国は日本や多くのアジア諸国と同じく，中央集権体制をとっている。しかも社会主義国に共通する特徴として，地方自治は認められていない。地方政府は中央政府に属する行政機関の一つであって，中央政府と地方政府は，ヒエラルキー（階層制）に沿った命令服従関係にある。

また，日本の地方自治体が都道府県・市町村の2層からなっているのに対して，国土面積が日本の25倍を超える中国ではひとくちに地方政府と言っても省レベル，地区レベル，県レベル，郷レベルの4層の政府が設けられている。もう少し詳しく見ると，省レベルには省22，直轄市4，少数民族自治区5，特別行政区2からなる33の行政区があり，多くが一つの国に相当する規模である（図5-1参照）。地区レベル地方以下を日本にひきつけて言えば，333ある地区レベルは大都市，2859ある県レベルは小都市・郡部に相当し，4万828ある郷レベルは町村に当たる末端行政組織である（データは2008年末時点）。

後に述べる中央集権的計画経済を実施するため，省級・地区レベルに置かれた機構とその職能は，中央政府を引き写したものとなっており，各地方ではミニ中央政府として下位政府や社会に臨んでいる。つまり，4層に及ぶ地方政府を駆使して，国土のすみずみまで国家中枢からの命令を貫徹させようとするしくみになっているのである。

だが，何と言っても，中国は広い。地方間の自然条件，発展程度の差が大きいため，政策を実施する際には地方の実情に合うよう調整する必要が出てくるであろうことは容易に想像がつく。さらには，中央政府をはじめ，全国各地に

置かれた膨大な数の地方政府が党中央のコントロールから逸脱しないのか，誰しも疑問が浮かぶところである。この中央と地方の関係に関する当然の疑問は，中国の政治システムの本質的な問題点を衝く重要な疑問である。

　実際のところは，時代によって差はあるものの，政策実施を担当する地方政府にはある程度の裁量権が与えられてきた。それだけに，各レベルの地方政府の統制のため，念には念を入れたしくみが作り出された。それは次のような二重三重の指導システムである。

　第一には，各レベルの政府と対応して置かれた党委員会が，それぞれのレベルで政府を指揮している。全国レベルでは中央政府（国務院）のトップである総理は，中国共産党内の序列ではナンバー1の党中央委員会総書記より下位で，ナンバー2以下である。地方レベルでは，実質的なナンバー1は党機関のトップ（党委員会書記）であり，政府のトップはナンバー2である。第二に，政府要職は党員が独占し，第三には，政府内の各機関に設けられた党組織がその機関の実質的な中枢となっている。こうした幾重ものネットワークの結果，各レベルで党は政府と一体化している。党・政府にまたがる意思決定機関の頂点が党中央政治局であり，重要な政策決定はここで行われる。地方レベルについては，本章では地方指導部と呼んでおく。そして，最も重要な中央省庁の要職人事と省レベルの地方指導部人事については，建国以来一貫して党中央が任命権を握ってきた。

　このように，中国の政治システムは，あらゆる分野を管理しようとする党中央の意思が貫かれるよう設計されている。中でも国家中枢と基層社会を結ぶネットワークの核となる地方政府は，中央政府と地方党組織の二重の統制下に置かれている。

　ところが，制度が強力な中央集権体制であるからといって，中央と地方の関係の実態も制度通りとはかぎらない。実はこのしくみも，中央中枢で権力闘争が深刻化しておらず，中央政府と地方指導部の思惑（おもわく）が一致している時にのみ有効なのである。現実には権力闘争が早くから生じていたので，地方指導部は相当程度自由に行動できた。また，地方指導部が中央政府の目をかいくぐってでも当地の経済発展を追求していることが，1980年代には外部の観察者にも明らかとなっている。つまり，地方政府への統制は利きにくいのが実情である。ひるがえって言えば，地方指導部は地方政府に対して，そして地方政府を通じ

て在地企業を含む地方社会に対して強力な影響力を発揮しうる存在であり，その影響力を背景に中央の政策決定（特に経済政策の決定）にも深く関与してきたのである。

経済システム

他方，経済のしくみはどうであろうか。経済システムという点から整理すると，中国の60年の歴史は大別して，社会主義的な**計画経済**システムの導入を追求した毛沢東時代の30年間と，1970年代末に大きく転じて「**改革開放**」と銘打った市場化改革を推進してきた鄧小平時代以降の30年間に分けることができる。前半期・後半期はそれぞれ，計画経済期・改革開放期とも呼ぶ。

さて，私たちが暮らす資本主義社会の経済システムでは，①私たちが受け取る所得は，労働に対する賃金，家賃収入などの地代，銀行預金に対する利子，株式に対する配当金などの形をとること，②必要な商品が市場を通じて取引され，商品生産量の調整も市場を通じて行われること，③私有財産制，という三本柱からなっていることは言うまでもない。

では，資本主義の超克をめざした社会主義の経済システムとはどのように構想されたのだろうか。それぞれより平等でより効率的と考えられた三本柱から成り立っている。つまり，①賃金などの労働に応じた所得分配と，②市場ではなく政府が作成した計画を通じた資源分配，商品生産量の調整，③民間企業を認めず，国有企業を中心に生産活動を行う，いわゆる生産手段の公有制である。

中でも重要なのは，②の計画経済（統制経済ないし指令経済とも呼ばれる）システムである。近年まで「社会主義＝計画経済＝非市場経済」と単純化して理解されてきたし，社会主義国では中国でもまたベトナムでも建国後，ソ連の例にならって計画経済の導入が進められた（第11章も参照）。

建国時点の中国にはわずかな近代部門が沿海地方（旧満州〈現在の中国東北部〉と沿海大都市）に点在するのみであり，重工業の育成を最優先におくソ連型の計画経済システムは，中国がめざした急速なキャッチアップ（追い付き追い越せ）型近代化にかなうものであった。そして，計画経済時代を通じて形成された基礎が今日の中国の経済システムの根底にあることに注意を要する。そこで，第2節以下で扱う現在進行中の市場化改革の前提として，まずは計画経済につい

て概観しておこう。

　計画経済とは，中央政府が国の優先順位に基づいた「5カ年計画」などの経済計画をあらかじめ策定し，中央省庁から各級地方の担当部署を通じて企業に伝達される指令の達成に向けて，行政（中央・地方政府）が生産・流通・分配にわたり，「一つの工場のように」経済運営を行う経済システムである。たとえば，生産面ではどの工場でどの製品をどれだけ生産するか，そのための原材料とエネルギーをどこから調達するかを定め，流通・分配面では製品をどの工場・商店にどれだけ配分するのかを定めるわけである。こうした計画運営のための前提として，価格統制が幅広く行われた。また，主要な生産手段は公有化され，企業は重要性に応じて各レベルの政府の管轄下に置かれた。つまり，市場介入どころか，市場そのものを排除しようとする計画経済は，本書で呼ぶレントの最も極端なケースと言えよう。実質的に中央・地方政府に連なる行政機構の一部となった企業にすれば，指令を守りさえすれば生産効率も製品の質も問われなかった。企業は赤字経営でも倒産することなく，労働者は真剣に働かなくとも解雇されることはなかった。当然ながら計画経済の下では一般に生産性は低く，技術革新も行われなかった。

　こうした計画経済による経済建設を進めた毛沢東時代をごくかいつまんで見ておこう。朝鮮戦争（第4章 *Column*⑩参照）で直接交戦して以来，アメリカとの関係は決定的に悪化し，1950年代後半にはソ連とも社会主義イデオロギーの解釈や対外政策をめぐって対立が生じた。国際的緊張は国内にも影を落とし，1950年代末には一足とびに共産主義社会への到達をめざした大躍進運動が試みられ，大失敗に終わった。ついで1960年代半ばには文化大革命（毛沢東が発動した，社会を広範に巻き込んだ権力闘争）が開始され，毛の死去まで続いた。こうした内外の環境下でも，毛沢東思想に基づく中国独自の社会主義化と新国家存続のための国防力向上が大目標として追求された。政治的混乱の影響を受けながらも曲がりなりに計画経済の枠組みで経済建設が行われ，重工業化の面では一定の成果が得られた。しかし，1964年の核開発に象徴されるように国防優先の経済建設であって，その陰で国民生活は犠牲にされた。無理を重ねた結果，国民は共産党が拠って立つ社会主義イデオロギーに幻滅したのであった。

　後半30年についても見通しておくと，1978年から92年にかけての鄧小平時代には，「改革開放」の掛け声の下，地方分権化と規制緩和を中心とする国

内改革と対外開放の実験が重ねられる中,計画経済期には影の薄かった地方政府が活発に経済発展を追求するようになり,「地方の時代」が到来した。さらに1992年からの江沢民時代以降は,「中国的特色を持った社会主義体制」として「**社会主義市場経済**」体制の確立を掲げて,一党独裁体制のまま市場化優先へ転換し,地方政府も引き続き経済活動を繰り広げつつ現在にいたっている。

本節をまとめると,中国の政治経済システムとその中における地方政府の位置づけは次のようになる。中国が近年看板に掲げる「社会主義市場経済」とは,経済面では経済成長のため計画経済を放棄し市場化をめざすが,政治面では民主化はせず共産党独裁を維持するという,党の意思表明を意味する。そして,共産党独裁と成長優先という開発独裁的セットのつなぎ目に位置する実働部隊が,地方政府なのである。

2　鄧小平時代の経済発展と地方政府

経済発展のプロセス

米ソ両大国との対立や文化大革命によって鎖国状態が長く続き,毛沢東が死去した1976年当時の中国は,グローバル化し始めていた世界から取り残されつつあった。海外視察によってこの危険を痛感した鄧小平は,毛沢東の経済開発戦略を反面教師とした。毛沢東の後継者の地位を確保した1978年末,鄧は,従来の社会主義革命優先からキャッチアップ,国内経済建設を最優先課題にする「**改革開放**」へと大きく舵を切った。「改革開放」路線への転換以降,国内総生産（GDP）は年平均10％弱の成長を続け,1978年から10年間で4倍増,さらに1988年から5年間ごとに倍増してきた（図5-2参照）。

実のところ,私たちはデータによるまでもなく,身の回りにあふれるメイド・イン・チャイナ製品（その多くが海外ブランドである）から中国の成長とその要因——加工貿易の伸びと外資進出の増加——をすでに体感している。

だが,鄧小平時代の当初から,今日のように外資が押し寄せ,輸出が伸びたわけではない。鄧小平時代を通じて成長を牽引したのは,農村部に立地し,郷鎮政府・村あるいは農民が所有・経営する,いわゆる郷鎮企業である。**郷鎮企業**は農業,工業,運輸業,飲食業など幅広い業種にわたり,農産物加工,衣料・縫製や機械部品を主体とする中小企業である。安価な労働力,小回りの利く経

図 5-2　中国のGDPと実質成長率

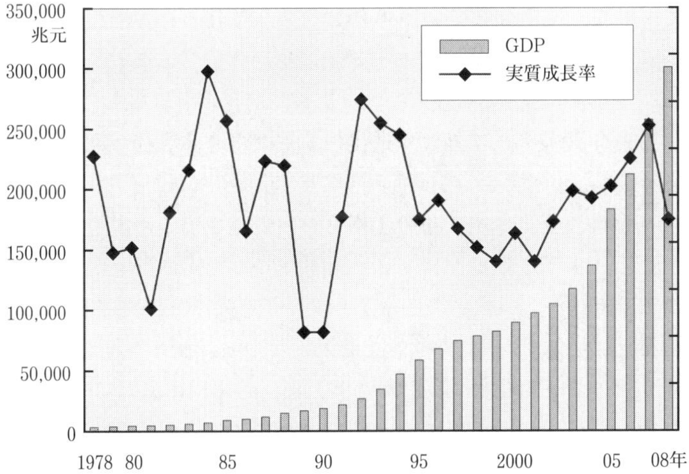

[出典]　中華人民共和国国家統計局編，2009年『中国統計年鑑（2009年版）』中国統計出版社。

営を武器に，郷鎮企業は計画経済では軽視されてきた軽工業やサービス業に進出し，折からの消費ブームに乗って 1984 年から 94 年にかけて年平均 33.9% の成長率という爆発的な成長を遂げた。

中央当局にとっても想定外の出来事であった郷鎮企業の成功の背景には，農業改革の成功があった。1958 年に郷鎮レベルの政府に代えて設置された集団農業組織「人民公社」に各農家はしばりつけられ，農業生産量が長らく低迷していたことから，農業生産の向上のため 79 年に農作物の政府買付価格が引き上げられ，前後して農業経営の自由化が始まった。そして，1985 年までに人民公社そのものが解体されていったことにより，農民の生産意欲はかつてなく刺激され，農業生産は 1984 年まで年平均 8% という驚異的な食糧生産高の成長率を達成した。この間の生産と流通の自由化にも後押しされ，既存の企業が積極的な経営に乗り出したり，自己資金を元手に農民が起業したりして，郷鎮企業が各地で自然発生的に発展したのである。

開放政策に目を転じると，鄧小平は毛沢東時代の平等主義から脱却するため，豊かになる条件を備えた一部の者や地方が先に豊かになることを容認する「先富論」を打ち出した。これにともない地域開発戦略は，投資効率のよい沿海地

方への傾斜を強めていった。開放政策の実施は，先進・中進諸国（特に華人系）の資金と技術の流入を期待して，1980年に広東・福建省に台湾の輸出加工区（第6章1参照）をモデルとした四つの「経済特区」が設けられたことに端を発した。ただし，当時は国内でも経済特区は実験的な存在とみなされていたこともあって，1980年代前半には外資は進出に慎重であり，当局が期待した効果は直ちには得られなかった。

　1984年以降には，経済体制改革の本格化と足並みをそろえて沿海地方の開放も拡大した。1984年4月には14の沿海開放都市が指定され，1985年1月には広東省の珠江デルタ，福建省の閩南（びんなん）デルタ，上海市（シャンハイ）周辺の長江デルタが沿海開放地区の指定を受けた。対外開放を拡大した中国にとって幸運であったのは，1985年9月のプラザ合意（第1章3参照）後，日本円に続いて韓国ウォン，台湾ドルの対ドルレートが大幅に上昇し，東南アジア諸国連合（ASEAN）地域への直接投資ブームが生じたことである。この流れを中国に引き付けようとして行った1986年の人民元切り下げ，外資導入条件の緩和，開放地域の拡大などの措置が功を奏し，従来慎重であった外資が進出するようになり，広東・福建など沿海諸省の成長が軌道に乗り始めた。1988年初頭に提起された沿海地区経済発展戦略は，上に述べた投資ブームを沿海地方に呼び込み，郷鎮企業を中心とする労働集約型産業を発展させることをめざしたものである。同戦略に基づき，1988年3月には遼東半島・山東半島など沿海開放地区の大幅な拡大へといたり，開放地域は日本全体に匹敵する面積32万km^2，人口1億6000万人となった。こうして対外開放の進展にともない，沿海開放地区が発展し始めたのである（図5-3参照）。

外から見える側面

　新古典派経済学の視点に立つ研究者は，以上の農業・貿易部門の規制緩和を，中国の経済発展の成功の要因として高く評価する。新古典派経済学によると，市場経済は資源配分に最適なしくみであり，政府の介入など市場に対する制限（レント）をできるだけ取り除くことが望ましい。市場に委ねれば，他国と比べて競争力のある分野が輸出部門として成長し，経済全般の発展を先導する。つまり経済成長は，人件費の小さい中国のメリットを活かして，労働集約型産業の輸出規制，外資の中国進出への規制を緩和したことによる。さらに端的には，

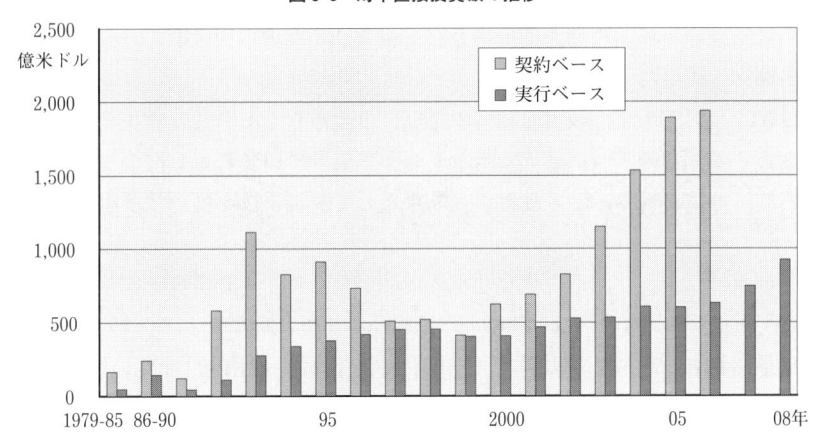

図 5-3　対中直接投資額の推移

[注]　2007，2008 年については，契約ベースのデータは不明。
[出典]　中華人民共和国国家統計局編，2009 年『中国統計年鑑（2009 年版）』中国統計出版社。

　計画経済時代に工業化が進んでいなかったため，「改革開放」後に農業部門から工業部門へと労働力が移転するだけでも成長する余地があった，と初期条件を強調する研究者もいる。要するに，郷鎮企業や対外貿易に見られるように，既存の計画経済体制外にあってレントのより少ない部門が発展を牽引し，体制内にあった部門もレントを縮小することで成長したということになる。

　市場の役割を重視するこうした見解に対し，国家の役割を重視する開発主義モデルをとる研究者は，「改革開放」への路線転換とは強力な指導者（鄧小平）によるレントの再設定，再配分にほかならないと主張する。内陸地方・重工業優先から沿海地方・軽工業優先への転換を典型例としてあげることができよう。別の論者はソ連・東欧と比較して，農業から着手し，対外貿易を開放し，国有部門を縮小させて市場化への移行のショックを減らした改革の順序が適切であったと言う。あるいは，経済特区で開放の実験を行い，ついで沿海地方，さらに全国へと開放地区を拡大したように，一部地方で実験を行い，成果を見極めてから全体へ波及させたことが効果的だったと評価する見解もある。

内から見える側面

　ところが，これらの視点は外から見えやすい側面のみをとらえており，見え

にくい地方政府の役割を軽視している。政治経済システムの内側に立って，中国の経済発展の説明に地方政府の存在を織り込んだのは**制度論**である。新古典派と開発主義の論争が市場か政府かという二項対立になりやすいのに対し，制度論は，政府と市場，政治と経済の結び付きのあり方を制度の面から解き明かそうとする。このアプローチでは，レントが成長に資するものになるよう調整するしくみに着目し，地方政府が（結果として）調整役を務めたと理解するのである。

この見解によると，近代化が進んでいなかったり長く計画経済の下にあったりして市場が発達していない段階では国内民間部門の能力が乏しく，外資にとっては進出リスクがあまりに高い。そうした状況にあった1980年代の中国では，地方政府の介入が民間部門の能力不足を補完する役割を果たした。郷鎮企業の発展は，郷鎮政府が事業の許認可はもちろん，用地提供・資金調達・販路開拓など多方面にわたってサポートしたからということになる。

さらに制度論は，鄧小平時代の改革が市場化改革であるとともに分権化改革であり，地方政府への財政，投資，貿易など経済管理権限の分権化によって，地方政府が積極的に活動しうるように経済活動のルールが変更されたことに注目する。財政について見ると，「改革開放」以前は，中央政府が国家財政を一括管理するという形をとっており，地方政府は歳入増・歳出減に強い関心を持たなかったため，財政事情はつねに厳しかった。この状況を打破するため，鄧小平時代には財政改革が繰り返され，改革のたびに財政請負制を行う地方が拡大され，やがて全国化した。**財政請負制**とは，地方で徴収される国家財政収入のうち一定部分（定額または定率）を一定期間中央に上納し，残りは地方政府が自由に使えるとする取り決めである。地元経済が成長すれば財政収入も増加し，自由な資金も増加するわけであるから，地方政府は分権化で得た権限を利用して管轄地区の発展に邁進し，毎年の歳入増加分を再投資しさらなる経済振興に努めたのである。

ただし，地方政府が活発な経済活動を行ってきたのは，財政請負制のみが原因ではない。実は，地方指導部とて人事考課を意識せざるをえない。改革期に入って地方指導部の人事評価基準は，管轄する行政区の経済成長率など社会経済パフォーマンス（業績）が重視されるようになり，幹部は昇進のためにはもちろん，地位にとどまるためにも，他の地方以上の成長という結果を出し続け

Column⑬ 中国の民主化をめぐる問題――天安門事件

　1980年代に「改革開放」が進むにつれ，経済改革から政治改革へと改革は広がりを見せるようになっていた。他方で，党官僚の汚職や腐敗など経済発展にともなう問題が頻発するようになり，社会的不満が高まるとともに，学生の間では自由化・民主化への要求が高まっていった。そうした要求を掲げた学生運動へ理解を示したために失脚した胡耀邦元総書記が1989年に死去すると，胡の名誉回復を求めて学生・知識人が北京中心部の天安門広場を占拠し，さらに共産党独裁の打倒と民主化を求めるデモに発展した。政治改革を推進中で，運動に理解を示した総書記・趙紫陽は長老たちに解任され，上海で「改革開放」を推進しつつ自由化運動を抑制していた江沢民が後任に選ばれた。運動は結局6月3日未明から4日にかけて人民解放軍に武力鎮圧され，多くの犠牲者を出した。民主化運動の挫折の結果，政治改革も頓挫した。その後，政権側も社会の側も，政治改革を棚上げにして経済成長一辺倒へ転じていった。

なければならなくなった。つまり，人事と財政という，地方政府を成長競争に駆り立てる制度が功を奏したのである。

　他方，地方政府の発展競争は副作用をともなった。沿海地方を優先する中央政府の構想に対して，内陸地方政府も原料供給役に甘んじず，高収益の見込まれた加工業へ積極的に参入していった。当時はなお全般的に供給不足の経済，つまり「作れば売れる」売り手市場であって，早期参入者の大成功を見て各地が横並びで参入したため，原料と製品市場の奪い合いが生じた。やがて，激しい競争から地元産業を保護するため，地方政府が地方保護主義的政策をとる，「諸侯経済」と呼ばれる地域経済封鎖現象が各地で見られるようになった。また地方政府は，自らの利益を守るためには，中央政府とも公然と対立するまでになっていった。さらに，「改革開放」が進行するにつれて，密輸入や汚職が蔓延したほか，旺盛な投資需要によるインフレの昂進など，改革・急成長にともなう混乱が1980年代末には多方面で見られるようになった。中でも世界に衝撃を与えたのは，1989年の天安門事件の発生である（*Column⑬*参照）。

3 江沢民時代以降の経済発展と課題

経済発展のプロセス

　天安門事件などの社会的混乱の反省もあって，1980年代末から90年代初頭には改革慎重派が優位に立ち，集権的計画経済の枠組みに立ち戻ろうと試みた。この時期には，上海浦東地区の開放決定や価格改革，証券取引所の開設など重要な施策はあったものの，経済活性化の面ではゆきづまり，集権的計画経済の限界を露呈した。景気後退からの回復を牽引したのは，計画経済の枠外にある郷鎮企業・私営企業・外資系企業であり，1990年代初頭にはこれら非国営企業数が国営企業数を上回るようになった。同じころ，ソ連・東欧では経済不振などから社会主義政権が崩壊していった。

　事態打開をはかる鄧小平は，1992年初頭の南方視察中の談話で「社会主義でも市場経済をやってよい」と宣言して，「市場か計画か」というイデオロギー論争にピリオドを打ち，経済成長への檄を飛ばした。この「**南巡講話**」はまず地方政府に熱狂的に歓迎され，鄧小平と地方政府からの強烈な圧力を受けて，中央も改革を再加速させた。同年秋には中共第14回党大会で「社会主義市場経済」体制の確立が提起され，全面的市場化への道が開かれた。1992年中には価格改革も峠を越え，市場化にさらに拍車がかかった。対外開放も全国化し，サービス業などで国内市場の開放が進められた。一連の改革に香港，日本，アメリカなどの経済界も好感を示し，また折から台湾の対中投資規制が緩められたことも加わって（第6章2参照），外資の流入は1992, 93年の2年間には倍増，また倍増し，80年代とは質的に異なるレベルに達した（図5-3参照）。

　同時期，「南巡講話」を受けた地方指導部が，流入する外資と，ハイテク産業育成政策（1991年の湾岸戦争で用いられた，アメリカのハイテク兵器に衝撃を受けた中央が進めていた）を利用して管轄区の発展に邁進した結果，中国経済は1992年には久しぶりに二桁の高成長を達成した（図5-2参照）。実際には，全国的にハイテク開発区（工業団地）設置ブーム，土地・株式投機などが生じた。土地と資金を求める地方政府が農地を開発区へ転用したり，農業支援資金や農民の貯蓄を開発資金へ流用したりしたことから，この年末には農村部で農民暴動が頻発するようになり，中央を震え上がらせた。加えて，都市部でもインフレが

天安門事件前の水準を越えつつあった。

そこで1993年には経済危機を口実として，江沢民政権は積年の課題であった財政制度改革——地方政府の抵抗のため先送りされてきた——を断行した。財政請負制は下級政府ほどメリットが大きく，歳入増への誘因は強かったが，中央財政の規模は拡大せず，財政の景気調節機能や再配分機能が効きにくくなる問題があったからである。地方政府との交渉の末，地方の既得権維持の点で譲歩はしたものの，中央財政収入の確保をめざす，「分税制」への切り替えがついに実現した。

さらに1994年の為替レートの統一（実質的には人民元切り下げ）や，中央銀行の機能強化・政策銀行の設立といった銀行制度改革などの市場化改革を経て，3年がかりでインフレ抑制と経済成長を両立させた。

江沢民政権後期の1997年夏には，香港返還の直後に中国もアジア経済危機に見舞われた。資本取引を自由化していない中国は直接の影響は受けなかったが，景気対策優先のために市場化改革は棚上げせざるをえなくなった。だが，巨額の公共投資（西部大開発や高速道路網整備）と，安価な労働力や開放の進む巨大市場を目当てに流入する外資によって，経済成長は維持された。2001年には，積年の目標だった世界貿易機関（WTO）加盟とオリンピック招致を勝ち取り，2002年秋，胡錦濤政権へと交替した。

胡錦濤政権は江沢民時代と差別化を図るために「調和社会」の建設を掲げて，持続可能な安定的経済成長をめざすことを強調しているが，実際には高水準の外資流入と二桁の高度成長が続き，胡錦濤政権の前期（2002-07年）には実質面で大きな変化は見られなかった（図5-2，図5-3参照）。

胡錦濤政権後期（2008-12）に入っても，この点に変わりはない。2008年8月の北京オリンピックの直後に発生した，リーマン・ショックに端を発する世界金融危機（第1章Column④参照）に対しては，11月にいち早く4兆元に達する内需主導型の大型景気刺激策を公表し，積極的に危機に対処する姿勢を世界にアピールした。世界経済の減速とともに外需は急速に冷え込み，2009年上半期の輸出入額は20％以上減って沿海地方の企業の倒産が相次いだが，内陸地方は景気刺激策により公共投資ブームが生まれ，全体としては内需主導の経済成長を維持した。

この間，中国は2000年ごろから「世界の工場」として，さらに「世界の市

図 5-4 中国の貿易量と世界ランキング順位

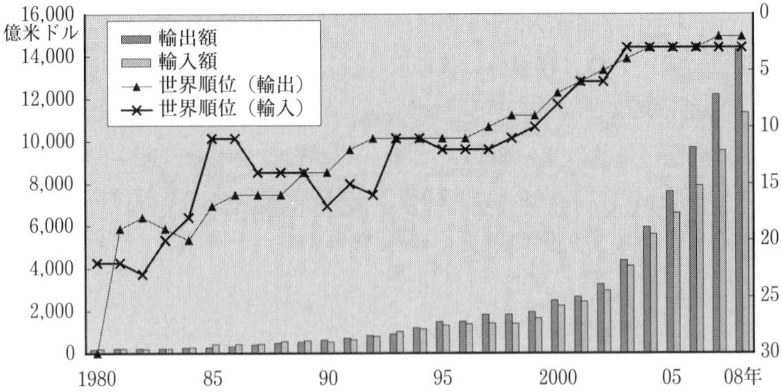

[出典] 21世紀中国総研編，2005年『中国情報ハンドブック 2005年版』蒼蒼社，414，416頁（原出典はWTO）および同，2009年『中国情報ハンドブック 2009年版』蒼蒼社，460，464，465頁。

場」として注目され，日本にとってはアメリカと並ぶ最大の輸出入相手国となっている。輸出入額も，2004年には世界ランキングで第3位にまで上昇した（図5-4参照）。2007年には国内総生産額でドイツを抜いて世界第3位に達し，日本を抜いて第2位になるのは，時間の問題となった。中国は外貨準備高でも2006年に日本を抜いて世界第1位となり，2009年6月時点では2兆ドルを突破するにいたった（日本の2倍に相当）。

外から見える側面

以上の江沢民時代以降の経済発展について，新古典派経済学の指摘を待つまでもなく，最も見えやすい成長要因は外資の対中直接投資である。外資の流入は国内の資金不足の緩和だけでなく，技術・経営管理ノウハウ，雇用，輸出，税収の増大をもたらし，経済発展への貢献はたいへん大きい。外資の流入が飛躍的に増大したのは，江沢民時代の幕開けと重なる1992年以降である（図5-3参照）。新古典派経済学に基づく見解は，鄧小平時代の成果をふまえ，価格改革，さらに国有企業の民営化改革へと深化した市場化と外資進出の増加が好循環で進行したと説明する。WTO加盟は一層レントの縮小を促進すると歓迎されたし，同じ理由でASEAN諸国との間で進められている自由貿易協定（FTA）交渉も注目された（第3章3および第12章参照）。

開発主義モデルの観点に立つと，鄧小平の改革再加速の決断（1992年）のほかに重要であったのは，江沢民時代に生じた1993-94年と1997-98年の二つの経済危機を乗り切った中央政府の指導力である。前者については，地方政府の暴走を抑制するために財政金融の中央集権化改革を果断に進めた朱鎔基（副）総理の手腕が称賛され，後者については，外国企業の直接投資を受け入れるが，貸付や証券投資といった資本取引を開放しなかった当局のレント設定が妥当であったと評価される。陣頭に立って経済運営と経済改革を指揮して江沢民総書記をしのぐ存在感を示した朱鎔基（副）総理は，まさに開発主義モデルで想定される英明な指導者の典型と位置づけられる。

　直近の胡錦濤政権後期について言えば，2008年秋に発生したリーマン・ショック後の世界金融危機に対し，中国の指導者がいち早く対応可能であったのは，中国が開発体制国家のためであり，経済成長を維持しえたのは，有能な温家宝総理ら当局が機敏に外需主導型から内需主導型へと舵を切ったため，と説明される。

内から見える側面

　ただし，先に述べたいずれの説も第2節で指摘したように，制度論からすれば外から見えやすい側面のみを指摘するにとどまっており，内側の視点に立った地方政府の役割の分析が抜け落ちている。たとえば，歳入源である管轄下の中小国有企業が競争から淘汰された下級政府は，財政難からやむなく中央の意思表示を待たずに管轄企業の民営化へ踏み切り，社会主義の支柱である公有制を放棄して市場化改革をリードした。外資進出について言えば，地方指導部も海外に訪問団を派遣するなど積極的に外資誘致活動を行ったことも見落とせない。また郷鎮政府の郷鎮企業への支援と同様に，本章冒頭のA社のエピソードに見るような地方政府の協力の保証が，外資の進出につきものの不安感を和らげた点で重要であった。さらに地方政府によっては，外資の誘致・定着のために，単なる「管理」から中央政府との交渉など踏み込んだサービス提供を行うまでになった。

　こう言うと，前節では地方分権化を受けた地方政府主導の成長と説明したのに，なぜ中央集権化しても地方政府の役割が重要なのか，と問い返されるだろう。その答えは，たしかに財政制度の中央集権化によって再度ルール変更が生

Column⑭　香　港

　アヘン戦争後，イギリスの植民地となって以来，香港はイギリス帝国，インド，東南アジアおよび中国を結ぶ中継貿易拠点としての地位を確立し，**自由貿易港**として発展した。第二次世界大戦では日本軍に占領されたが，戦後は中華人民共和国の黙認の下，イギリス植民地に復帰した。朝鮮戦争により1951年に国連が対中禁輸措置をとったため，中国との中継貿易は衰退した。しかし，上海から移った企業家は繊維産業を移植し，大量の戦乱避難民を低賃金で雇い入れて，世界市場向けの安価な製品の生産を開始した。その後，1950年代にはプラスチック，玩具，履物などの軽工業から，60年代にはエレクトロニクス，精密機械，化学繊維主体の現地加工貿易港に転換するといったように，国際需要の変化に巧みに対応して高度成長をとげ，新興工業経済地域群（NIEs）の一員として注目されるようになった。その主役は，家族経営の中小企業家であった。

　1970年代に入ると，労働賃金の上昇や技術革新の限界などから加工貿易は停滞気味となったが，香港は金融センターとして新たな道を見つけた。折から金融のグローバル化が始まっており，24時間の取引を可能とするためにアメリカとヨーロッパの中間に金融センターが必要とされていた。また，アジア諸国の経済発展から地域的にも需要が高まっていた。自由放任を原則に掲げた自由な経済体制，信頼できる司法・会計制度，大量の英語能力の高い人材，通信・運輸網の整備などの条件から香港に各国の金融機関が進出し，国際金融センターとして発展していった。

　1970年代末に中国が改革開放路線に転換し，80年には香港と隣接する深圳（シェンチェン）に経済特区を設けたことで，新局面が訪れた。香港の製造業は，安価な労働力を求めて

じたが，地方指導部を動かす最も基本的な要因である人事考課が成長重視で変わらなかったことで，地方政府は引き続き同じ目標，すなわち管轄区の経済成長を活発に追求したというものである。

　なお，江沢民時代には地方指導部にとってさらに厳しい条件が付け加わった。人事異動の短期化である。長期間，同じ地位・役職についていると当該地域・産業に関する専門的知識は蓄積されるが，地元社会や業界との癒着（ゆちゃく）が懸念されるため，江沢民時代には地方指導部メンバーを短期間で異動させるようになった。その背景には，地方分権化によって影響力を蓄えた地方政府が，1990年代前半には公然と中央政府の政策を拒否する場面も見られるようになったことがある。そこで中央政府は，権威の確立のために，財政（カネ）と人事（ヒト）

深圳，広東省へとこぞって進出した。中国資本の香港投資も徐々に活発化した。1992年以降には香港企業の大陸への直接投資も拡大し，中国経済との関係は緊密化したが，香港の製造業の空洞化も急速に進行した。

　香港のこうした発展について，自由放任主義の植民地政府（香港政庁）が経済に介入せず，企業が市場原理のみに基づいて活動できたことに原因を求める見方（新古典派）もあれば，事実上の産業政策をとってきたと，政府の役割を強調する見解もある（開発主義）。いずれにせよ，高い行政効率と政治の安定，司法の独立が重要であったことにまちがいはない。

　他方，政治面では中国との関係が圧力となってきた。1982年9月以来行われてきた中英交渉が84年9月妥結し，同年12月，97年7月1日をもって香港の全領域を中国に一括返還する旨の「中英共同声明」が署名された。社会主義中国への統合で香港の繁栄と安定が失われるのではないかという懸念には，「**一国二制度**」による50年間の現状の経済制度の維持の保障で応じた。1997年7月，予定通り中国への返還が平和裏に実現し，香港は中国の特別行政区となった。しかし，前例のない「一国二制度」の運営には，民主化問題など不安定要素が多いことは否めない。

香港			
面積	1104 km² （2004年央）	元首	胡錦濤国家主席
人口	700.9万人（2008年末）	首長	行政長官　曾蔭権
言語	公用語は中国語，英語。一般に広東語	通貨	香港ドル（1983年10月17日より米ドルと連動，2005年5月18日に目標相場圏制度を導入）
宗教	仏教，道教，キリスト教など	1人当たりGDP	25,615ドル（名目，2005年）

［出典］『アジア動向年報 2009』アジア経済研究所。

で地方政府を統制しようとしたのである。ところが，後に述べるように中央集権化と頻繁な異動は，限られた正規の財源でごく短期間に成果をあげるよう求められた地方指導部側を，手っ取り早く，それだけに際どい方法に手を染めさせることにもなっている。

地方政府主導型発展の課題

　以上のように，1978年末の「改革開放」への転換を経て92年の「社会主義市場経済」の確立を基本方針に据えたことで，中国経済の市場化・グローバル化が加速し，アジア経済危機を乗り越えて高度成長は持続している。こうした中国の将来がはたしてどうなるのかは，誰しもが持つ疑問であろう。今後の見

通しとしては，すでに幾通りかのシナリオが描かれてきた。成長が順調に持続するという立場から，中国がさらに発展を続けやがて民主化するという楽観的シナリオを除くと，一方ではアメリカに挑戦する軍事大国になるとの見方もあれば，他方では中国発の経済危機の可能性に警鐘を鳴らす書や，成長が途中で挫折して国内が大混乱に陥る崩壊論も巷(ちまた)に出回っている。いずれにせよ「脅威論」であることは興味深いが，私たちに必要なのは地に足のついた冷静な検討である。長所と短所は表裏一体であり，成功と失敗は紙一重であることから，地方政府主導の成長パターンにこそ問題点が潜んでいると考えられる。鄧小平時代を経て，江沢民時代以降には経済発展の成功という光が強くなり，地方政府の存在も大きくなっただけに影も濃く大きくなり，今日では格差拡大，腐敗の蔓延，乱開発などの地方政府の関連する諸問題が，外からも見えやすくなっている。

　格差問題は，毛沢東時代の平等主義的分配のメリットを享受してきた部門・地域が，レントの縮小による自由競争の下で明白な劣後者となったことで生じた。鄧小平時代にはまだ目立たなかったが，江沢民時代を通じて沿海と内陸（東部と中・西部）という地域間格差が深刻になる一方，都市と農村の間，そして都市・農村それぞれの内部での格差も急速に拡大し，中国は党官僚・資本家と労働者・農民からなる階層社会となりつつある。格差拡大を放置すれば，やがて成長にも影響を及ぼすことは党中央・中央政府も認識している。格差是正の一環として，社会保障など弱者保護のセーフティーネット制度を市場化に対応するよう再構築を進めているものの，いまだ効果を発揮していない。むしろ財政面については，分税制改革の徹底により中央財政は豊かになったものの地方への再分配メカニズムは機能しておらず，財政支出責任の多い下級政府の財政が犠牲となった側面にも注意が必要である。その結果，郷鎮政府が農民から恣意的(しいてき)に課徴金を取り立てる問題が，各地で多発しているのである。

　汚職・乱開発の横行も深刻である。たとえば，地方政府は人事権や行政権限を利用して銀行の地方支店に圧力をかけ，淘汰されるべき企業や採算の見込みのない開発プロジェクトへの不健全な投融資も行わせるようになった。そうした投融資は，短期的には経済指標を押し上げ指導者の業績に寄与するが，景気が後退すれば不良債権となり，不安定要因と化す。このほか，公共投資や土地（再）開発にともなう不正・汚職，国有企業の民営化改革を利用した国有資産

の私物化などが蔓延した。セーフティーネット制度の基礎となる年金基金など社会保障基金の流用も後を絶たない。このように，地方政府を競争させる制度が地方政府を過当競争に駆り立てるようになった結果，地方政府が関与するレントが悪性化し，持続的な成長に寄与するものではなくなってきていると判断してよかろう。

　要するに，巨大国家中国の経済発展には地方政府主導型以外は考えにくいことも事実であるが，その弊害も見過ごせなくなってきている。ただし，それは個々の地方指導部や地方政府自体の問題という以上に，「社会主義市場経済」体制の問題なのである。「社会主義＝計画経済」という固定観念を捨て去った柔軟さが鄧小平路線の真骨頂であり，また他の社会主義国が次々に姿を消す中で中国が経済成長を続け，共産党政権が存続した要因でもあった。しかし，社会主義を掲げて共産党独裁の維持をはかる国家中枢と，市場経済化・資本主義化が深まる社会との矛盾は，ますます緊張の度合いを高めている。根本的な政治改革の必要性が折にふれて議論されるが，社会変革が経済成長にもたらすマイナスの影響も懸念され，着手される見通しは立たない。

　今日，胡錦濤政権は，江沢民政権に続き中央集権と共産党の規律強化，オリンピックに万博の開催，宇宙開発や建国60周年の軍事パレードなど，ナショナリズムの高揚による社会の一体感の演出を通じて問題を克服しようとしているようである。中国の政治経済が「アングロ＝サクソン型資本主義」に移行するのか，当局の掲げる「社会主義市場経済」が確立しうるのか，それとも新たな「中国式特色のある資本主義」が形成されるのか。内実が見えにくく，将来の見通しが分かれるのは，持続的成長の陰で激しく揺れ続いている中国の実像の反映にほかならない。いずれにせよ，「中国とは何か」という基本的問題が，今後も興味深い知的チャレンジとなり続けることだけは確かである。

さらに読み進む人のために

天児慧，2004年『巨龍の胎動——毛沢東 vs 鄧小平』（中国の歴史11）講談社
　＊毛沢東，鄧小平という二人の最高指導者に着目して，20世紀中国の政治外交について詳述した厚くて熱い著作。
加藤弘之・上原一慶編，2011年『現代中国経済論』ミネルヴァ書房
　＊経済について幅広い問題が目配りよく取り上げられており，中国経済全体

を俯瞰するにはとても便利である。

倉田徹, 2009 年『中国返還後の香港――「小さな冷戦」と一国二制度の展開』名古屋大学出版会
　＊香港経済については上記の文献の中でも触れられている。今日の香港政治, 中国・香港関係に関しては, 本書が必読書である。

国分良成, 1999 年『中華人民共和国』ちくま新書
　＊中国政治・外交の難しい問題を取り上げながらも, ウィットに富んだ絶妙な語り口につい頁を繰らせてしまう, 最良の入門書。

園田茂人, 2008 年『不平等国家　中国――自己否定した社会主義のゆくえ』中公新書
　＊中国の社会に存在するさまざまな格差問題について, コンパクトながら著者独自の調査データを惜しみなく盛り込んだ, 贅沢な一冊。

毛里和子, 2012 年『現代中国政治〔第 3 版〕』名古屋大学出版会
　＊中国の政治制度（政府・党・軍）について専門的に（政治学的に）学びたい人にお薦めの, 上級者用教科書。

（三宅　康之）

第**6**章

台湾　中小企業王国の発展とその変貌

⬆中国側対台湾窓口機関，海峡両岸関係協会の陳雲林会長（左）と握手する馬英九総統（2008年11月6日，台北。写真提供：AFP‐時事）

　とかく韓国と比較されがちな台湾だが，その経済発展の主役は数多くの名もない中小企業だった。台湾は「社長さん」がいっぱいの中小企業王国だった。政治の民主化と経済のグローバル化が進む中，中小企業王国も様変わりした。台湾の社会の状況は変わり，中国大陸との関係もますます複雑になってきた。しかし，中小企業の「社長さん」たちが作り上げた分業ネットワークは台湾の強味であったし，台湾のさらなる発展を支えていく鍵となるであろう。

表 6-1 台湾略年表

年 月	事 項
1945年8月	日本の植民地支配からの解放,中華民国に編入（台湾省に）
46年12月	憲法（「中華民国憲法」）制定（47年1月公布,47年12月施行）
47年2月	2・28事件
48年3月	第一次国民大会開催,蔣介石を中華民国総統に選出（5月就任）
5月	「反乱鎮定動員時期臨時条項」施行
49年5月	台湾全土に戒厳令施行
12月	中華民国（中国国民党政権）,台湾に移転
58年4月	為替貿易改革（為替レートの一本化・実勢化）
60年1月	「十九項目財経改革措置」実施
71年10月	中華民国,国連脱退
72年6月	蔣経国,行政院長（首相）就任
9月	日中国交正常化にともない,日本と断交
73年11月	「十大建設」開始
78年5月	蔣経国,中華民国総統に就任
79年1月	アメリカと断交,中華人民共和国,台湾に「祖国の平和統一」を呼びかけ
12月	美麗島事件
80年12月	新竹科学工業園区開設
86年9月	民主進歩党（民進党）結成
87年7月	戒厳令解除
11月	台湾住民の大陸への里帰り解禁
88年1月	蔣経国死去,副総統の李登輝が中華民国総統に昇格
7月	李登輝,国民党主席に選出
90年3月	李登輝,総統に再選,国民党内に派閥対立,民主化推進を求める学生運動
91年3月	「国家統一綱領」制定
5月	「反乱鎮定動員時期臨時条項」廃止
12月	国民大会,全面改選
92年12月	立法院,全面改選
94年12月	台湾省長,台北・高雄市長選挙
96年3月	初の総統直接選挙,李登輝が当選
99年7月	李登輝,「二国論」発表
2000年3月	総統選挙実施,民進党の陳水扁が当選
02年1月	WTO加盟
04年3月	陳水扁,総統に再選
05年3月	中国人民代表大会,「反国家分裂法」可決
08年3月	馬英九,総統に当選
7月	中台直行チャーター便,週末運航開始（12月,定期運航化）

1 権威主義体制と中小企業の発展

韓国とはちょっと違う?

台湾には,韓国と似たところが多い。戦前は共に日本の植民地だったし,戦後は権威主義体制の下で急速な経済発展を遂げ,さらには政治体制の民主化も実現した。しかし,台湾の経済発展の主役は,数多くの名もない中小企業だった。彼らが,経済成長を支えた労働集約型の輸出産業を担っていたのである。韓国が財閥というモンスターの楽園ならば,台湾はさしずめ「社長さん」がいっぱいの中小企業王国といったところだった。その一方で,戦後の台湾で大企業と言えば,政府が経営する公営企業が中心だった。要するに,大規模な公営企業と中小規模の民間企業という二重構造が存在していたのである。そして,中小企業は海外市場で激しい競争を強いられていたのに対し,大企業は保護された国内市場向け,つまり内需中心の生産活動を行っていた。

さらに,中小企業と大企業の違いが,「本省人」と「外省人」という区別とほぼ重なっていた。**本省人**とは戦前から台湾に住む人々のことであり,**外省人**とは戦後中国大陸から台湾に渡ってきた人々のことである。戦後,台湾の社会には本省人と外省人との対立関係が存在してきた。これを「**省籍矛盾**」という。省籍矛盾は台湾の政治や経済のあり方に大きな影響を与えてきた。台湾で政権を握っていた**中国国民党**(国民党)は外省人の集団だったから,政府が経営する公営企業は外省人の大企業ということだった。他方,大多数の本省人が経営していたのは民間の中小企業だった。

台湾は,新興工業経済地域群(NIEs)の一員として発展した時期も,政治体制も,韓国と似通っていた。しかし,経済の姿は,韓国とはずいぶん異なっていた(第4章2参照)。なぜこんなに異なるのか,考えてみたい。

台湾なりの権威主義体制

台湾経済の特徴を考えるうえで決定的に重要なのは,政府と現地社会との関係である。一言で言って,戦後台湾に成立した政府は,もともと台湾に住む人々とは縁もゆかりもない外来者によるものだった。1945年,第二次世界大戦が終わると,日本の植民地支配から解放された台湾は,中国(当時の国名は中華民

図6-1 現在の台湾

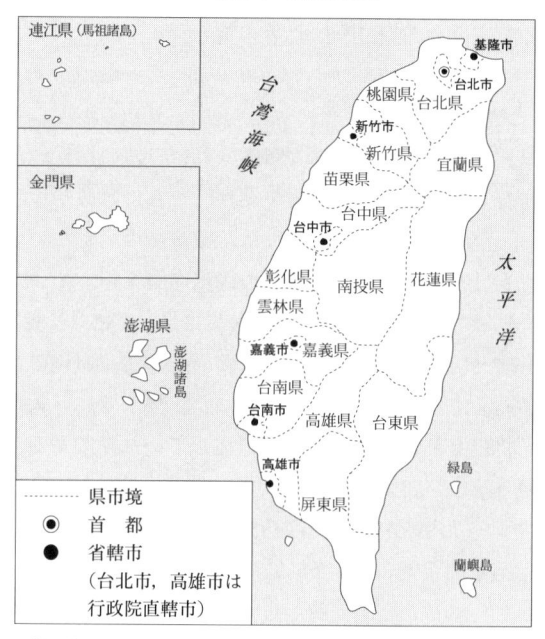

[出典]『アジア動向年報 2006』アジア経済研究所。

台湾		
面積	3万6188 km²	宗教 仏教,道教
人口	2303万人（2008年末）	元首 馬英九総統
首都	台北	通貨 元（1米ドル＝31.5元,2008年平均値）
言語	漢語（標準中国語,閩南語,客家語）	1人当たりGDP 17,030ドル（名目,2005年）

[出典]『アジア動向年報 2009』アジア経済研究所。

国）の一省となった。この中華民国で政権を握っていたのが国民党である。しかし，まもなく中国大陸では国民党と中国共産党（共産党）との内戦が始まり，1949年には敗れた国民党が台湾に逃げ込んだ。この時，国民党の官吏や軍の兵士を中心に，多数の大陸出身者が台湾に移住してきた。1950年，朝鮮戦争（第4章 *Column*⑩参照）が起こると，台湾は韓国と同じく東アジアにおける冷戦の最前線となる。同時に，両党による内戦は最終的な決着がつかないまま，冷戦によって棚上げされてしまった。冷戦体制下では，アメリカや日本をはじめ多くの国々が中華民国を中国の国家として承認したので，国民党政権が国際

*Column*⑮ **2.28事件**

　中国大陸から渡ってきた国民党による台湾統治は，中華民国の編入を祖国復帰と喜んだ台湾の人々の期待を裏切るものだった。役人や兵士は無能で規律を守らず，賄賂や汚職が広がり，社会は混乱した。中国大陸から持ち込まれた悪性インフレがそれに拍車をかけ，本省人の不満は爆発寸前の状況となった。1947年2月27日，台北市でヤミタバコを販売していた本省人の女性に外省人の警官が暴行を加え，抗議した群衆の一人が射殺された。これをきっかけに，2月28日から台湾全土で本省人による抗議デモが起こったが，反乱とみなした国民党の政府は本省人を無差別に虐殺した。犠牲者の数は1万8000人から2万8000人とも言われる。この2.28事件は，今日の台湾になお色濃く残る「省籍矛盾」の歴史的起源とされる。本省人には「政治は怖いもの」という意識が深く刻み込まれるとともに，彼らの心は外省人から離れていった。民主化の過程で，タブーだった事件の真相究明や犠牲者の名誉回復を求める運動が始まり，1992年には政府の調査報告が発表された。1995年，事件の記念碑の除幕式では，李登輝総統が政府を代表して事件の被害者の家族に謝罪した。

社会において全中国を代表する政権になった。

　国民党は共産党との内戦状態にあることを理由に，台湾で一党独裁による権威主義体制を打ち立てた。国民党政権による台湾支配は，本質的には植民地支配と何ら変わりのないものだった。外来者による植民地支配とは，現地の社会エリートの協力を調達しつつも，同時に住民の政治参加を排除するものである。台湾に住む人々にとって，国民党政権も中国大陸からやってきた外来の支配者だった。そして，少数派の外省人が多数派の本省人を支配した。戒厳令が施行され，住民の言論や結社の自由は厳しく制限された。台湾に渡ってきた国民党は，政府の要職を大陸出身の外省人で固め，また日本から接収した基幹産業や銀行などの主要な金融機関を公営化して独占するなど，本省人を政治的・経済的な支配勢力から締め出した。こうして，省籍矛盾と呼ばれる社会的な亀裂はさらに深まった。しかも，1947年の2.28事件（*Column*⑮参照）によって，一般の人々には「政治は怖いもの」という意識が深く刻み込まれていた。大多数の本省人は政治から距離を置き，経済活動に専念していった。おおざっぱに言えば，「政治は外省人，経済は本省人」の世界になった。

このように，本省人の政治参加が厳しく制限されたわけだが，その一方で国民党政権は，本省人エリートを現地協力者にすることで安定的な支配を行おうとした。ここで言う本省人エリートとは，地方の有力者たちとごく一部の民間企業家である。政治の領域では，国民党政権は地方選挙を利用して，政治的野心を持つ地方有力者たちの協力を取り付けた。本省人の地方有力者たちは国民党から立候補して，本省人社会から政権への支持を集めた。その見返りとして政権が彼らに与えたものが，地方レベルの政治権力と，金融や運輸など独占的な事業の経営という経済特権（レント）だった。

経済の領域でも同じような構図が見られた。国内市場は保護され，しかも参入規制によって多くの分野で独占ないし寡占市場が作り出された。こうして生まれたレントの恩恵に与ることができたのは，外省人の就業先である公営企業のほか，政権と特別な関係を持つことができた一部の民間企業だけだった。1950年代には，アメリカからの膨大な援助も，彼らに優先的に分配された。こうして保護された国内市場を足場にして，一部の民間企業は1960年代に大企業化し，70年代にはビジネス・グループへと成長した。つまり，国民党政権は競争を制限して作り出したレントを分配することによって，追従者である外省人の支持を確保するとともに，本省人エリートを現地協力者に仕立て上げたのである。台湾はこうした権威主義体制の下で，驚異的な経済発展を実現していった。

政府はどんな役割を果たしたのか

次に，外来者としての政府と現地社会との関係が，経済にどのような影響を与えたのかを考えてみよう。

台湾の高度成長が始まるのは，1960年代以降のことである。経済成長を支えたのは輸出の急速な拡大であり，そこで大活躍したのが中小企業だった。1970年代に入ると台湾経済はまさに中小企業王国となった。しかし，経済が急成長したからといって，中小企業が発展するとはかぎらない。少なくとも韓国では財閥（第4章1参照）だった。台湾では，なぜ多くの中小企業が生まれたのか（表6-2参照）。

まずは，台湾の急速な経済成長がどのように実現されたのかについて考えてみたい。これを説明する仮説は，市場主導論と政府主導論の大きく二つに分け

表 6-2 全輸出に占める中小企業の比率

年	台湾	韓国
1981 年	68.1%	—
82	69.7	22.1%
83	63.4	20.0
84	59.2	25.4
85	61.2	27.8
86	67.6	35.2
87	67.1	37.7
88	—	38.1

［出典］ 服部民夫・佐藤幸人編，1996 年『韓国・台湾の発展メカニズム』アジア経済研究所，164 頁．

られる．**市場主導論**は，政府の介入が抑制されたために，市場が有効に機能して経済発展が達成されたのだ，とする．これに対し，政府の介入こそが経済発展をもたらしたのだ，というのが**政府主導論**である．ただし，市場主導論も政府がマクロ経済を安定させたり，インフラを建設したりすることは認めている．実際，台湾の政府はインフレの抑制，マクロ経済の安定を最優先してきた．これは，国民党政権が中国大陸で内戦に敗れたのは激しいインフレを招いたからだと考えていたためである．したがって，それ以上に政府の介入が行われたのかどうかが問題となる．

1950 年代，台湾では輸入代替工業化政策が行われていたが，狭い国内市場はあっという間に飽和してゆきづまった．また当時，台湾経済はアメリカからの経済援助に大きく依存していた．1950 年代後半からアメリカが援助政策を転換し，台湾を含む援助受入国に自立を求めるようになると，台湾は自力で外貨を稼ぐ必要に迫られた．そこで，台湾は他の開発途上国に先がけて，1950 年代末から輸出指向工業化政策に転換したのである．市場主導論によれば，この政策転換によって貿易が自由化されたので，経済成長を実現できたということになるのだが，はたして，台湾の輸出指向工業化政策は貿易の自由化と同一視できるものだったのだろうか．その内容について見てみよう．

輸出指向工業化政策の柱は，為替レート改革と輸出品に用いられる輸入中間財の関税負担を免除することだった．1958 年に始まった為替レート改革では，実勢に合わせて切り下げられるとともに，それまで複数あったレートが一本化された．マクロ経済が安定していたことで，レートは次第に台湾の輸出に有利

なものになっていった。関税負担の免除については、1961年に輸出専門の工場に対する関税が最初から免除されるようになり、66年には工業団地全体を関税免除の対象にした輸出加工区が開設された。この輸出加工区は後に「改革開放」政策を進める中華人民共和国の「経済特区」のモデルとなった（第5章2参照）。

輸出指向工業化政策の特徴は、第一に、特定の産業や企業を優遇するものではなかったことである。輸出するという条件を満たしさえすれば、産業間で差別されることなく、企業はみな平等だった。第二に、輸入代替工業化政策と並行していた。1960年代以降も、政府は高い関税や輸入規制を維持した。国内市場が保護されていたのは、中間財の輸入代替を目的としていたことに加えて、国内市場こそが、政権の支持基盤である外省人の公営企業や現地協力者である一部の民間企業の「縄張り」だったからである。しかし、そのことで輸出産業が不利にならないように、免税措置が講じられたのである。要するに、台湾の輸出指向工業化政策とは、市場主導論が考えるような貿易の自由化政策ではなかった。むしろ、国内市場での既得権益を脅かすことなく、なお輸出も可能にするためのものだった（表6-3参照）。

輸出指向工業化政策は、輸出振興のためのレントを与える産業政策であり、レントはすべての産業と企業に向けられていた。中小企業がレントの恩恵に与るべく輸出市場に向かった結果、国内市場は公営企業を中心とした大企業、輸出市場は中小企業という台湾経済の二重構造が生まれることになった。いずれにせよ、輸出指向工業化政策に転換されたことによって、賃金が安くて質が高い労働力という、台湾が本来有していた競争力が発揮され、労働集約型の輸出産業が急速に成長した。そして、所得分配が改善されるとともに、高度成長が達成された。

なぜ財閥は生まれなかったのか

台湾の民間企業の規模は、保護された国内市場で成長した大企業ですら韓国の財閥には及ばなかった（表6-4参照）。海外市場での競争を強いられた民間企業はもっと小さかった。なぜ台湾の民間企業は大きくなれなかったのか。それは政府と現地社会との関係とかかわっている。

台湾の政府の自律性の高さについては、すでに広く認められている。政府と

表 6-3　台湾の製造業における中小企業と大企業の輸出販売比率

	中小企業		大 企 業	
	国内販売	輸出販売	国内販売	輸出販売
1973 年	41.8%	58.2%	53.6%	47.5%
74	58.1	41.9	59.6	40.4
75	45.1	54.9	62.7	37.3
76	42.4	57.6	60.4	39.6
77	47.5	52.5	62.7	37.3
78	43.6	56.4	63.6	36.4
79	42.8	57.2	59.8	40.2
80	40.6	59.4	60.9	39.1
81	26.4	73.6	57.9	42.1
82	24.1	75.9	60.8	39.2
83	28.4	71.6	65.4	34.6
84	28.1	71.9	64.3	35.7
85	28.9	71.1	64.5	35.5
86	33.4	66.6	67.5	32.5
87	34.8	65.2	67.9	32.1
88	59.5	37.4	68.8	30.3
89	63.3	32.7	69.7	26.9
90	58.8	40.8	68.6	30.6
91	61.9	37.7	68.8	30.0
92	64.0	35.0	71.8	27.0

［注］　中小企業の定義は以下のとおりである。
　　　　1973-76 年：「資本金 1000 元以下の企業」
　　　　1977-81 年：「資本金 2000 元以下の企業」
　　　　1982-92 年：「資本金 4000 元以下の企業」
［出典］　服部民夫・佐藤幸人編，1996 年『韓国・台湾の発展メカニズム』アジア経済研究所，163 頁。

社会との関係は疎遠だったと言われる。最高指導者であった蔣介石(しょうかいせき)にとって，「大陸反攻」を実現すること，つまり中国大陸に攻め込んで失った領土を取り戻すことが最優先の課題だった。台湾をそれまでの「仮住まい」と考えていた政府は，台湾の経済発展に対する情熱に欠けていた。それに，政治と経済を独占的に支配していた政府は，必要であれば民間企業に頼ることなく，自分で投資できるだけの能力を持っていた。そのため，政府は民間企業との関係を深める必要はなかったし，またそうしようとする意思も稀薄だった。

　台湾の政府は大小を問わず民間企業の顔色をうかがい，ご機嫌をとる必要がなかった。選挙は地方レベルに限られており，その結果が政権の行く末を左右することはなかった。また，国民党は「党営企業」と呼ばれる自前の企業を経

表 6-4　上位ビジネス・グループの売上高合計の対名目 GDP 比率

	台　湾	韓　国
上位　5 グループ計	17.8%	47.6%
上位 10 グループ計	23.2	58.8
上位 50 グループ計	36.4	79.7

［注］　台湾は 1990 年，韓国は 91 年の数値。
［出典］　服部民夫・佐藤幸人編，1996 年『韓国・台湾の発展メカニズム』アジア経済研究所，161 頁。

営していたから，政治献金で資金を調達する必要もなかった。これとは対照的に，日本の自由民主党（自民党）の場合，選挙の結果が政権の存続にかかわっていたから，数が多い中小企業は重要な支持基盤だった。そのうえ大企業との関係も重要だった。自民党は大企業や財界からの政治献金に依存していたからである。

　むしろ，台湾の政府は財閥が生まれないようにした。政府は民間企業への警戒心から，そこに資本が集中的に蓄積するのを避けようとした。民間資本家の経済力が高まり，それが政治力に転換されるのを恐れたのである。政府を握るのは外省人であり，他方，民間企業はほとんど本省人が経営していたので，政府の警戒心は省籍矛盾と重なり合うことでさらに強まった。

　このような政府と民間企業との関係から，台湾では同じように銀行を政策手段にできた韓国とは全く異なる資金供給が行われることになった。韓国の政府は政府系銀行を使って財閥に湯水のごとく資金を流し込み，その結果，財閥は途方もなく大きくなった。台湾の政府が積極的に民間企業に資金を供給することはなく，公営銀行の融資を受けられるのも公営企業と一部の民間大企業に限られていた。大多数の民間企業が資金を得るためには，家族，親戚や友人からの借金，規模の小さい地方金融機関からの融資，利子負担が大きくリスクの高い地下金融などに頼るしかなかった。資金の調達を大幅に制約された台湾の大多数の民間企業は大きくなれず，小さいままであった。

がんばった中小企業

　輸出指向工業化政策への転換に加えて，台湾の経済成長にとって，有利な対外的条件があったことも確かである。1960 年代以降，世界的な成長と貿易の拡大により，台湾製品に海外市場が提供された。外国企業が台湾での買い付け

を行い，台湾企業は外国企業から注文を受けて委託生産を行ったのである。外国企業からの注文は急激に増大し，また多様化した。外国企業が台湾を選んだ理由は，台湾の中小企業が柔軟かつ効率的な生産体制を作り上げたからであった。それが**分業ネットワーク**である。

　台湾の分業体制は，日本の下請制度と比べて各企業の独立性が高く，取引関係はピラミッド型の階層構造ではなく，垂直的な取引関係と水平的な取引関係によってネットワークを成していた。垂直的な取引とは，ある企業が他の企業から部品や材料を購入したり，工程の一部を委託したりすることで，水平的な取引とは，ある企業が自らの能力を超えて受注した仕事を同業者に外注することである。効率的で柔軟な生産を可能にする分業ネットワークは，輸出産業に適していた。多様な労働力を最大限に，また技術レベルに基づいて効率的に利用することで，労働コストを節約できるというメリットがあった。たとえば，子どもや内職の主婦が最も単純な仕事を，最も低い賃金で受け持った。また，台湾の輸出商品に対する需要は大きく変動したが，各企業の受注量のバランスをとることによって負担を軽減することもできた。機械設備の有効利用や技能に応じた専門化も可能となった。

　分業ネットワークが発展すると，少ない資本と限られた技術しか持たない企業家でも，特定の工程や部品の製造に特化して生産を始めることができた。実際，1970年代以降，工場勤務の経験を持つ労働者が独立・創業してオーナー経営者となって，社長さんがいっぱい誕生した。多数の中小企業が生まれたことで，分業ネットワークはいっそう発展した。

　台湾の中小企業は，OEMを通じて海外市場とつながっていた。**OEM**とは，生産の委託を受けたメーカーが，相手先が示した仕様や図面に基づいて製品を生産し，完成した製品は相手先のブランドと販売網によって売り出す，という取引形態である。OEMを行うことで，台湾の中小企業はたとえ設計や販売の能力が欠けていても，海外市場に参入することができたし，また製造技術を高め，設計技術を習得してレベルアップをはかることができた。こうした中小企業の活発な経済活動とその成長が，台湾経済の活力の源だった。

　台湾の中小企業の急速な成長は，政府の政策によってもたらされたというよりも，台湾の人々の技術能力や新たな事業に挑戦しようとする意欲の高さ，戦後の国際市場の急速な拡大と，直接投資や貿易を通じた外国からの技術・情報

の流入といった諸要因が複合的に働いた結果であると言える。中小企業なのに成長したのは，彼らが効率的で柔軟な分業ネットワークを作り上げたからである。彼らの分業ネットワークは，輸出指向工業化政策による「優遇」が「よいレント」として機能するしくみを提供したのである。

やる気になった政府

1970年代に入ると，米中接近にともない国民党政権と共産党政権の立場が逆転した。中国大陸の中華人民共和国こそが中国の国家となる一方で，国際社会で「中華民国」は国家として認められず，国民党政権は孤立していった。もはや大陸反攻は不可能となり，台湾が国民党政権の「定住先」となったことで，さすがに政府もやる気になった。こうした変化は政策にも表れた。

労働集約型の輸出産業が急成長した結果，1970年代に入ると台湾経済では労働力が不足し，賃金が上昇したことから，産業高度化が課題となった。政府は，インフラ整備と重化学工業化を柱とする「十大建設」を行った。それは，新たな最高指導者となった，蔣介石の息子・蔣 経国が民心の安定と政権への支持の拡大をはかるため，台湾の経済を積極的に発展させようとしたものでもあった。重化学工業化では，政府自らが投資の主体となって大型造船所，一貫製鉄所，大型石油コンビナートの建設を進めたが，政府がもくろんだような成果を上げられなかった。投資した民間企業の多くが，第1次石油危機後に撤退してしまったのである。社会への歩み寄りを見せた政府だったが，その意図に反して民間企業の十分な協力が得られず，思うような工業化を果たせなかった。政府の自律性の高さが裏目に出たと言える。造船，鉄鋼や石油化学といった産業が生まれたが，これらは経済成長を引っ張るだけの力を持てなかった。

しかし，成功した例もあった。半導体（IC）産業の育成では，政府が主導的な役割を果たした。政府による民間部門の動員能力は低かったが，政府には自律的に政策を企画し，実施する能力があった。1970年代，政府は産業技術の開発に力を入れるため，研究機関として工業技術研究院を設立した。そして，1975年から半導体の設計・製造技術を導入・開発する一連のプロジェクトを実施した。このプロジェクトが主に取り組んだのは，半導体生産の中核となるウェハー加工工程の開発だった。政府のプロジェクトによって半導体の商業生産が可能であることが示されたが，実際にそれを行おうとする民間企業がなか

なか現れなかった。そこで，政府が中心となって出資して半導体メーカーを設立した。1980年には聯華電子，87年にはTSMC（台湾積体電路製造）が設立された。TSMCは，当時世界に前例のない，半導体の受託製造（ウェハー加工）を専門に行うファウンドリーというビジネスモデルを確立して，この分野で世界トップの企業となった。1990年代には民間企業が次々と参入し，今や台湾は世界のファウンドリー・ビジネスの中心となっている。また，政府は1980年にハイテク工業団地である新竹科学工業園区を開設したが，現在半導体メーカーの大半がここにある。

いくら政府が産業を発展させようとしても，どうも政府のやる気だけではだめだったようである。政府のリーダーシップを受け入れるかどうか，民間部門の政府に対する姿勢が成功の鍵を握っていた。

2 民主化と様変わりする中小企業王国

「台湾化」でもあった民主化

1990年代の台湾では，政治の民主化とともに経済のグローバル化が進んだ。こうした動きの中で，中小企業王国・台湾はどう様変わりしたのだろうか。まずは，民主化で台湾の政治がどう変わったのかを見てみよう。

1988年，蒋経国が亡くなり，本省人の**李登輝**（りとうき）が台湾の最高指導者となった。蒋経国は，1986年にフィリピンでマルコス政権が崩壊したのを目の当たりにして，反対派を抑圧するコストの高さを学習した。同じ年，当時は非合法だった野党の結成を黙認し，これで台湾土着の政党で，台湾独立志向の**民主進歩党（民進党）**が誕生した。1987年には，半世紀近く続いた戒厳令が解除された。蒋経国の後を継いだ李登輝はさらに民主化を進めた。彼は権威主義体制の前提だった共産党との内戦という状況を終わらせ，中国大陸を実効支配する中華人民共和国の存在を認めることで，敵対関係から共存関係へと政策を転換した。そして，1991年と92年の末には国会を全面改選し，96年には住民の直接投票による総統選挙を実施した。最初の民選総統には李登輝が当選した。

民主化は，中国の国家だった「中華民国」を「台湾化」していった。元首である総統や国会議員は，台湾の住民だけによる選挙で選ばれ，もはや中国大陸の人たちとは関係なくなった。そこで，李登輝も「台湾にある中華民国」を独

立主権国家であると,盛んにアピールするようになった。台湾の住民の間では「台湾意識」と呼ばれる,台湾や台湾的なものに愛着を持つ意識が高まっていった。台湾の分離独立に反対する中華人民共和国は,こうした動きに危機感を強め,武力をもってしてでも独立を阻止するという立場をとり続けた。

　外省人集団だった国民党政権も,本省人が主流を占める政権へと変わった。権威主義体制期,中国の政党だった国民党では,台湾で根を下ろしていく過程で本省人の党員が増加し,蔣経国の時代には国民党や政府の要職に本省人が抜擢された。しかし,政権の中枢にいたのは外省人で,本省人は周辺的な位置に置かれていた。本省人の最高権力者が誕生したことは,台湾化の波が政権のトップにまで及んだことを意味し,外省人が握り続けた政治権力は本省人の手へと移った。

　李登輝は,本省人たちが待ちに待った,本省人の指導者だった。それは中小企業の社長さんにとっても同じだったが,民主化されて政府の政策の恩恵を受けられたのは,同じ本省人系でも大規模なビジネス・グループだった。1990年代,台湾では経済の自由化が進められた。非効率が目立っていた公営企業の民営化とともに,政府による参入規制政策の下にあった金融,通信などの各分野で規制緩和が行われた。しかし,実際に新規参入を果たせたのは規模の大きなビジネス・グループだけであり,同時に外資系企業の参入は厳しく制限されていた。ビジネス・グループは,政府の規制によって得られたレントを利用して,事業分野の再編と経営規模の拡大をはかった。

　民主化されても,中小企業は政府に振り向いてもらえなかった。彼らの不満の受け皿となったのが,台湾生まれの政党である民進党だった。中小企業の力強い支持が民進党の勢力拡大につながった。一方,中小企業は分業ネットワークという持ち味を生かして,市場での激しい競争を生き抜いていった。

中国大陸へ向かう中小企業

　民主化とグローバル化のうねりの中で,中小企業のあり方はどのように変化したのだろうか。1980年代後半になると,台湾経済は元高と賃金上昇という二重の衝撃にみまわれた。1985年のプラザ合意(第1章3参照)に始まった円高の後を追うように,台湾の元(新台湾ドル)の対米ドル・レートも急上昇した。長らく上昇傾向にあった賃金もさらに上昇した。こうした環境の変化によっ

て最も深刻な打撃を受けたのが，労働集約型の輸出産業を担ってきた中小企業だった。多くの中小企業が生産拠点を海外に移したことから，台湾の対外直接投資は急速に拡大し，現在それは中国大陸に集中している。台湾は，中華人民共和国と政治的には対立しながらも，経済的には結び付きを強めている（表6-5参照）。

　中小企業の社長さんにとって，中国大陸はとても魅力的な投資先だった。賃金水準が東南アジアよりもさらに低いうえに，何と言っても言葉や文化の共通性がきわめて高く，コミュニケーションが容易だった。中小企業の持ち味でもあり強みでもある分業ネットワークも，台湾と中国大陸との間にさまざまな形で構築された。たとえば，中国大陸に生産拠点を移した多くの輸出産業では，台湾から部品・材料や機械設備を供給し，中国大陸で加工するという分業体制が作られた。台湾で多品種少量生産や高級品の生産を行い，中国大陸で量産や低級品の生産を行うという，製品のレベルによる分業パターンもある。こうした分業体制は，台湾経済の発展にとってプラスに働いた。中国大陸に進出した労働集約型産業の生産が増大すると，台湾ではこれらのメーカーが用いる材料・部品や機械設備の生産と輸出が拡大した。また，台湾での多品種少量生産や商品のレベルアップも進んだ。つまり，中国大陸への投資の拡大が台湾の経済成長を引っ張るというリンケージ（連携）効果が働いたのである。

　中国大陸への投資は，政府の政策によって積極的に促進されたわけではなかった。民主化と連動した中国大陸との関係の変化は投資拡大に有利な環境を作り出したと言えるが，中国大陸への投資は1990年まで禁止されていた。しかし，1987年に外貨の持ち出しが大幅に緩和され，中国大陸への親族訪問も許可された。政府が渡航目的をいちいちチェックできるわけではなく，実質的には誰でも中国大陸に行けるようになった。中小企業の社長さんは，このチャンスを見逃さなかった。非合法にもかかわらず，労働集約型産業の中小企業が大挙して中国大陸に進出した。こうした既成事実を追認する格好で，政府は1990年以降，中国大陸との貿易や投資への規制を緩和していった。

　1992年，鄧小平の「南巡講話」をきっかけに改革開放政策がさらに本格化すると，中国大陸への投資の増加に拍車がかかった（第5章3参照）。第三国への輸出向けの生産を行う中小企業による投資に加えて，中国大陸市場での販売を目的とした大企業による投資が激増した。政府は中国大陸への経済的な依存

表6-5 台湾企業による中国大陸への投資（対中投資） （単位：100万米ドル，％）

| 年度 | 対中投資 ||||||| 対外投資総計 || 対中投資比率 ||
| | 台湾側統計資料 ||| 中国大陸側統計資料 |||| 台湾側統計資料 ||||
	金額	件数	金額/件	契約額	件数	金額/件	実額	金額	件数	金額	件数
1991	174.16	237	0.73	3,310.30	3,815	0.87	861.64	1,830.19	601	9.5	39.4
92	246.99	264	0.94	5,543.35	6,430	0.86	1,050.50	1,134.25	564	21.8	46.8
93	3,168.42	9,329	0.34	9,964.87	10,948	0.91	3,138.59	4,829.35	9,655	65.6	96.6
	(2,028.05)	(8,067)									
94	962.21	934	1.03	5,394.88	6,247	0.86	3,391.04	2,578.97	1,258	37.3	74.2
95	1,092.71	490	2.23	5,849.07	4,847	1.21	3,161.55	2,449.59	829	44.6	59.1
96	1,229.24	383	3.21	5,141.00	3,184	1.61	3,474.84	3,394.65	853	36.2	44.9
97	4,334.31	8,725	0.50	2,814.49	3,014	0.93	3,289.39	7,228.14	9,484	60.0	92.0
	(2,719.77)	(7,997)									
98	2,034.62	1,284	1.58	2,981.68	2,970	1.00	2,915.21	5,330.92	2,181	38.2	58.9
	(515.41)	(643)									
99	1,252.78	488	2.57	3,374.44	2,499	1.35	2,598.70	4,521.79	1,262	27.7	38.7
2000	2,607.14	840	3.10	4,041.89	3,108	1.30	2,296.28	7,684.20	2,231	33.9	37.7
01	2,784.15	1,186	2.35	6,914.19	4,214	1.64	2,979.94	7,175.80	2,574	38.8	46.1
02	6,723.06	5,440	1.24	6,740.84	4,853	1.39	3,970.64	10,093.11	6,365	66.6	85.5
	(2,864.30)	(3,950)									
03	7,698.79	10,105	0.76	8,557.87	4,495	1.90	3,377.24	11,667.38	10,819	66.0	93.4
	(3,103.80)	(8,268)									
04	6,940.66	2,004	3.46	9,305.94	4,002	2.33	3,117.49	10,322.68	2,662	67.2	75.3
05	6,006.95	1,297	4.63	10,358.25	3,907	2.65	2,151.71	8,454.40	1,818	71.1	71.3
06	7,642.34	1,090	7.01	—	3,752	—	2,135.83	11,957.76	1,568	64.0	69.5
07	9,970.55	996	10.01	—	3,299	—	1,868.45	16,440.52	1,460	60.6	68.2
08	10,691.39	643	16.63	—	2,360	—	1,898.68	15,157.88	1,030	70.5	62.4

［注］ 中国大陸側統計資料の1991年度の数値には，91年度以前の数値が含まれている。中国大陸向け投資（対中投資）における台湾側統計資料の1993年度，97-98年度，および2002-03年度の数値には，事後的・追加的に申請・認可された投資額および投資件数が含まれており，かっこ内の数値は事後的認可分である。対外投資総計，および対中投資比率は，この事後的認可額および件数を含めて算出している。

［出典］ 行政院大陸委員會『兩岸經濟統計月報』各月版，および行政院經濟部投資審議委員會『中華民國華僑及外國投資・對外投資・對外技術合作・對大陸間接投資・大陸產業技術引進統計月報』各月版より作成。

が深まることを懸念して，1994年に対外投資を東南アジアに誘導しようとする政策を打ち出したが，あまり効果はなかった。その後，1996年には大規模な投資やハイテク産業向けの投資を対象に，中国大陸での投資を制限した。つまり，政府は中小企業による中国大陸への投資にブレーキをかけたりすることはなかったが，それを積極的に支援することもなかった。

実は，台湾の中小企業にレントを与えたのは，中華人民共和国の地方政府だっ

た（第5章2参照）。中華人民共和国では，改革開放政策が進む中で経済的な権限が地方政府に委ねられると，地方政府同士の開発競争が激化した。特に，省レベルよりもさらに下のレベルの地方政府にとって，規模が小さい台湾の中小企業による投資は，自分たちの権限で受け入れを決定できる貴重な外資だったことから，各地の地方政府による台湾の中小企業の誘致合戦が繰り広げられた。地方政府の役人は一人でも多くの社長さんをつかまえようと必死になり，社長さんは少しでも優遇してくれそうな相手を探した。中小企業が投資した業種には，流行へのすばやい対応が必要になるものなどが多かった。そのため，欧米系の大型の多国籍企業が北京で経済貿易部の高級官僚や国有企業のトップと協議を重ねている時，台湾の中小企業の社長さんはカラオケで地方政府の役人たちに相談をもちかけ，許認可申請の手続きなどでさっさと便宜をはかってもらっていたのである。

ハイテク・アイランドの立役者として

近年，台湾の経済成長をリードしているのが，パソコンや半導体といったハイテク産業である。ハイテク産業の発展を支えてきたのも，中小企業あるいは分業ネットワークによる柔軟な生産体制だった。

1970年代，中小企業が柔軟で効率的な分業ネットワークを発達させていく中で，より多様な工業製品が生産されるようになり，電子産業などでは技術集約的な部門が現れた。1980年代にパソコン産業が世界的に成長すると，台湾はその生産の多くを担うようになった。商品サイクルが短いというパソコンやその周辺機器が持つ特性に，低コストで柔軟な生産を実現できる中小企業とその分業ネットワークはきわめて適していた。その点では，韓国の財閥のように規模が大きな組織は不向きだった。台湾のパソコン産業は強い競争力を発揮して，台湾を代表する輸出産業となった。「ICの韓国，パソコンの台湾」と言われたが，台湾でパソコン産業が発展したのは，その担い手が中小企業だったからだと言える。他方，資金力のあった韓国の財閥は，巨額の投資を必要とする半導体産業を発展させることができた。

1990年代初め，デル（DELL）社などアメリカの大手パソコンメーカーが，低コストで柔軟な生産を実現するため効率的な分業体制を国際的に構築し始めると，これらのメーカーからの委託生産の注文が台湾企業に大量に集まった。

こうして台湾は，世界的なパソコンの生産基地へと発展した。ただし，大手パソコンメーカーの厳しい要求に対応できたのは，台湾でも力のある一部の大手企業に限られたことから，台湾のパソコン産業における中小企業の地位は低下していった。台湾の大手企業は，生産ばかりでなく設計においても技術を蓄積させ，さらには製品の設計から製造，アフター・サービスにいたるまで総合的なサービスを提供するようになった。同じころ，大手企業は中国大陸への投資を拡大させたが，その際には台湾から協力工場を連れて行き，現地で分業ネットワークを再現することで，低コストで柔軟な大量生産ができる体制を作り上げた。

1990年代の半導体産業の急成長も，台湾独特の分業体制によってもたらされたものだった。半導体の製造プロセスは，設計，ウェハー加工（前工程），組立（後工程）の3段階に分けられる。他の国とは違って，台湾ではそれぞれ独立した企業が各工程を分業しながら，設備の有効利用や専門的なノウハウを蓄積してきた。前工程と後工程のメーカーの規模は比較的大きいが，設計会社の大部分は中小企業である。

政治の民主化と経済のグローバル化が進む中で，台湾経済の二重構造は崩れていった。中小企業王国という台湾の様相も一変したが，中小企業や分業ネットワークが衰退したわけではない。中小企業の活躍や分業ネットワークのメリットが発揮されたことで，台湾はハイテク・アイランドへと変貌を遂げたのである。

3 二度の政権交替と今後の課題

政権交替後の政府と民間企業

2000年，民主化後の台湾で初めての政権交替が実現し，陳水扁（ちんすいへん）が率いる民進党政権が誕生した。台湾では民主化と台湾化の過程で，台湾への愛着，台湾を優先的に考える台湾アイデンティティーが広がりを見せたが，民進党政権の誕生はそれを象徴するものだった。台湾生まれの政党による政権の誕生は，政府と民間企業との関係にどのような影響を及ぼしたのであろうか。

民進党政権は，それまでの台湾企業の対中投資を規制する路線を修正し，有効なリスク管理を前提とした規制緩和を緩やかなペースで進めた。1990年代

末以降,政府は安全保障上の理由や産業の空洞化への恐れから,特に基幹産業であるハイテク産業の対中投資には慎重な姿勢をとってきた。しかし,対中投資は新たな段階へと突入し,ハイテク産業も中国大陸に生産拠点を設けるようになっていた。たとえば,中国大陸への投資が禁止されていたノート型パソコンも,1990年代末には実質的な生産拠点の移転を始めていた。2000年以降,コスト削減を求める半導体産業からも規制緩和を求める声が強まった。

中国大陸との経済交流に大きな利害を持つ存在となっていた民間企業は,より大きな利益を期待して政府に規制緩和を要求してきた。もはや規制は民間企業にレントを生み出すものではなく,むしろその国際競争力の低下を招きかねないものになっていた。他方,これまでの国民党政権とは違って,与党が国会の過半数の議席を得ていない民進党政権は政権の基盤が弱く,企業や業界からの圧力をなおさら受けやすかった。政府は2001年にノート型パソコンを投資禁止品目から除外し,2002年には一部与党内からの反対もあったが,半導体産業の対中投資を条件付きで認めた。

中国大陸との経済関係がますます緊密になる中で,財界がコスト削減のために規制の緩和を求めたのが,「三通」(航空,通信,ビジネス)の全面解禁,特にまだ実現していなかった中台直行便の運航だった。政府もこうした声に配慮する政策をとらざるをえず,規制緩和の方向に動いたが,民進党政権の下では三通の全面的な実現には至らなかった。

アイデンティティーをめぐる対立

民進党政権の下で顕著になったのは,アイデンティティーをめぐる対立だった。民主化以前は,国民党政権による歴史教育や言語教育の下で,台湾に住む人々の間には中国ナショナリズムが定着していた。自分たちは中国人であると考え,中国との統一を支持していたのである。その意味で台湾の社会はまとまりがあり統合されていた。ところが民主化とともに台湾化が進むと,台湾は中国ではない,台湾は台湾なのだという認識を持つ人,自分を台湾人であると考える人が次第に増えてきた。こうして広がりを見せたのが台湾アイデンティティーで,台湾の独立をめざす台湾ナショナリズムはその究極的な形と言える。

民進党政権が台湾人意識や台湾の主体性を強調する政策や主張を次々と打ち出したこともあって,台湾内部では台湾アイデンティティーがある程度定着し

た。今日，台湾では自分は中国人であると考える人も少数派ながら存在しているが，台湾人であると考える人が多数を占めるようになった。だからといって，住民の多くが台湾の独立を望んでいるわけではない。台湾の将来については，台湾の独立でもなく，中国との統一でもない「現状維持」を望む人が大多数を占める。この「現状」とは，「中華民国」という名称で独立した状態にある台湾のことである。むしろアイデンティティーの問題として重要なのは，台湾を長年支配してきた「中華民国」を違和感なく受け入れているか，あるいは反感を抱くかの違いである。

　もう一つの大きな変化は，住民の民族（エスニシティー）意識の高まりである。台湾の人たちは，最近では先住民，閩南人（びんなん），客家人（はっか），そして外省人の四つのエスニック・グループに分けられるようになった。先住民，閩南人と客家人が本省人と呼ばれてきた人たちである。権威主義体制期には，中国人意識の下で抑え込まれてきた彼らの民族意識が，民主化と台湾化の過程で高まった。本省人と外省人との省籍矛盾をはじめとして，彼らの間にはさまざまな対立軸が存在している。たとえば，閩南人の言語や文化を中心とする立場から台湾アイデンティティーを強調しすぎると，外省人だけでなく先住民や客家人の反感を呼び起こすことにもなりかねない。民主化後の台湾では，かえって住民の民族意識が高まったことで，社会的な亀裂が表面化してきたのである。

　民進党政権の下では，こうした争いが与野党の対立に反映され，台湾とは何なのか，台湾の将来をどう考えるのか，自分たちは何者なのかといったアイデンティティーをめぐる争いが選挙のたびに激しさを増した。政治勢力は，台湾アイデンティティーの強い民進党を中心とした緑陣営（パングリーン）と「中華民国」意識の強い国民党を中核とする青陣営（パンブルー）の二大陣営が対立する構造に再編された。野党陣営である青陣営が国会を握る分割政府状態にあったことで，政治は与野党の不毛な対立が続いて機能不全の状態に陥り，選挙はアイデンティティーをめぐる争いの場になった。陳水扁総統による台湾アイデンティティーを煽る選挙戦略は，共感を生むと同時に反感も呼び起こし社会を二分しただけでなく，最終的には中華人民共和国や国際社会の批判を招いた。

　こうした台湾内部の対立や分裂は，中華人民共和国に台湾への影響力を行使するチャンスを与えた。中華人民共和国は 2005 年 3 月に台湾に対する武力行

使の法的根拠となる「反国家分裂法」を制定したが,このような強硬策をとる一方で懐柔策も進めた。政治的には,民進党政権との対話を拒否しつつ,野党の党首や財界の大物を招待するなど中台交流を主導した。経済的には,台湾企業に対する国内市場の開放や,税金や土地使用料の免除措置といったレントを与えて,彼らの投資をさらに促した。中華人民共和国が硬軟織り交ぜて圧力をかけてくる中で,台湾ナショナリズムの方向に一歩踏み出すのか,それとも中華人民共和国との関係改善に向かうのか,台湾内部では対中政策をめぐって分裂が生じることになった。

二度目の政権交替が実現して

2008年の総統選挙では,国民党の馬英九(ばえいきゅう)が史上最高となる得票率で当選を果たした。民主化後の台湾では二度目となる政権交替で,国民党政権が復活したのである。背景には,陳水扁総統自身を含めた政権関係者の腐敗疑惑が相次いだこと,国内社会の分裂や国際社会からの批判を招いたこと,格差の拡大に代表される経済状況の悪化など,民進党政権への住民の不満があった。中台関係の改善による経済の回復を掲げた馬英九に,住民は大きな期待をかけた。

馬英九総統の就任後,対中政策が大きく転換され,中華人民共和国との関係改善が急速に進んだ。2008年12月には,三通が実質的に実現した。台湾と中国各地を結ぶ直行便が定期運航されるようになり,中国人観光客が台湾を訪れるようになった。しかし,2008年秋以降の世界金融危機に端を発する世界同時不況の煽りを受けて,期待されたほどの経済効果が現れるにはまだ時間がかかりそうである。

そんな不況を乗り越えて,「5万円パソコン」で知られるネットブックの生産・販売であっという間に一大市場を築き上げたのがパソコン産業である。台湾のパソコン産業は,分業ネットワークが生み出した高い適応力を持つ多様な企業群で構成されているのが特徴である。各企業がそれぞれの資源や能力を活かして,パソコン産業の各分野を埋め尽くし,多くの分野で非常に高いシェアを占めている。ノート型パソコンの生産では,世界の大手パソコンメーカーの委託生産を請け負うことで,その実力に磨きをかけてきた。市場とユーザーのニーズを見極め,柔軟性と適応力に富んだ生産体制を武器に,台湾企業は世界のパソコン市場をリードしている。

しかし世界同時不況の中では，台湾企業の強みが弱点となって表れたケースもある。台湾最大の輸出産業である半導体産業では，大手メーカーからのウェハー加工の受託生産（ファウンドリー・ビジネス）に特化した台湾独特の分業体制がその急成長を支えてきた。しかし，半導体市場の市況の悪化にともない受注比率が大きく低下したことで，その影響をより増幅された形で受けることになった。受託生産主体のビジネスモデルは，台湾がアジアの国・地域の中で最も著しい景気後退に陥った要因の一つでもあった。

国民党政権の下で中華人民共和国との関係改善は急速に進み，経済交流のスピードも加速している。台湾と中国大陸との経済的な結び付きは強まる一方だが，そうした流れはもはや避けられないだろう。ただ問題なのは，台湾内部にアイデンティティーをめぐる対立を抱え込んだまま，そうした事態が進展していることである。野党である民進党は馬英九政権の対中政策を台湾の主権を損なうものだと批判しているが，住民の間にも懸念が広まりつつある。台湾の主権を守りながら，中華人民共和国とどう付き合っていくのか。台湾の進路を定めるためにも，エスニック・グループ間の和解をめざし，国家アイデンティティーについての合意を形成していくことが必要である。馬英九政権はそうした難題に直面していると言える。

台湾の社会の状況や中国大陸との関係が複雑になる中で，今後も台湾が持続的な経済発展を実現していくには，台湾企業が高い技術力や質の高い人材を活かして付加価値の高い新たな産業やビジネスモデルを創り出せるかどうか，そして中国大陸との分業関係を再構築できるかどうかが重要となる。この点において，分業ネットワークが生み出した柔軟な生産体制は，台湾の強みである。グローバルな競争がますます激しくなっていく中で，分業ネットワークは台湾経済の活力を生み出し，さらなる発展を支えていく鍵となるはずである。

さらに読み進む人のために────

石田浩，2003年『台湾経済の構造と展開──台湾は「開発独裁」のモデルか〔第2版〕』大月書店
　　＊開発独裁のモデルとみなされがちな台湾の経済発展について，その実態をわかりやすく説明している。中国への投資の拡大などの台湾経済の動きについ

ても詳しい。

小笠原欣幸, 2008 年「民主化, 台湾化する政治体制」天児慧・浅野亮編著『中国・台湾』(世界政治叢書 8) ミネルヴァ書房

　＊1990 年代以降, 台湾化と民主化を遂げた台湾の政治体制について, 社会におけるアイデンティティーの変容という角度からわかりやすく説明している。最近の台湾政治の流れを知るには格好の論考。

佐藤幸人, 2007 年『台湾ハイテク産業の生成と発展』(アジア経済研究所叢書 3) 岩波書店

　＊台湾の経済発展をリードしてきた半導体産業・パソコン産業の発展について, 技術者という個人に焦点を当てて詳しく論じた本格的かつ独創的な研究。

服部民夫・佐藤幸人編, 1996 年『韓国・台湾の発展メカニズム』アジア経済研究所

　＊経済発展をめぐる学説をふまえて, 韓国との比較から台湾の発展メカニズムの特徴を明らかにしている。台湾の中小企業主導による経済発展を理解するための最良の書。

若林正丈, 2001 年『台湾——変容し躊躇するアイデンティティ』ちくま新書

　＊わが国を代表する台湾政治研究者による台湾の入門書。2000 年の政権交替後に至るまでの, 大まかな台湾の歴史を理解するためには便利な一冊である。

若林正丈, 2008 年『台湾の政治——中華民国台湾化の戦後史』東京大学出版会

　＊中華民国台湾化という視点から, 戦後から今日に至る台湾政治の構造変動をダイナミックに描いた現代台湾政治研究の決定版。台湾の政治を専門的に学びたい人にお勧めの一冊。

(松本 充豊)

第7章 インドネシア 権力集中，崩壊，そして分散

⬆ カムデシュ IMF 理事の前で経済改革合意書に署名するスハルト大統領（1998年1月15日，ジャカルタ。写真提供：AFP‐時事）

⬆ ブディオノ（右）を副大統領として二期目の当選を果たしたユドヨノ大統領（2009年10月20日，ジャカルタ。写真提供：EPA‐時事）

　インドネシアは約30年にわたる経済成長の後，1997年のアジア通貨危機で深刻な経済危機と政治社会危機に陥った。成長と崩壊の原因は，スハルト大統領への権限集中にあった。古典派経済学路線と経済ナショナリスト路線を併用する経済政策の下，華人財閥がビジネスを主導して経済が成長した。1997年の通貨危機でそのパターンは破綻し，古典派経済学路線のみが経済政策となった。民主主義体制の下で再び経済成長を実現できるのかどうか，今，インドネシアは過渡期にある。

表7-1　インドネシア略年表

年　月	事　項
1945年8月	スカルノ大統領，ハッタ副大統領によるインドネシア共和国独立宣言
	インドネシア共和国を認めない宗主国オランダとの独立闘争開始（～49年12月）
49年12月	オランダからインドネシア連邦共和国に主権委譲。翌年，インドネシア共和国に体制移行
55年9月	第1回総選挙
56年12月	スマトラ，スラウェシで中央政府への反乱開始
57年6月	ジャワ，南スマトラ（8月）で地方選挙実施，共産党大躍進
12月	オランダ資産接収の拡大
59年7月	スカルノ大統領による指導される民主主義体制樹立
61年12月	西イリアン解放闘争開始，62年7月，国連から西イリアンの行政権移管
65年9月	9.30事件勃発
66年3月	スカルノ，大統領権限をスハルトに委譲
3月	スハルト，大統領代行に就任。68年3月，スハルト，第2代大統領に就任
71年7月	第2回総選挙，ゴルカル圧勝。73年3月，スハルト大統領再選（以後，93年3月まで連続6期当選を果たす）
74年1月	日本の田中首相訪問時，反日・反華人暴動発生（マラリ事件）
75年2月	国営石油会社プルタミナ，債務危機表面化
9月	東ティモールへの軍事介入。76年7月，東ティモール併合宣言
83年3月	経済規制緩和策開始
97年5月	第7回総選挙，ゴルカル圧勝
7月	アジア経済危機勃発。インドネシア経済危機の始まり
8月	ルピア，完全変動相場制に移行。10月，IMFへの支援要請
98年1月	1ドル＝1万ルピアを突破（97年7月時点で1ドル＝2400ルピア）
	封じ込められていた学生運動再燃，各地で物価高騰に反発する暴動発生
3月	スハルト大統領7選
5月	IMFとの合意でガソリン，電気料金値上げ。同月，ジャカルタ暴動発生
	スハルト大統領退陣，副大統領ハビビの第3代大統領就任
99年1月	政治関連3法（政党法，総選挙法，議会構成法）成立。5月，地方分権関連2法成立
6月	スハルト体制崩壊後初めての自由・公平な総選挙実施（48政党参加）
10月	東ティモール分離独立承認
	アブドゥルラフマン・ワヒド，第4代大統領就任
2001年7月	ワヒド大統領解任，メガワティ・スカルノプトゥリが第5代大統領就任
02年10月	バリ島で爆弾テロ発生，21国籍の202人死亡
03年12月	IMF支援プログラム終了
04年4月	民主化後2度目の総選挙実施（24政党参加）
7月	史上初の大統領直接選挙（1回目）実施（5組の正副大統領候補参加）
10月	スシロ・バンバン・ユドヨノ，第6代大統領就任
12月	スマトラ島沖大地震発生，死者・行方不明者数16.8万人
09年4月	民主化後3度目の総選挙実施（34政党参加）
7月	大統領直接選挙（2回目）実施，ユドヨノ，2期目へ

1 独立,そして経済破綻

　2004年12月末,インドネシア・スマトラ島北部のアチェ州をマグニチュード9の地震とそれにともなう津波が襲い,死者・行方不明者が16.8万人に達した(*Column*⑯参照)。このことはみなさんの記憶にも新しいと思う。津波が町や村を襲う映像,津波で崩壊した町や村の映像をテレビで見た人も多いであろう。テレビで映される人々の粗末な服装や壊れそうな木造の家を見ると,インドネシアもまた他の開発途上国同様,経済的には貧しい国だと感じるかもしれない。1997年のアジア通貨危機以後,経済の崩壊,華人資本の国外逃避,政治社会秩序の瓦解,宗教・エスニック紛争の激化,イスラーム過激派による相次ぐ爆弾テロなどによって,実際インドネシアは東南アジア諸国の中でも最貧国になってしまった。しかし,97年までは,インドネシアと言えば人口2億という巨大市場をかかえ,約30年にわたって平均国内総生産(GDP)成長率7%を誇った「アジアの奇跡」の一員であり,東南アジア諸国のリーダー的存在であった。2004年以降,インドネシアは平均5%を超える経済成長率を再び実現し始めている。そして今では,中国,インド,インドネシアをまとめた「チャインドネシア」という造語がつくられ,中国,インドと並んで将来性のある国家とまで言われているのである。本章は,この経済成長・崩壊・復興という現代インドネシアの変容について考察するものである。

　インドネシアが誕生したのは第二次世界大戦後のことであり,それまではオランダを宗主国とする植民地国家であった。1942年に始まる日本軍政が終わった45年8月に,インドネシアは独立宣言を行った。それから5年間はインドネシアの独立を認めないオランダとの間で闘争と外交交渉が繰り広げられた。それゆえ,実質的に国民国家としての歴史が始まるのは,1949年にオランダがインドネシア連邦共和国の主権を認め,その連邦共和国が単一のインドネシア共和国となる1950年からである。1950年から現在までの時代を区分してみると,①議会制民主主義の時代(1950-59年),②スカルノ権威主義体制の時代(1959-65年),③スハルト権威主義体制の時代(1966-98年),④民主化の時代(1998-現在),と分けることができる。①の議会制民主主義時代は複数の政党が権力闘争を行う権力分散の時代であり,②のスカルノ権威主義体制は指導さ

Column⑯ スマトラ島沖大地震

2004年12月26日午前8時，インドネシア・スマトラ島沖でマグニチュード9の大地震が発生した。地震と津波によって，インドネシア，バングラデシュ，タイ，マレーシアなどは大きな被害を受け，死者・行方不明者数だけでも22.6万人を超える人類史上有数の大惨事となった。インドネシアは最も震源に近かったことから，死者・行方不明者数は16.8万人にのぼった。特にアチェ特別州西部の被害は甚大で，州都バンダ・アチェなどは壊滅した。

世界各国からの被災地への支援総額は42.7億ドルにのぼり，日本政府も逸早く5億ドルの無償資金供与を表明し，さらには自衛隊による輸送支援にも乗り出した。大量の腐乱遺体が発生したことで，伝染病の流行とそれによる大量死が懸念されたが，早急に処理されたために事なきを得た。

けがの功名とも言えるのは，この地震と津波の被害があまりに大きかったことにより，アチェ特別州で30年間続いていたインドネシアからの独立闘争に終止符が打たれたことである。インドネシア政府とアチェ独立派との間で和平機運が高まり，2005年8月，和平合意が結ばれ，独立派もインドネシア共和国の中で政治参加することに同意した。

れる民主主義体制とも呼ばれ，大統領に権限が集まる権力集中の時代であり，ともに政治的には不安定で，経済は停滞した。

インドネシアが議会制民主主義の時代に入ったころの経済状況をおおざっぱに言えば，プランテーション（大規模農場）や貿易関連の大企業はオランダなどの西欧資本が，国内流通業などは華人系資本が握り，**インドネシア先住民（プリブミ）** は中小零細企業を担う存在でしかなかった。独立間もないころで，あらゆる社会生活にナショナリズムが吹き荒れる中，政府はプリブミにレントを付与することでこの経済構造の変革を試みた。代表的な政策は「ベンテン計画」と呼ばれるもので，西欧・華人資本には手をつけずに，プリブミに輸入関連の低利融資を行い，短期間にプリブミの実業家を育て上げようとした。

しかし政党政治が始まったばかりということもあって，ベンテン計画は，政党有力者たちが政治的支持とリベートを求めてプリブミ実業家たちに融資金をばらまくだけというのがその実態であった。そうしたなかでほとんどのプリブミ実業家は，事業に失敗した。融資をすればプリブミ実業家が育ち，経済構造

図 7-1　現在のインドネシア

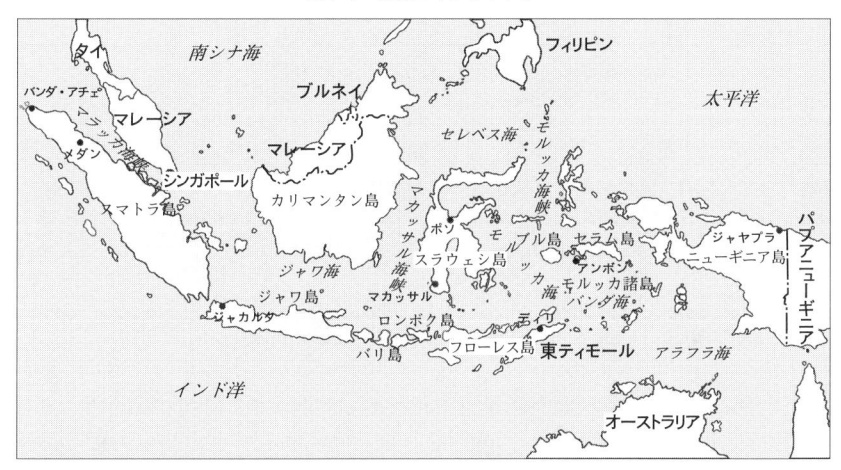

[出典]　筆者作成。

インドネシア共和国		宗教	イスラーム教，キリスト教，ヒンドゥー教，仏教
面積	186万 km²（2005年4月発表）	元首	スシロ・バンバン・ユドヨノ大統領
人口	2億2852万人（2008年推計値）	通貨	ルピア（1米ドル=9,699.0ルピア，2008年平均）
首都	ジャカルタ	1人当たり GDP	2,271ドル（名目，2008年）
言語	インドネシア語		

[出典]　『アジア動向年報 2009』アジア経済研究所。

も変わるというきわめて安易な発想に依拠していたため，この計画は失敗に終ったのである。

　1950年代は，短期政権が続いて政治不安が収まらないうえに経済政策も一貫性がなく，経済的には停滞した。国家予算は表7-2のように財政赤字が続いた。財源確保のために通貨を乱発したので，インフレ率は高いままであった。スマトラやスラウェシなどでは，第一次産品を輸出していながら，中央政府がその利潤を独占していることに不満がつのり，中央政府に反旗を翻し始めた。加えて，プリブミからは華人の経済支配に不満が高まった。中央政府は前者を武力鎮圧する一方，後者については，農村部への華人の居住を禁止して，国内流通業から華人実業家の締め出しを図った。加えて，旧ソ連や中国などの社会主義圏にならって西欧資本の国有化に乗り出した。農園，鉱業は国軍の管理下に置かれた。

表 7-2 議会制民主主義時代の国家歳入・歳出（単位：百万ルピア）

年　次	歳　入	歳　出	収　支
1951 年	11,811	10,625	1,186
52	12,247	15,025	− 2,779
53	13,590	15,658	− 2,068
54	11,789	15,391	− 3,602
55	14,226	16,316	− 2,090
56	18,451	20,015	− 1,564
57	20,571	25,610	− 5,039
58	23,273	35,313	− 12,040
59	30,571	44,350	− 13,779

［出典］　宮本謙介，2003 年『概説 インドネシア経済史』有斐閣，212 頁。

　政治的には，西欧的な議会制民主主義はインドネシアに合わないと訴える**スカルノ**大統領が権力を掌握し，1959 年に国会を解散して翼賛的かつ集権的な政治体制を樹立した。この体制を支えたのは，権力の分散による国家の分裂を危惧していた国軍と，スカルノの反米主義を支持していた共産党であり，スカルノは国軍と共産党の間でバランスをとりながら権力基盤を保持したのである。権力を手中にしたスカルノは，西欧諸国優位の世界秩序を否定するという壮大な構想におぼれ，経済復興には全く関心を示さなかった。このため，外国投資が大幅に減少し，1962 年には 154％，65 年には 596％を超える天文学的インフレでインドネシア経済は崩壊したのである。

　インドネシアはアメリカを筆頭とする先進国主導の歪んだ国際政治経済構造を変革するという理想を掲げるだけで，国内における具体的な経済政策をおざなりにしていた。スカルノがますます共産党に接近することに危惧を感じた陸軍は，1965 年 9 月，クーデタを決行してスカルノ体制を崩壊に追いやった（*Column*⑰参照）。

　大統領に就任して権力を握ったのは，国軍幹部であったスハルトであった。スハルトはその後，約 30 年にわたって政権を掌握し，議会制民主主義の時代およびスカルノ権威主義体制の時代の失敗をふまえて，政治権力を一極集中することで政治的安定を達成し，経済成長をはかる体制を作り上げていったのである。

Column⑰ **9.30事件**

　インドネシアの歴史的転換を象徴する1965年の事件。その当時のインドネシアは，大統領スカルノを頂点として，国軍と共産党が激しい権力争いを行っていた。9月30日，共産党は，国軍将校によるクーデタ計画を聞きつけると，共産党を支持する一部の国軍部隊とともに，将軍6人を拉致・殺害してクーデタ阻止をはかっただけでなく，権力掌握をもねらった。しかし，この共産党の行動は事前準備が十分ではなく，国軍，特に陸軍によって即座に鎮圧された。その後，無神論者である共産党に反発するイスラーム勢力の支援を得ながら，国軍はインドネシア各地で50万人から100万人の共産党員およびその関係者の粛正を行い，60万人から180万人の者を投獄した。これを俗に9.30事件という。

　その後，当時の陸軍最高責任者であったスハルトがスカルノを追い落として政治権力を掌握して1966年に大統領権限を委譲され，32年にわたる開発独裁体制を築いていった。そのことから，スハルトが共産党クーデタの黒幕だという意見もある。

2　スハルト体制の政治経済の基本的しくみ，そして変容

　スハルト大統領が統治した約30年間，インドネシアのマクロ経済は安定を保ち，高い経済成長率を達成して（表7-3）1人当たりGDPは4倍以上の伸びを示した。そして，表7-4にあるように，経済構造は第一次産業から第二次産業，第三次産業に重心が移り，アジアの奇跡の仲間入りを果たした。どうして，スハルト体制でこうした経済成長が可能になったのであろうか。それは，スハルト大統領にすべての政治決定を集中する体制が長期的に続き，利害やイデオロギーをめぐる政治闘争を封じ込めたためである。経済的には，時代状況に応じて新古典派的マクロ経済政策と，国家主導の経済政策を使い分ける一方，民間部門では華人実業家を重用したためである。

すべてはスハルト大統領へ

　どの時代，どの国家にあっても誰が大統領になるかはきわめて重要な政治的事件であり，大統領が替われば経済政策も大きく変わりうる。したがって大統領選挙そのものが，大きな政治的不安定要因であると言えなくもない。スハル

表7-3 インドネシアの経済成長率

年　代	経済成長率
1960-70年	4.1%
70-80	7.9
80-90	6.4
90-97	7.4
97-98	－13.1
98-2000	2.8

［出典］　佐藤百合編，2004年『インドネシアの経済再編――構造・制度・アクター』日本貿易振興機構アジア経済研究所，61頁。

表7-4 インドネシアの部門別シェア

年　代	農　業	鉱工業	サービス
1966-70年	42.4%	17.6%	40.0%
70-81	34.5	23.7	41.8
81-86	27.8	26.6	45.6
86-96	21.8	32.8	45.4
96-2000	17.9	38.9	43.2

［出典］　佐藤百合編，2004年『インドネシアの経済再編――構造・制度・アクター』日本貿易振興機構アジア経済研究所，62頁。

ト大統領は，自らが確実に再選されるしくみを作って大統領選挙から不安定要因を除去した。そのしくみは次のようなものである。

　大統領を選出するのは国権の最高機関である国民協議会であり，その構成員1000名のうち，過半数の支持を獲得すれば大統領になることができる。協議会は国会議員500名と職能代表500名からなる。新大統領を選ぶのは，現大統領が選んだ職能代表500名と新しく選出された国会議員500名である。そして，その国会議員のうち100名は，スハルトの支持基盤である国軍・警察からの任命議員である。現職大統領はスハルトであるから，職能代表500名と国軍・警察の100名は確実にスハルト派である。つまり，6割の議員がスハルト支持派であり，これだけでスハルト再選は確実である。さらに，与党ゴルカルはつねに選挙で圧勝して，国会でも過半数以上の議席を獲得している。したがって，国軍・警察の任命議員を除いた国会議員400名の過半数以上もスハルト支持派で，本人が辞任を表明しないかぎりスハルトは必ず再選されるしくみになっていた。

　スハルトは重要な政策も法律ではなく国会の承認が不要な大統領決定ですませていた。国会は圧倒的与党体制であるうえに，その国会での審議さえも不要にする体制を作り上げた。こうして行政の最高責任者であるスハルト大統領に権限が集中し，経済の運営も彼の最終判断次第，あるいは彼に対して誰が影響力を持つのかですべてが決まることになった。

政治闘争の否定

　民主主義では，政治家が有権者の声を政策に反映させる必要がある。また，政治的決定に時間とコストがかかり，決定内容の事前予測も容易ではない。スハルト体制はすべての決定権が自らに帰属するしくみを作ることによって，こうしたプロセスを実質的に回避した。選挙には翼賛政党ゴルカルと，開発統一党，民主党という2野党だけにしか参加が認められず，地方末端にまで及ぶ国軍と官僚制がゴルカル支持のために住民に組織的動員をかけ，ゴルカルが圧勝するしくみが作り上げられたのである。

　次に重要なのは，スハルトが完全に国軍と官僚制を統御するしくみ作りである。インドネシアの場合，軍隊は対外的防衛というより国内治安確保のための組織という性格が強く，中央から末端の村落部にまで軍区があり，治安のみならず地方行政にもかかわっていた。他方，同じく地方末端にまで及んでいる官僚制は，住民を監督するだけでなく開発プロジェクトを住民に提供する役割も担っていた。スハルトは人事権を掌握することで国軍と官僚制をコントロールした。スハルトが気に入れば昇進・重用し，気に入らなければただちに更迭・左遷した。ただし，出世争いに敗れた将校には地方首長を含めた官僚，議員となる道を残した。

　軍人，官僚の給与は，民間企業のホワイトカラーに比べれば低かったが，別財源で補塡された。国軍の場合，人件費も含めた運営費の3割だけが国家予算から拠出され，残りの7割は各部隊や軍区が作った企業や財団のビジネスからの利益に依存していた。また，将来性のある将校は，華人実業家がさまざまな便宜を供与していた。その見返りとして華人には政府関連プロジェクトが与えられたのである。官僚の場合も，政府プロジェクトで所得補塡を行った。世界銀行の報告によると，政府関連プロジェクト予算の約3分の1は汚職で消えている。上級官吏を中心とした官僚の懐に入るしくみができあがった。そして，司法は機能しないので訴追される心配もなかった。こうしたアメとムチのおかげで，国軍と官僚はスハルトに忠誠を誓い続けたのである。

　三つ目は社会集団との関係である。どの国でも，農民，学生，労働者といった社会集団が抗議行動を起こしたり権利要求を求めたりして，政治化することはよくある。スハルト体制は彼らが独自に組織化することを全く認めないことで，政治化を防いだ。農民たちはゴルカルの勝利が約束された選挙以外に政治

参加する機会をほとんど与えられず，労働組合は政府公認組織に一元的にまとめ上げられ，学生は街頭行動を禁じられた。地方エリートはその多くがゴルカルに組み込まれ，反対する者には完全に社会的上昇の道が閉ざされた。仮に社会の側で政府に不満を抱くグループが現れて，社会政治不安を引き起こす可能性が出てくれば，国軍が暴力で押さえ込んだのである。

こうしたしくみがスハルトによる30年以上の支配を可能にした政治インフラである。このインフラの下で，国家は二つの経済政策（新古典派的マクロ経済政策と国家主導の経済政策）を使い分け，民間部門では華人実業家が経済を支配する構造が成立したのである。

経済政策をめぐる二つの論理と華人資本

1966年にスハルトが権力を掌握したころ，インドネシアは国際的に孤立し，国内経済はどん底にあった。スハルトは，英語が堪能で，世界銀行や国際通貨基金（IMF）のコンサルタントと対等に会話のできる**新古典派経済学者**たちを経済閣僚に迎え，対外経済援助の窓口とし，マクロ経済政策を委ねた。彼らの多くはカリフォルニア大学バークレー校の卒業生であることから，**バークレー・マフィア**と呼ばれる。彼らは，国家の市場への介入を抑え，投資環境を良好にすることによって経済成長を促そうとした。

1967年以降，国家開発計画の立案から実施に至るまでの責任を負い，対外援助の窓口になる機関として，国家開発企画庁がバークレー・マフィアを集めて本格的に機能し始めた。1966年には国内投資法，67年には外国投資法（30年間の非国有化保証）を作成して投資環境の整備をはかった。1967年には，対外借款について日本を含む西側諸国と定期的に話し合う場として，インドネシア援助国会議（IGGI）が設けられたために，インドネシア政府は安定的に国際機関，西側諸国から借款を獲得しやすくなった。表7-5にあるように，外国からの援助が国家歳入に占める援助の割合は，当初2割を超えており，インドネシアの経済再建・成長に貢献した。とりわけ日本政府からの援助はその比率が大きかった。かくて内外投資も順調に伸び，本格的な経済成長が始まったのである。しかし，早くも70年代初頭には開放政策は後景に引く。

インドネシアは，国内市場に溢れるさまざまな商品を，できるかぎり国内で生産するための輸入代替政策を採用し始めた。輸入代替産業を担ったのは，ス

表7-5 インドネシアの国家歳入に占める援助の割合　　（単位：10億ルピア）

年　代	歳　入			援助の占める割合
	国内歳入	援助歳入	合　計	
1969-73年	2,572	708	3,280	21.6%
74-78	14,703	3,316	18,019	18.4
79-83	55,988	10,406	66,394	15.7
84-88	95,107	28,952	124,059	23.3
89-93	209,603	50,831	260,434	19.5

［出典］宮本謙介, 2003年『概説 インドネシア経済史』有斐閣, 246頁。

ハルトとコネのある華人政商であり，華人政商と結び付いた外資，とりわけ日系企業であった。スハルト体制時代，華人政商はいかに経済力を高めてもその経済力を政治権力に転化して政界に進出することは不可能に近かった。プリブミの根強い反華人意識の存在に加えて，スハルト体制がそうした意識を煽るように反華人政策を推進したためである。華人政商は，スハルトにとっては政治的に恐れる必要のない格好のビジネス・パートナーであった。こうして，スハルト，華人政商，日系企業，この3者が一体となって国内市場をおさえる経済開発が進んでいった。

権力が分散していた1950年代と違うのは，スハルトに権力が集中しているために，スハルトが合意すれば誰もが反対できない，ある種の安定的な投資環境が作られていたという点である。華人政商や日系企業が考慮しなければいけないのはスハルトとの関係だけであった。ただ，このしくみでは，経済的利得を獲得するのは限られた華人政商，日系企業であり，エリートの中でも一般市民の間でも不満を抱く者が現れてしまう。一度だけ，そうした不満が爆発して体制危機につながったことがあった。**マラリ事件**がそれである。1974年1月に日本の田中角栄首相がジャカルタを訪問した時，華人政商と日系企業の経済的プレゼンス（存在感）に不満を抱いていたジャカルタ都市住民・学生が大規模な反日・反華人暴動を起こしたのである。

暴動自体は国軍が強圧的に鎮圧したものの，危機意識を持ったスハルトは経済政策の軌道修正を行った。外資の進出への規制（現地人パートナーの義務化，現地資本参加率下限，運輸・通信・公共事業からの外資排除など）を1970年代初頭以上に強化し，石油収入をもとにした国家主導の経済政策を推し進めたのであ

る。

　インドネシア人，特にプリブミたちの中には，植民地支配に対する独立革命の経験から対外依存への不信感が強く，植民地期に構築された外資，華人資本優位の経済構造に対する反発があり，プリブミが経済主体になるべきだという発想が根強い。しかし，1950年代のベンテン計画の失敗に見られるように，仮に国家が介入して先住民実業家に直接的に金銭的支援をしても，華人，外資と対等に渡り合える実業家を育てることは難しい。そこで，国家，あるいは国営企業が経済アクター（行為主体）となり，経済を主導して先住民実業家の育成をはかるべきだと主張する経済ナショナリストたちがスハルトに影響力を行使し始めた。国営石油会社プルタミナがその典型であった。プルタミナは「国家の中の国家」とも言われ，ほとんど徴税されずに潤沢な資金をさまざまなプロジェクトに自由に使った。たとえば，1974年度のプルタミナの予算は国家予算の半分にあたる19億ドルであったが，徴税対象となったのは純利益のうちわずか500万ドルだけであった。また，国営企業でありながら融資を受けるにあたって政府の承認も必要がなかった。しかも社長のイブヌ・ストウォはスハルトの側近中の側近であったから，プルタミナへの融資は政府保証を得ていたも同然であった。

　さらに，1973年に第4次中東戦争が勃発して石油の国際価格が4倍に値上がりした時，先進国は軒並み経済不況に陥ったが，産油国インドネシアは莫大な石油収入を獲得した。その収入を資金として，プルタミナを中心とする重化学工業プロジェクトが次々と立ち上がった。しかし，皮肉にも民間部門で最もその恩恵を受けたのはプリブミの実業家ではなくて，国軍系企業であり，豊富な資金と情報網を持つ華人政商たちであった。

　ただ，このプルタミナを中心とする政府主導の開発は長続きしなかった。国営企業の例にもれず，ずさんな経営をしたからである。1975年には100億ドルを超える債務不履行に陥った。スハルトがバークレー・マフィアの反対を押し切ってプルタミナ救済措置を指示したため急場はしのいだものの，石油収入や一次産品の価格が1980年代前半に下落し，いったん，政府主導の経済成長路線は頓挫（とんざ）するのである。

　1980年代前半までのインドネシアの政治経済状況をまとめてみると，次のようになるであろう。スハルトに決定権を集中させて政治的安定を作り出し，

輸入代替経済成長路線を突き進んだ。その経済成長政策は，当初，外資の積極的導入を認める新古典派的マクロ経済政策に依拠していたが，マラリ事件を契機にさまざまな外資規制を行うようになった。民間部門では総じてスハルトに近い華人政商たちが優先的に経済的機会を獲得した。その一方で，石油公社などを通じて大型インフラ整備プロジェクトが次々と立ち上がり，ここでも華人政商がビジネス・チャンスを得た。外資系企業はともかく，華人政商にとっては，スハルトの確約さえあれば安定的な投資環境であったから，彼らはビジネスを積極的に展開していき，その結果としてインドネシア経済も拡大した。投資家たちは，見返りとしてスハルトとその取り巻きにリベートを支払った。リベートの支払いは投資家にとって「必要経費」であり，リベートの相場はほぼ決まっていたので，投資を阻害する要因とはならなかった。むしろ，スハルトが投資案件に合意していれば，煩雑な行政手続きを無視できるので，ある意味合理的でさえあった。

　1980年代半ばには，こうした経済パターンが変容し始める。マクロ経済レベルで新古典派的規制緩和策を本格的に進めざるをえなくなる一方で，**経済ナショナリズムとファミリー・ビジネス**が拡大し，体制の基本的枠組みが変わる。

1980年代半ばの変容──規制緩和，技術開発の夢，そしてファミリー

　1980年代半ばは，国際的・国内的にスハルト体制にとって大きな転換点であった。まず，1982年以降，石油価格が下がり始め，石油からの税収が減った。さらに，インドネシアの主要輸出品目であった一次産品全般も低迷が続いた。政府資金による経済開発は困難になり，スハルト体制発足期のようにバークレー・マフィアの主張に従い，規制緩和による民間資本主導の輸出指向型経済開発を推進することが不可避となった。経済ナショナリストたちの反対にもかかわらず，スハルトがこの路線転換に合意したことで，1983年以降，一連の規制緩和政策が実施された。スハルトへの**権力集中**がこうした政策転換対応を可能にしたのである。

　規制緩和は主に金融部門で行われ，銀行に対する貸出総額規制や金利統制を廃止し，新規銀行設立，支店開設に関する規制も緩められた。さらに，輸出インセンティブ（誘因）が設けられ，電力・通信・港湾・道路交通への民間投資も認めた。その結果，合板，繊維などの製造業が伸び，輸出も投資も急伸した。

そして，こうした機会をとらえたビジネス・グループは銀行をはじめとしてさまざまな経済分野に進出し，巨大財閥に変貌していった。そのほとんどが1970年代の華人政商であり，1990年の企業グループ売上高上位15のうち14人までが華人財閥であり，サリム・グループはアジア最大の財閥にのしあがった。華人財閥が台頭しえたのは，国際的金融・流通ネットワークを持つだけでなく，スハルトおよびファミリーとの強いコネを持っていたからである。規制緩和の時代にあっても，そうしたコネがなくては成長もおぼつかなかったのである。

　この規制緩和策にとって好都合だったのは，1985年のプラザ合意（第1章3参照）でドルの切り下げが決まったことである。円は大幅に切り上げられ，輸出益を激減させた日本の企業は，主に東南アジアに生産拠点を移していった。主に華人財閥を国内パートナーとして，インドネシアにも大量の外資が流れ込み，規制緩和後の経済成長を支えた一因となった。表7-6を見るとわかるように，1980年代から90年代の間に輸出構造および政府収入構造が大きく変わり，原油依存度が激減している。ただし，金融部門の規制緩和の行き過ぎは，経済のバブル化を引き起こした。すなわち，銀行などの経営状態をチェックするしくみもないままに海外との取引がなされるようになり，大量の投機的資金が流入したのである。1983年から91年の間に119行とほぼ倍増した民間銀行は，海外からの短期・長期資金調達を利用し，グループ企業の設備投資に対して資金を貸し付けるだけでなく，不動産などにも投資を積極的に行った。このことが後の経済危機の背景となる。

　規制緩和による民間部門主導の経済開発体制が作られる中，スハルト自身にも大きな変化が表れ始めた。1981年に60歳を迎え，すでに同世代の大半は現役から退いてしまい，彼の周りにいるのは部下だけとなった。1982年には「開発の父」の称号をもらい，84年にはインドネシアがコメの自給を達成したことを高らかに宣言した。スハルトには自信・余裕のようなもの，悪く言えば緊張感の欠如が生まれ，自らを制御することも他から制御されることもなくなり，規制緩和策が企図する自由な市場経済の確立とはほど遠い経済構造を作り出そうとし始めた。

　一つには，スハルト体制当初から根強く続く経済ナショナリズム的政策の発展的継続である。プルタミナ社長イブヌ・ストウォの後を継いだのは，幼少のころからスハルトを知っているハビビであった。38歳の若さでドイツの航空

表 7-6　原油依存度の推移

年　次	原油価格 (ドル／バレル)	原油／ガス輸出額		政府収入に 占める石油 収入の比率
		対名目 GDP	対総輸出	
1973 年	3.2	9.9%	50.1%	30.0%
75	11.1	17.4	74.8	45.6
80	36.7	24.5	74.2	59.8
81	35.3	24.2	82.1	61.9
85	27.4	14.6	68.4	48.8
90	23.0	9.7	43.1	35.1
95	17.2	5.2	23.0	19.6
98	13.7	7.9	16.1	18.9

［出典］　原洋之介編，2001 年『アジア経済論〔新版〕』NTT 出版，332 頁。

機製造会社メッサーシュミット社の副社長（技術応用）まで務め上げた技術畑の天才であるハビビは，スハルトの寵愛を受けて 1976 年には国営航空機製造会社（IPTN）社長に就いた後，研究技術関連の要職を占めて研究技術開発，戦略産業の育成に積極的に取り組み始めた。1989 年には戦略産業庁長官に就任した。同庁は航空機製造，造船，鉄道車輌製造，通信機器・エレクトロニクス，防衛産業などにかかわる 9 企業などを傘下に置き，所轄官庁，財務省も干渉できないハビビの聖域であった。こうした産業が経済的に利潤をあげるためには，きわめて長期にわたる国内市場の保護と多額の調査開発資金が必要であり，新古典派経済学者たちからすれば非効率きわまりない。にもかかわらずスハルトは，技術大国インドネシアというハビビの夢を自分のそれと重ね合わせて，積極的に支持し続けたのである。

　もう一つは，自らのファミリーに積極的にビジネス機会を認めたことである。成人したスハルトの息子や娘，孫たちが作り上げたビジネス・グループは，拡大の一途をたどっていった。規制緩和が進んでもスハルトとのコネが不可欠である以上，華人財閥も外資系企業も進んでスハルト・ファミリーをビジネス・パートナーとしたり，スハルトが規制緩和路線の例外措置をファミリー・ビジネスに認めたりしたからである。大統領一族であるがゆえに，レントが重点的に配分され，彼らは，たちの悪いレント追求者になりさがった。放漫経営であろうと，ファミリー・ビジネスに失敗はない。債務不履行になっても，最終的には家長たる大統領が救済の手を差し伸べるからである。スハルトの三男が採

算性を全く無視した「国民車」作りに邁進できたのも,彼が大統領一族だからという理由以外には考えられない。

経済が順調な時には,放漫経営の実態は見えないし,資金調達も容易なので問題はない。問題になるのは経済が不況に陥った時である。経済不況からの脱出か,ファミリー・ビジネスの安泰かという二者択一を迫られた時,後者を選択する可能性が高くなるのである。実際,1997年の経済危機では,後者に傾いたのが,スハルト体制崩壊の一因だといえる。

3 経済危機,体制崩壊,そして権力分散

1990年代半ば,インドネシアは経済成長率7.6%(96年)を誇り,まさに途上国の優等生であった。しかし,1997年7月のタイ・バーツ暴落に始まる通貨危機がアジア全域に広がると,インドネシアでは経済危機が起こっただけでなく,社会秩序の喪失,政治体制の崩壊にまで事態は深刻化した。

インドネシア通貨ルピアは,1997年7月以降,記録的な勢いで暴落していき,97年の1ドル=2400ルピアから98年1月には1万ルピアを切るまでに落ち込んだ。その間,1997年のGDPの2割から3割に相当する額,つまり500億ドルから850億ドルに相当する華人資本が国外に流出したと言われている。政府部門,民間部門ともに,金融緩和の中でドル建ての短期融資を借り受けており,急速なルピアの下落により一気に債務不履行に陥った。1997年の対外債務は1150億ドル,そのうち民間部門は約600億ドルに上った。民間部門では,華人財閥企業グループ,スハルト一族の企業グループともども経営危機に見舞われた。

ルピアの暴落にともないインフレ率も,1997年の12%から98年には84%に急上昇した。企業は次々と倒産し,失業率も跳ね上がった。スハルト体制下で封殺されていた学生運動が息を吹き返し,ジャカルタを中心とする各都市でスハルト打倒を訴えるデモが多発した。「改革」という言葉がこの世直しを求めるデモのスローガンとなり,汚職,癒着,縁故主義が厳しく批判された。

続いて,ジャワ島を中心として,物価高騰に不満を抱いた住民による暴動が拡大した。1998年5月のIMFとの合意により石油・ガス料金の値上げが行われたことで社会不安は頂点に達した。12日,ジャカルタでスハルト退陣を求

める学生デモ隊に治安部隊が発砲して学生6人が死亡，その2日後にはジャカルタは騒乱状態になり，北部の華人街を中心として暴動が発生して1000人以上が死亡した。その後，暴動は地方都市に拡大した。

23日，スハルトは直接的にはジャカルタの騒乱の責任をとるかたちで大統領辞任を発表し，次期大統領にハビビを選んだ。しかしスハルト辞任だけでは混乱した社会秩序は回復せず，カリマンタン，ポソ，アンボンなどでは宗教・エスニック紛争の嵐が吹き荒れ続けた。各地で宗教，エスニシティー，イデオロギーなど，さまざまな大義を掲げる集団がその行動を活発化させたのである。

通貨危機がスハルト体制の崩壊までもたらした理由を説明する時，IMF主犯説とスハルト主犯説の二つがある。前者は，IMFが支援の条件として，石油価格値上げなど社会状況を無視した強引な経済改革をインドネシア側に飲ませたことが暴動などを引き起こし，体制の崩壊をもたらしたとする。他方，後者は，スハルト体制にはびこっていた汚職・癒着・縁故主義，野放図なスハルト一族のビジネス展開が国際市場におけるインドネシアに対する信頼を失墜させ，急速な資本流出を招き，体制崩壊に至ったとする。1998年3月の大統領選で7選を果たしたスハルトは，副大統領に経済ナショナリストのハビビを登用し，閣僚には自分の長女やゴルフ仲間の華人実業家を送り込んだ。バークレー・マフィアは初めて内閣から消えた。この人事は経済ナショナリズム路線を継続し，ファミリー・ビジネスを守る明瞭なメッセージであった。国際社会のスハルト不信は頂点に達して危機は悪化して体制が崩壊したというのが，こうしたスハルト主犯説である。

IMF主犯説の弱点は，短期資本の急速な流入と流出が不良債権を一気に膨らませ，インドネシアがIMFに緊急支援を要請せざるをえなくなった点を軽視することにある。他方，スハルト主犯説では，なぜ1997年の危機で体制崩壊に至ったのかをうまく説明できない。というのも，スハルト体制の問題は1997年以前から存在しており，それでもマクロ経済は好調だったからである。スハルト体制崩壊のより根本的な理由は，1990年代から始まったグローバルな資金の膨大な流れそのものだったと言える。規制緩和によって資本流入・流出が容易になったインドネシアは，アジア通貨危機による急激な資本流出になすすべもなかった。冷戦崩壊後にあっては，西側諸国もスハルト体制を支える積極的理由がなかったのである。スハルト体制派内の造反者と学生・知識人ら

が結束してスハルトを引きずりおろした。そして，スハルトの退陣とともに彼の作り上げた体制もまた崩壊したのである。

権力分散，緩やかな経済復興

スハルト体制崩壊以降のインドネシアは，他の権威主義体制崩壊と同様，民主化とその定着が観察されたが，同時に，それは多くの混乱を伴う政治過程でもあった。政治的混乱は，民主化によって，多様な政治勢力が一挙に政治ゲームに参加する一方で，「ゲームのルール」，すなわち民主化にかかわる政治制度の整備と運用が，それに追い付かないことに起因する。

スハルト以降，大統領だけに限っても，ハビビ政権の1年7カ月，アブドゥルラフマン・ワヒド政権の1年9カ月，メガワティ・スカルノプトゥリ政権の3年3カ月と短期間での政権交代が続いた。この間，新しい政党が多く生まれ，合従連衡がなされた。混乱は中央政界だけでなく，地方でも観察された。大幅な地方分権により，地方政府の権限が強化され，地方首長が直接選挙によって選出されるようになったためである。

なにより，中央政府はビジネス・エリートから貧困層にいたるまでの多様な要求に直接的に晒されるようになった。大統領や全国政党は国民の多様な要求をうまく汲み上げなければ選挙に勝てない。手っ取り早く金と暴力によって対立候補を打倒しようとする政治家も当然登場する。とりわけ地方においては，首長が利権を「全部取り」するため，露骨な金権政治がまかりとおる。

その一方で，政策決定に多大な時間とコストを要するようになった。政治とビジネスとの関係もスハルト時代と比べ複雑になった。実業家が政府から許認可を得る際に交渉しなければならない相手が多様化し，地方にまで拡散したためである。これはレント追求（腐敗・汚職）の拡散をも同時に意味する。ポスト・スハルト期の政権が短期で交代したのも，こうした「ゲームのルール」の変化と直接にかかわっている。

しかし，民主化移行期に特徴的な混乱も，2004年に当選したスシロ・バンバン・ユドヨノ大統領の登場によって収まり，インドネシアにようやく政治的安定と経済成長がもたらされた観がある。ユドヨノは2004年には少数与党に支えられた「弱い」大統領であったが，09年には安定与党を得た。スハルト退陣から第2期ユドヨノ政権成立までの11年間は，インドネシアにおける新

しい政治と経済の「ゲームのルール」定着に要した時間といってもよい。

　スハルト退陣後のインドネシア経済にとって最重要課題は，膨大な不良債務を抱える企業を救済・処理する一方で，海外に逃避した資本を呼び戻すことであった。政府は IMF の新自由主義改革に従ってマクロ経済の安定化に努めた。その成果はメガワティ政権に入って出始め，2003 年に IMF 支援プログラムは一応の終了となった。ユドヨノが当選した 2004 年にはインドネシア経済は 5.0％，2005 年 5.7％，2006 年 5.5％，2007 年 6.3％，2008 年 6.1％と比較的高い成長率を実現したのである。

　こうした経済回復を新自由主義的経済政策の成功と見る見方に対して，別の見解も存在する。スハルト時代と同様，インドネシア経済は少数の政治経済エリートが支配しており，その経済的な成功はレント追求によると見る立場である。スハルト体制期の万年与党ゴルカルの政治エリートが民主化後も政界で影響力を保持していること，サリム・グループなどいったんは没落したかに見えた華人財閥が，依然大きな影響力を保持し続けていることなどが，こうした見方を支えている。

　政治権力と経済権力との関係は，途上国においてはとりわけ大きな課題であり，レント追求活動の誘因は民主化後もなくなることはない。しかし，今日のインドネシアでは，露骨なレント追求活動を抑えようとする力がある程度働いているように見える。汚職撲滅を訴えて，スハルト退陣後初めての大統領直接選挙（2004 年）に当選したユドヨノが 2009 年に再選されたのは，そうした力の表れであろう。

　ユドヨノ政権になってインドネシアは，分権的民主主義を政治体制として定着させることに成功しつつある。マクロ経済も安定した。こうした政治経済環境下で民間部門が積極的に経済活動を展開し，個人消費が拡大し経済成長が実現したのである。2008 年 9 月の世界金融危機の影響も他の ASEAN 諸国と比べて小さかった。

　今後のインドネシアの課題は，いかにこうした経済成長を持続するかである。新規参入労働人口を吸収しようとすれば 6％の経済成長率が不可欠である。ユドヨノ政権は，新戦略としてインフラ整備を官民共同で行って中長期的な経済成長を実現しようとしている。バイオ燃料産業振興策を打ち出すなど環境分野での新たな試みにも取り組んでいる。「チャインドネシア」という言葉通り，

第 7 章　インドネシア　　157

インドネシアは世界でも有数の経済成長を実現して,「中進国」入りを果たすことができるのか興味深い。

📖 さらに読み進む人のために──

佐藤百合編, 2004年『インドネシアの経済再編──構造・制度・アクター』日本貿易振興機構アジア経済研究所
　＊1997年の経済危機と1998年のスハルト体制の崩壊によって,インドネシア経済がどのように変容しつつあるのかについて,流通,工業,経済関連法,金融,企業ガヴァナンスなどさまざまな側面から分析している。

白石隆, 1996年『新版 インドネシア』NTT出版
　＊インドネシア政治研究の必読文献。スハルト体制までのインドネシア政治を歴史的観点から立体的に浮かび上がらせてくれる。

白石隆, 1999年『崩壊 インドネシアはどこへ行く』NTT出版
　＊1998年にスハルト体制がなぜ崩壊し,またいかに崩壊したのかをまとめあげている。スハルト体制崩壊後の中央の政治,地方の政治についての分析も興味深い。

松井和久・川村晃一編, 2005年『インドネシア総選挙と新政権の始動──メガワティからユドヨノへ』明石書店
　＊日本の若手インドネシア政治研究者たちが,多様な観点から民主化後の総選挙について現状分析を行った書である。日本の若手研究者のレベルを知ることもできる。

宮本謙介, 2003年『概説 インドネシア経済史』有斐閣選書
　＊先史時代から2000年までのインドネシア経済の流れについて,簡潔にまとめている。インドネシア経済を大まかにつかむうえで有用な書である。

（岡本　正明）

第8章

フィリピン 特権をめぐる政治と経済

❶「ピープルパワー革命」22周年を祝う集会でジャンプしてみせるラモス元大統領（右から2人目）
（2008年2月25日，マニラ。写真提供：AFP＝時事）

　近隣諸国のような高度成長の波には乗れなかったフィリピン。経済成長の阻害要因として，長らく指摘されてきたのが政治だった。経済活動が非効率になるようなレントを政治が与え続けてきた，というわけである。それは，少数の社会経済エリートがいったん手に入れたレントを手放すことに抵抗したためと説明されることもあるし（オリガーキー），また，権力者が取り巻きに対し特別な利益を与える目的でレントを提供してきたためと説明されることもある（クローニズム）。1986年の民主化は，こうした構造を打ち破る機会ととらえられた。レントの廃止，すなわち経済自由化が改革の目標となったのである。

表 8-1 フィリピン略年表

年　月	事　項
1946年7月	フィリピン共和国，アメリカ合衆国から独立
48年4月	ロハス大統領の急死，キリノ副大統領の大統領昇格
49年12月	キリノ大統領，大統領選挙当選で2期目開始
53年12月	マグサイサイ大統領就任
57年3月	マグサイサイ大統領の事故死，ガルシア副大統領の大統領昇格
6月	輸入規制による輸入代替工業化政策の本格化
12月	ガルシア大統領，大統領選挙当選で2期目開始
61年12月	マカパガル大統領就任
65年12月	マルコス大統領就任
69年12月	マルコス大統領，再選にともない2期目開始
72年9月	戒厳令布告，権威主義体制開始
73年1月	1973年憲法制定
78年4月	暫定国民議会選挙
79年2月	第2次石油危機
81年1月	戒厳令解除，金融危機の発生
6月	権威主義体制下での大統領選挙，マルコスの再選
83年4月	投資奨励政策法制定による外資の選択的導入と輸出指向型工業の振興
8月	野党指導者ベニグノ・アキノJr. 元上院議員，マニラ国際空港で暗殺
84年5月	国民議会選挙
86年2月	マルコス権威主義体制崩壊，コラソン・アキノ大統領就任
87年2月	1987年憲法制定
5月	上下両院選挙，7月から議会再開
7月	1987年包括投資法制定による投資政策修正
91年6月	1991年外国投資法制定による外資導入の一層の促進
92年6月	ラモス大統領就任
11月	アメリカ軍基地の閉鎖
97年7月	アジア通貨危機
98年6月	エストラーダ大統領就任
2001年1月	エストラーダ大統領解任，アロヨ副大統領の大統領昇格
04年6月	アロヨ大統領，大統領選挙当選で2期目開始
05年6月	アロヨ大統領による選挙不正疑惑浮上
06年2月	クーデタ計画に対抗して国家非常事態宣言

1 政治に阻害された経済

まず，本書序章の表序-1をご覧いただきたい。1人当たりの国内総生産（GDP）は，その国の経済力を測る指標の一つであるが，フィリピンは，日本，シンガポール，韓国，台湾などの高度成長国に大きく水をあけられただけでなく，マレーシア，タイにも後れをとっている。高度成長した国々が「アジアのトラ」と呼ばれる一方で，フィリピンは「アジアの病人」と言われてきた。

しかし，フィリピンを完全な「失敗」事例としてとらえるのは，必ずしも正確ではない。経済成長は一定程度見られるし，アジアを越えてより広い国際的な比較からすれば，中位レベルの経済力だと言っていい。高度に経済成長するアジアの一群の中にいながら後ろの方を走っている，と言う方が現実に近い表現だろう。しかし，それでも，その地理的な位置づけから，他のアジア諸国のように高度成長できなかったのはなぜか，という問いがフィリピンを取り上げる時の出発点であった。この問いに対して多くの研究者が与える答えは政治である。より正確に言うと，政治的な力によって特定の資本家に特権が与えられ，適切な産業政策がとられなかった，いわば「悪いレント」の存在が高度成長を阻んだというわけだ。

この「悪いレント」が生み出された説明として，二つの見方がある。一つは，オリガーキーという見方であり，もう一つはクローニズムという見方である。

オリガーキーとクローニズム
少し詳しく見てみよう。**オリガーキー**は，日本語にすれば，「少数のエリートによる支配体制」と表現することができる。そして，この「体制」の中心にいて体制を支える「少数のエリート」は，オリガークと呼ばれる。フィリピンの政治経済体制をオリガーキーとして見る立場が強調するのは，フィリピンでは国家（政府）が弱く（序章 Column① 参照），適切な形で政策を変更したり実施したりする能力がない，ということである。国家に能力がないのは，国家より力の強い社会経済エリート，すなわちオリガークが存在していて，国家の政策変更に抵抗するからだと考えるのである。

国家に抵抗でき，国家よりも強い社会経済エリートとは誰だろう。それはも

図 8-1 現在のフィリピン

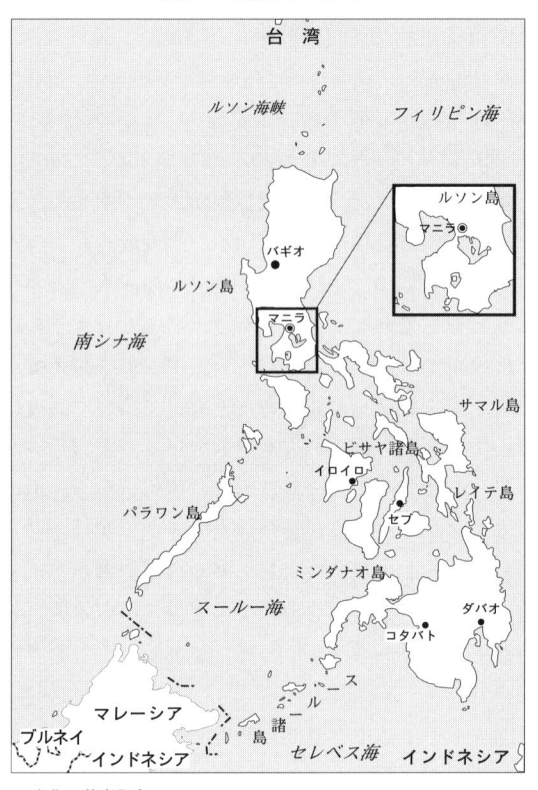

[出典] 筆者作成。

フィリピン共和国	
面積 30万 km²	宗教 ローマ・カトリック教，ほかにフィリピン独立教会，イスラーム教，プロテスタント
人口 9046万人（2008年中位推計）	元首 グロリア・マカパガル・アロヨ大統領
首都 マニラ首都圏	通貨 ペソ（1米ドル=44.48ペソ，2008年平均）
言語 フィリピーノ語（通称タガログ語）ほかに公用語として英語	1人当たりGDP 1,863ドル（名目，2008年）

[出典] 『アジア動向年報 2009』アジア経済研究所。

ともと**大土地所有者**たちを指す。フィリピンでは，16世紀に始まったスペイン植民地支配，そして20世紀初頭のアメリカ植民地支配の下で，大土地所有制が発達した。土地の多くは農地として利用され，大土地所有者たちは農業部門に経済基盤を置いていた。この大土地所有者を念頭に置き，オリガーキーとい

う見方は以下のような説明をする。

　まず，土地に根ざした彼らの経済的な力は，国家によって左右されないほど強かったと考える。加えて，この土地所有は政治的な力を大土地所有者たちに与えたと見る。土地を所有しているということは，彼らの土地で耕作する小作人，あるいは農園労働者に対して影響力を持つことであり，アメリカによる植民地支配期から選挙を行っていたフィリピンでは，それがとりもなおさず票を意味していたからだ。大土地所有者の中から政治家が選出されていた時期は長かった。土地所有という国家からは比較的自律的な経済基盤と，それを基礎にした政治的な力。これらが大土地所有者たちに国家に対して抵抗する力を与え，国家はそうした人々に対して彼らの利益を侵害するような政策を実行する手段，力を持たなかった。国家は弱い存在だった，というわけだ。

　こうした大土地所有者たちは，1950年代からさらにその経済活動の場を拡大していった。後で述べるように，この時期，政府は輸入を制限し，国内産業保護政策を始めた。工業部門において新たなレントが生まれたのである。大土地所有者たちはこのレントを利用し，製造業に次々に参入していった。のちに，保護主義の限界が明らかになり，政策の転換が必要と考えられるようになったが，その変更は容易ではなかった。これは，「レントを手にした社会経済エリートがそのレントを手放すことに抵抗したため」と説明される。

　さて，このオリガーキーによる説明に対し，もう一つの見方であるクローニズムは異なる論理をとる。**クローニズム**とは，国家を支配する権力者が，その権力を使って自分と特別な関係にある人々に対し，特別な便宜，特別な利益を与えることを意味する。この特別な便宜，利益とは，言うまでもなくレントである。特別な関係にある人とは，家族・親族だったり，古くからの友人だったり，政治資金の提供者だったり，さまざまであるが，少なくとも公平な競争を勝ち残った人ではない。ここでの議論の出発点は，社会の側ではなく，国家の側である。国家を支配する権力が特別な利益を与えるには，そもそも国家にそうした利益を与える力がなければならない。オリガーキーの見方と異なって，国家が社会経済エリートに影響力を与える手段や力を持っていることが前提となる。クローニズムの議論では，重要なのは政治権力者との関係である。極端な場合，伝統的な社会経済エリートであっても，政治権力者との関係がよくなければレントの恩恵を受けることができず，その立場は厳しいものとなる。逆

に，新参者であっても，政治権力者との関係がよければ，レントを梃子にしてその権益を大きく拡大させることができる。

オリガーキーとクローニズムという二つの説明は，国家が国民経済全体の利益に配慮した政策を生み出せないという点では一致する。また，レントがそうした問題の原因であると考えるという点でも共通している。しかし，国家と社会の関係のとらえ方には相違が認められる。オリガーキーは社会を重視する説明であり，クローニズムは国家を重視すると言ってもいい。こうした二つの見方がフィリピンで生まれたのは，フィリピンが二つの異なる政治体制を経験したためである。それは民主主義体制と権威主義体制である。オリガーキーとクローニズムは，それぞれ異なる政治体制に対応している。

民主主義体制とオリガーキー

1946年のアメリカからの独立以後，フィリピンはその政治体制のタイプから三つの時期に区分される。一つは独立後から1972年の戒厳令布告までの民主主義体制期，次は1972年から86年の民主化までの権威主義体制期，そして最後に1986年以後の民主主義体制期である。

オリガーキーという見方はこのうち，最初の時期，すなわち独立後から1972年までの民主主義体制期を説明するのに用いられる。このころは，定期的に自由な選挙が行われ，また，形式的には二大政党制が存在し，ほぼ交互に政権をとっていた。この時期，社会経済エリートの力の強さが最も明確に表れていたのは，農地改革への抵抗だろう。大土地所有者たちがその経済基盤である農地を小作人に分配することに大きな抵抗を示したのである。1950年代，60年代のマグサイサイ政権，マカパガル政権は農地改革を試みたが，成功したとはとても言えない。この農地改革をめぐる国家と社会経済エリートの力関係が，産業政策についてもオリガーキーの議論の原型となっている（*Column* ⑱参照）。

産業政策との関係でオリガーキーの議論が出るようになったのは，1950年代に始まった輸入代替工業化政策との関連においてである。これは明らかにレントの付与であり，保護された領域に大きな利益の可能性が生まれた。このレントの恩恵を活用したのが，すでにある程度の資本を持っていた大土地所有者であった。大土地所有者たちは農業部門での活動を保持しながら，この保護さ

*Column*⑱　フィリピンの国家と社会

　国家と社会とどっちが強いのかという問題は、実は難しい問題である（序章 *Column*①参照）。さらに言えば、前提として国家と社会が対抗する関係にあるか、ということについても疑問は呈されるだろう。本文ではオリガーキーの枠組みを紹介したが、これに対しては批判もある。それは、社会経済エリートが国家に対抗する力を持っているということはありえない、というものである。

　大土地所有者がなぜ生まれたのかを考えてみよう。土地の所有は、所有者となった個人が経済的に努力した結果としてのみ説明されるだろうか。フィリピンの事情を見ると、答えは「否」である。ある土地の所有者を認め、その人の所有権を確定するのは国家である。実際、フィリピンにおいて大土地所有制が確立していった背景には、植民地支配下で国家が土地の所有権を確定していった作業が大きな意味を持っている。所有権確定に関する知識、あるいは所有権確定作業にかかわることが重要だったのだ。また、社会経済エリートの中には、土地の所有ではなく、国家から与えられる免許に基づいてその富を築いた人たちも少なくない。森林伐採や鉱山事業にかかわる人々である。農業部門、たとえば砂糖産業にかかわる人々も政府金融の供与によって大きな利益を得た。オリガーキーの中心にいる人たちも、そもそもは国家との関係に基づいてその地位を確保したのだという説明には説得力がある。こうした議論を進めていくと、実は独立後の民主主義体制期にしてもクローニズムの議論の方が適合していると考えることもできるだろう。

　とはいえ、土地に経済基盤を持つ人と、国家の免許に依存した経済基盤を持つ人では、国家との関係は異なる。土地所有は、いったん確定してしまえば、国家が奪うのは難しい。他方、国家の免許は、土地所有に比べれば取り消しはまだ容易だろう。その意味で、土地所有者の基盤は比較的安定的だとは言える。

れた製造業に参入していった。ただ、大土地所有者が優位だったとはいえ、この業界に入っていたのは彼らだけではない。他の業種（流通や材木伐採など）の資本家、華人系資本家、そして、政府間の協定によってフィリピン人と同様の特権を享受したアメリカ資本などが、大土地所有者に続き製造業に参入していった。輸入代替工業化は社会経済エリートの利益のタイプを多様なものに変容させた。また、新しい社会経済エリートが登場するきっかけにもなった。

　輸入代替工業化は、当初、順調に進み、短期的には経済成長をもたらした。しかし、結局、国内企業の競争力を向上させることができず、フィリピンの経

表 8-2 1950 年代からの年代別年平均成長率

年　代	1人当たり実質 GNPの成長率	GNPの 実質成長率	農業部門の 実質成長率	工業部門の 実質成長率
1950–60年	3.2%	6.3%	5.0%	6.9%
60–70	2.1	5.2	4.7	9.0
70–80	3.5	6.4	4.9	8.3
82–90	−0.9	1.9	0.9	0.2
90–2000	1.6	3.5	1.7	3.1

［出典］ Manuel F. Montes, 1991, *Financing Development: The Political Economy of Fiscal Policy in the Philippines*, Manila: Philippine Institute for Development Studies, p. 6; National Statistical Coordination Board, *Philippine Statistical Yearbook* 各年版をもとに筆者計算。

済成長を長期的に支えることにはならなかった（表8-2参照）。そもそも輸入代替工業化は産業政策として欠陥がある，と現在では見られている。小さい国内市場だけを相手にするのでは成長に限界があった。アジア諸国で工業化に成功した国々は，逸早く輸入代替工業化から輸出指向型の工業化へ転換していた。ところが，フィリピンでは，保護主義によって新たな経済活動の領域を見出したエリートたちは，いったん確保したレントを手放すことに抵抗した。そして国家は，そうしたレントを引き上げることがなかなかできなかった。これは，農地改革と同じ論理で，強い社会経済エリートの抵抗に対し国家が政策変更を行う能力がない，と見られた。フィリピン経済の保護主義的な特徴は，1990年代の経済自由化政策の開始まで継続していった。

権威主義体制とクローニズム

独立後の民主主義体制は，1972年の**マルコス大統領**の戒厳令布告によって崩壊する。その後に生まれた強権的な政治体制は，弱い国家，強い社会というオリガーキーの枠では説明しきれない。政治権力が社会経済エリートの抵抗に無力では，強権的支配とは言えないからだ。そのため，ここでレントの問題は，クローニズムという別の論理で説明される。

戒厳令を布告したマルコス大統領は，まさにオリガーキーを打破することを戒厳令布告の理由の一つとして明確に掲げた。そのうえで，政府系金融，国営企業，その他さまざまな規制を通じて国家の経済への介入が拡大し，国家主導型の開発路線をとっていった。加えて輸出指向型の産業振興，外資の積極的導

表8-3 マルコス政権下の主なクローニー

名　前	権　益
エドワルド・コファンコ	ココナッツ，食品加工（サンミゲール社）
ロベルト・ベネディクト	砂糖
アントニオ・フロイレンド	バナナ
ベンハミン・ロムアルデス	配電事業，メディア（ロペス家の資産を支配）
ファン・ポンセ・エンリレ	ココナッツ
ヘルミニオ・ディシニ	タバコ・フィルター，その他製造業
リカルド・シルベリオ	自動車
ルシオ・タン	タバコ，金融，食品加工
ロドルフォ・クエンカ	建設
ホセ・カンポス	不動産

［出典］ 筆者作成。

入にも取り組む姿勢を見せた。これは，他のアジア諸国の権威主義体制と多くの点で共通している。

　たしかにマルコスは，いくつかの伝統的な財閥に対しては徹底的な攻撃を加え，その資産を奪い取っていった。しかし，話はそこで終わらなかった。マルコスは伝統的な財閥を抑え込んだのと同時に，彼らに代わって，今度は新しい経済エリートたちを作り上げていった。大統領との個人的な関係から何人かが，政府の経済介入拡大を背景に，それに守られる形で経済活動を拡大していった。のちにクローニーと呼ばれることになる彼らには，もともと大土地所有者として経済基盤の強かった人々もいれば，全くの新興資本家もいた。表8-3のように，彼らは製造業やその他の分野において独占的な地位を与えられ，政府系金融機関からの特別な融資を受ける便宜もはかってもらうことになった。権力者の手によるエリートの選抜，再編が行われたのである。

　しかし，こうしたシステムはまもなく破綻を来す。政府が海外から資金を借り，政府系金融機関を通じてクローニーたちに貸し与えるというパターンが生まれ，政府の対外債務が増加した。また，輸出指向型産業推進政策の効果が見られたのは，工業部門ではなく，国際市場の動向に影響を受けやすい農業部門であった。製造業は国際的な競争力を蓄えることもなく，依然として国内の特権的な地位に甘んじていた。そこに二つの事件が起きた。一つは，マルコス大

統領のクローニーの一人が多額の負債を残したまま国外逃亡したために発生した，1981年の金融危機。もう一つは，1983年のマニラ国際空港でマルコス大統領の政敵であるベニグノ・アキノ Jr. 元上院議員が暗殺された事件である。この二つの事件はフィリピン経済に大きな打撃を与え，1984年，85年とフィリピンは2年続けてマイナスの経済成長を記録した。折しもプラザ合意の成立とともに，東南アジア諸国がその国際的優位性を発揮して経済成長を加速させていく転機となった1985年に，フィリピンは政治的・経済的混乱の中にあり，大きく取り残されたのである。

2 民主化と自由主義的経済改革

1984年，85年の経済危機は政治的危機と相乗的な効果をもたらし，1986年の権威主義体制崩壊へと結び付いていった。民主化後の**アキノ**政権は，民主主義体制を確立するために，新憲法の制定をはじめ，さまざまな政治制度の改革を行った。それが一段落した1990年からは，自由化を軸とした経済改革が進められることになった。

レントの廃止——自由主義的経済改革

すでに見たように，オリガーキーにしても，クローニズムにしても，レントの存在が問題であるという点では共通している。フィリピンにおいてレントの付与は，個別の資本家の利益に資することはあっても，経済成長を引っ張っていくような競争力のある産業の育成には失敗した，というのが基本的な見方である。民主化を経済改革の機会としてとらえ，こうした「悪いレント」を排除しようというのが民主化後のフィリピンの経済政策の要（かなめ）だ。それは世界銀行や国際通貨基金（IMF）などの自由化要求への対応でもあり，また，1980年代半ばから，外国投資の増大を梃子に急激に成長していたタイやマレーシアの経験に刺激されたものでもあった。

民主化は，マルコス政権によって特殊な利益を与えられていたクローニーたちの没落をもたらした。時を経て復活したクローニーもいるが，それほど多くない。マルコス大統領のクローニーを排除するという権威主義政権の政治的な清算は，政治体制の転換，政権交替により比較的容易に行うことができた。し

かし，より構造的な経済改革，レントを生み出す制度の大幅な変更には，さまざまな障害があった。

民主主義と経済自由化

　自由主義的な経済改革にとって最も重要な関心は，それを民主主義の制度の下で進めることができるかどうかである。

　民主主義制度は権威主義制度に比べて，一般に政策を変えるのに手間がかかると見られる。権威主義体制は政治権力者の意向で政策変更が可能なのに対して，民主主義体制では議会などを通じ，さまざまな人々，集団の合意を取り付けていかなければならないからだ。そうすると，経済改革に対しても，その利益の変更を迫られる人々の抵抗の機会が増えることになり，なかなか改革が進まない。もちろん，権威主義体制にしても，権力者の支持層にいくつかのグループがあって，それぞれが異なる利益を持っている場合は，それらのグループの合意を取り付けなければならないことは想定される。ただ，民主主義の制度は，そうした手間を公式に認めたものであり，むしろ，それが民主主義そのものであると言える。

　もう一つ想定される問題は，経済改革，特に経済自由化が一般には短期的にマイナス効果を生み出すと予想されることによる。これまであった保護的な措置をなくすことで，競争力のない企業は大幅な合理化を迫られるだろう。政府系企業も同様である。非効率な運営の改善には人員整理がつきものである。これは失業の問題を深刻化させる可能性がある。また，為替を固定相場制から変動相場制に変えることで通貨が切り下げられ，それによって輸入品の価格が上昇し，インフレが起こる可能性もある。失業，インフレといった問題は，特に所得の低い層に深刻な打撃を与える。

　長期的には経済が回復，成長することで失業問題が解消され，インフレも解消されるという見込みを提示することはもちろんできる。しかし，低所得者層にとって大切なのは，数年後の希望より，今日，明日の生活であることは想像に難くない。フィリピンのような開発途上国は，低所得者層の人口が多い。経済改革を進める政権が国民からの支持を失い，選挙で敗北するかもしれない。政権は不安定な立場に置かれる可能性がある。あるいは，選挙での敗北を怖れて政権は改革をためらうかもしれない。

このような民主主義と経済改革の間のジレンマは，フィリピンで発生したのだろうか。実はこれはなかなか判断が難しい。経済改革は，大きな柱についてはおおむね進展したと言える。また，経済自由化によって想定される短期的なコストは，顕著ではない。たとえばインフレ率は安定していた。しかし，一方では，まだ十分に改革されていない部分や，改革の効果が弱まるような妥協がなされたものもある。加えて，所得の格差は改善されず，これが政治への不信，不満を醸し出し，政治の不安定につながっている。

経済自由化の達成度

　経済自由化がどの程度進んだのか，そして，それがどのように進められたのかを見てみよう。

　表8-4は経済自由化の度合いを世界銀行の統計に従って示したものである。貿易について見れば，開放度は大きくなったと見てよい。外国からの直接投資は，国際的な資本移動拡大の中でランクとしては下がったが，フィリピンだけで見るとわずかながら上昇している。また，これまで政府が担ってきた電力，水道，道路といったインフラ（経済基盤）事業への民間資本の参入も増えた。

　自由化の重要な柱には，政府が運営していた事業を民間に委ねるというもの（民営化），そして，特定の企業にしか参入が認められていなかった領域を開放し，競争を促すもの（規制緩和），の二つがある。前者については，政府系企業の民営化，公益事業（たとえば電力や水道事業）への民間資本の参入が進み，後者については，運輸（航空，海運），通信（特に電話），銀行，小売などの部門で開放が進んだ。また，外国投資の促進や関税の引き下げも後者に入るが，これも大きく進展している。ただ，民営化について政府の規制などが残されていたり，開放された産業についても新規参入枠が限られていたり，といった問題もある。総じてほとんどの課題には手がつけられたが，不完全，あるいは実施途上にあるものも少なくないと言えそうである。

　自由主義的経済改革が一定程度進んだことには，いくつかの説明がなされている。一つは，経済危機への強い懸念が自由化への合意を作ったというものである。自由化への転換が起きた1990年が，民主化直後の政治的不安定の煽りを受け，経済状況が悪化した時期であったことがその根拠だ。1991年には民主化後初めてGDPのマイナス成長を記録し，インフレ率も跳ね上がった。経

表 8-4　フィリピン経済の自由化度

項　目	フィリピン	世界ランク	低中所得国平均	アジア太平洋平均
財貿易の対GDP比	83.8%（2006年） 91.7%（2002年） 47.7%（1990年）	43位（144カ国） 26位（142カ国） 57位（124カ国）	66.5% 49.2% 30.6%	75.7% 63.4% 47.0%
外国直接投資の対GDP比	2.0%（2006年） 1.4%（2002年） 1.2%（1990年）	90位（140カ国） 83位（139カ国） 39位（125カ国）	3.0% 2.7% 0.6%	2.9% 3.1% 1.6%
インフラ事業への民間投資（単位百万ドル）	11,274.9 （2000-06年） 21,588.3 （1996-2002年） 8,410.3 （1990-95年）	―	―	―

［出典］　World Bank, 2009, *World Development Indicators* をもとに筆者作成。

済危機への懸念が高まり，抜本的な経済改革が望まれた。危機意識，あるいは緊急事態によって政策変更への弾みが生まれたとする見方である（図8-2参照）。

　もう一つは，社会経済エリートたちの利益が多様化していたこと，そして彼らの間で自由化による長期的な経済状況改善への期待が存在したことを指摘する説明である。マルコス権威主義体制を経て，社会経済エリートたちの事業展開は多様化しており，特定分野でのレントの撤廃にこうしたエリートたちが協調して抵抗することはなくなった。むしろ，経済自由化によって長期的に経済環境の改善が見込まれ，事業拡大の可能性が高まる，あるいは自由化によりこれまで参入が阻まれていた他の分野に参加することができるなど，自由化に対する肯定的な理解も生まれていた，と説明される。

　さらに，政治指導者のリーダーシップによる説明がある。経済自由化はアキノ政権期後半に開始されたが，それが大きく進展したのは，次の**ラモス**大統領の政権においてであった。ラモス大統領は，きわめて低い得票率で1992年の選挙に当選したものの，当選後の議会運営で大きく成功した。改革に意欲を持つ大統領の個人的なリーダーシップの効果による説明である（*Column*⑲参照）。

　危機意識，社会経済エリートの多様化，政治指導者のリーダーシップという三つの説明は，必ずしも対立する見方ではない。むしろこれらが並存して経済改革推進に結び付いたと説明される。

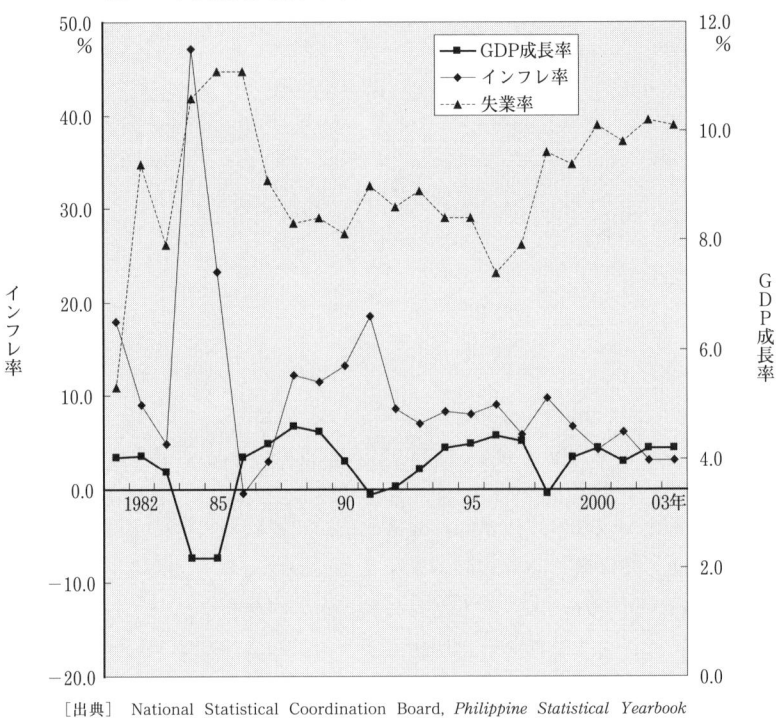

図8-2 経済自由化前後の実質GDP成長率，インフレ率，失業率推移

［出典］ National Statistical Coordination Board, *Philippine Statistical Yearbook* 各年版より筆者作成。

　他方，それでも経済改革のスピードがゆっくりとしたものだったこと，不完全な点があることなどについて，対抗する説明が提起されている。一つはオリガーキーの議論の再出現である。社会，経済が変容したとはいえ，社会経済エリートたちは依然としてレントを奪われるのに抵抗して，大統領，議会，官僚などにロビー（陳情）活動をしている，というものだ。1986年の民主化後に出現した政治体制は，1972年の権威主義体制以前のオリガーキーの復活と見る立場がそこにある。これは前段で述べた社会経済エリートの多様化と対立する見方である。

　もう一つは政治制度に問題を見出す説明である。これには二つの論点がある。一つは，フィリピンの政治制度が大統領に大きな権限を与えていることを強調するものである。これは経済改革が進んだことを大統領のリーダーシップによっ

Column⑲　大統領の個性

　政治指導者の個性というのは偶然的なものなので，体系的に一国の政治を説明しようという作業にとってなかなか厄介な要素である。しかし，政治指導者の個性を手がかりとして，その国の政治の特徴を考えてみることはできる。

　有力な政治家の家庭に生まれ，アメリカ陸軍士官学校卒業後，フィリピン国軍の将校として朝鮮戦争，ベトナム戦争を経験，そして，参謀総長にまでのぼりつめたラモスは，生粋のエリート軍人であり，タフさで知られている。1928年生まれで，大統領在任中の年齢は64-70歳であったが，毎朝5時から執務を始めていたと言われる。ラモス大統領の議会コントロールにもこのタフさに頼った部分があった。たとえば，彼は，上下両院議長など議会のリーダーたちと経済改革に必要な立法議題を討議するために，ほぼ毎週，議会のリーダーたちとの会議を招集し，しつこく立法作業の進展状況を報告させた。議会のリーダーたちはその執拗さに閉口し，少なくとも会議の開催回数を減らしてほしいと懇願したという。また，税制改革法案を議会で可決させるにあたって，強固に反対していた下院野党のリーダーを，毎朝4時に大統領府のあるマラカニアン宮殿敷地内のゴルフコースに招待したという。その議員は，大統領直々の招待を断るわけにもいかず，大統領と早朝ゴルフを数日プレーしたが，結局，体力が続かず，妥協に応じたという。

　他方，次に政権を担ったエストラーダ大統領は，マニラ市の中流家庭に生まれたが，大学を中退した後，映画俳優としての道を歩み，スクリーンでのタフさを売り物に大統領に当選した。しかし，政策策定にはそのスクリーンでのタフさは反映されなかったらしい。たとえば，ラモス大統領が活用した議会指導者との会議は官房長官にまかせっきりで，数少ないアドバイザーとの会議しか行わなかった。そのタフさは，しかし，夜，発揮されたようだ。エストラーダ大統領の政策は，「真夜中の閣議」によって決定されているとフィリピンのメディアが報じたことがある。これは，正式な閣僚による閣議ではなく，夜な夜な友人たち（地方政治家や新興のビジネスマンたち）と酒を飲み，ポーカーをプレーしながらの政策決定である。この報道の後，エストラーダ大統領に対するクローニズムの批判が高まり，さらに，違法賭博関与が決定打となって，彼は任期半ばにして大統領職から下りることになった。

て説明するのと，実は同じ立場にある。しかし，経済改革に意欲的な大統領の時はいいが，それほど熱心でない大統領が登場すると改革が止まってしまう，という負の部分に注目している。これはさらに進んで，フィリピンの大統領制では政策の一貫性，継続性が確保できない，という議論につながっていく。つ

まり，6年ごとの大統領の交替とともに，官僚機構の上層部が大きく入れ替わり，政権の断絶が政策の断絶につながるというのである。

政治制度に基づくもう一つの説明は，フィリピンの大統領制の下では，政策策定の過程に多くの「拒否権ポイント」が存在し，しかも，そこで改革に抵抗する人々によるロビー活動が盛んに行われるため，改革の進行が阻害される，というものである。「**拒否権ポイント**」とは，その政策策定過程に参加する行為主体（アクター）の誰かが，新しい政策を拒否することのできるポイントを指す。そのポイントにおいて拒否権が行使されると，政策変更ができず，現状が維持される。たとえば，立法過程においては，議会の委員会がその法案を本会議にかけるかどうかを決定することができるため，そこでは委員会が拒否権を持つポイントが存在する。さらに，本会議において法案を可決するかどうかのポイントがあり，二院制であればそれぞれの院でこの拒否権ポイントが存在する。可決された法案に関しては，大統領が文字通り拒否権を行使するポイントがある。政策が立法化されたとしても，司法がその法律に対し違憲判決を下すこともあり，それは司法が拒否権を持つポイントとなる。フィリピンでは特にこうした各拒否権ポイントにおいて，レント排除に抵抗する人々がロビー活動をし，レントを継続させることができる，と指摘されている。

3 経済自由化後の課題

経済自由化が一定程度進む中で，フィリピンはある程度の経済成長を果たしてきた。フィリピンで自由化が開始された後，1997年にアジアで通貨危機が起こり，韓国，インドネシア，タイなどが大きな打撃を受けた。しかし，フィリピンは1998年にわずかにマイナス成長を経験したものの，隣国のような深刻な状況には陥らなかった。その原因については諸説あるが，少なくとも，通貨危機を直接のきっかけとした改革というものは他国ほど見られない。

自由化開始後，経済のパフォーマンス（実績）は全体としては悪くない。部門別構成比の大きさ，成長のペースから見ると，フィリピンの経済を支えているのはサービス部門であり，工業化が経済成長を支えるという流れとは若干異なるが，製造業も安定した成長を示している（表8-5参照）。

しかし，経済自由化にともなって課題も新たに浮上してきた。一つは，経済

表 8-5　経済自由化開始前後の産業別成長率と構成比

産業部門	1982年から1991年までの平均実質成長率	1992年から2003年までの平均実質成長率	構成比（2003年）
1　農　　業	1.0%	2.4%	19.9%
2　工　　業	−0.1	3.2	33.5
製 造 業	0.8	3.1	24.3
3　サービス	3.2	4.3	46.7
GDP	1.4	3.5	100.0

［出典］　National Statistical Coordination Board, *Philippine Statistical Yearbook* 各年版をもとに筆者計算。

自由化が古いレントをなくす一方で，新しいレントを生んだことである。その典型例が公益事業に関する政府保証である。これは民間資本の投資リスクを政府が引き受けるというものである。また，法律改正で自由化が推進された一方で，実施過程で行政による規制が逆に増えた面がある。たとえば，参入できる企業の選択，事業の運営に対する規制などである。そうした規制に基づくレントも無視できない。さらに，経済自由化の中で特定のセクターは経済成長から取り残されつつあることも深刻である。格差の問題である。

新しいレント

経済自由化の柱の一つとして重要なのが，政府がこれまで行ってきた事業を民間に開放し，民間の資本の力を借りて公益サービスを提供する，民営化や民活である。こうした公益事業は，電力，水道，道路など，規模の大きいものが多く，そのため大きな投資が必要となる。国内ではそうした資本力を持っているのは，有力な資本グループしかなく，また，外資にも大きく依存しなければならない。こうした事業への参入にあたって，資本家はリスクに直面することになる。公益事業には赤字が累積したものが多い。事業がうまくいかない可能性がある中で，民間の資本を引き付けるために政府が行ったのが，政府保証というしくみである。その具体的な内容についてはバリエーションがあるが，基本的には，政府が事業によって生じた損を肩代わりする，あるいは，うまくいかなかった場合に政府が最終的にその事業を再び買い取る，といったものである。典型的なのが電力産業である。

1990年代初め，フィリピンでは電力不足が深刻化し，1日8時間の停電が毎

日続くという状況が起きていた。この電力危機を克服するため、政府は民間資本が発電事業を行うことを許可し、電力供給の拡大を促した。その際、民間資本が発電した電力については、需要の多寡(たか)にかかわらず、国営電力会社がすべて買い取るという保証が付けられた。これは工場にたとえれば、作った製品はすべて国が買ってくれる、しかもあらかじめ合意した価格で、ということである。市場のメカニズムは働かない。もし、電力が余ったらどうなるのか。それは電力を買う国営電力会社の負担、ひいては政府の財政負担となるわけである。

　こうした民間資本の事業にかかわるリスクを政府が肩代わりする政府保証は、とりもなおさず、新しい形のレントである。これによって民間投資が促進されるという効果はあるが、競争力強化へのインセンティブ(誘因)が弱まるし、何よりも政府が財政的な負担を負わされる可能性が高い。

　もう一つのレントは、政策の実施にかかわるものだ。規制緩和や民営化・民活の促進というのは、まず法律の改正によって行われる。中には大統領の命令によって行われる場合もあるが、議会の作業によるものが多い。しかし、こうした法律の改正で政策は終わるわけではない。法律ができた後、今度は新しい制度を実際に運用しなければならない。これまで独占的だった業界に新規参入が認められるといっても、誰でも参入できるようにはなっていない。政府の許可が必要だ。これまで政府系企業が行ってきた公共性の高い事業に関しては、国民の生活に大きな影響が及ぶので、政府が監督、規制をかけていかなければならない面がある。実施面で規制が課されるのである。そして、それは政策の執行という性質から、当然行政の仕事であり、つきつめれば大統領の権限で行われることになる。つまり、経済自由化は、大統領の権限を強める側面を持っているというわけだ。こうした行政による新しい監督、規制は、新たなタイプのレントを、大統領の裁量の下で生み出す。誰が事業に参入できるのか、それが公益事業だった場合、政府との契約はどうなるのか。ここに先に述べたクローニズムの問題が再び出現する可能性がある。実際、アロヨ政権になってから、大統領の夫が政府事業の契約締結に不正に関わっているとの疑惑が持ち上がった。

所得格差

すでにふれたように、経済自由化が引き起こす短期的なコストに関して、フィ

リピンにおいてこれが顕著に発生することはなかった。失業率は通貨危機の影響を受けて1998年から上昇傾向を見せているが，インフレ率は抑えられている。しかし，経済自由化が社会のすべてのセクターにまんべんなく利益を与えるという状況も起きなかった。

　絶対的な貧困という点から言うと，1986年の民主化以降，状況は改善されている。人々が生きていくのに最低限必要なカロリーを摂取できるだけの収入のラインを貧困ラインと呼ぶが，フィリピンにおいて，この貧困ライン以下の人口は，1985年の59.0％から，2006年には24.4％に減少している。しかし，人々の貧困に対する感覚は，絶対的な貧困の水準だけで語ることはできない。それと同様に重要なのが格差の問題である。同じ社会で所得に大きな格差があれば，低い所得の人々はより大きな貧困を感じるだろう。所得格差の程度はジニ係数という指標で測ることができるが，この指標に基づく世界銀行の統計では，フィリピンの所得格差は世界127カ国のうち上から41番目の大きさである。これをアジア地域（東アジア，東南アジア，南アジア）に限定してみると，マレーシア，中国についで第3位の格差の大きさである。マレーシアではすでにフィリピンにあるような絶対的な貧困がないので，フィリピンの深刻度はマレーシアより大きい。さらに，世論調査に表れる人々の生活向上に関する実感は悪化している。

　経済自由化を補完するものとして重要なのが社会政策である。それは自由化にともなうコストを軽減することを目的とする場合，セーフティーネットと呼ばれる。自由主義の下での競争の激化は弱者に大きな負担を課すことが予想されるので，そうした弱者を最低限保護するための政策である。フィリピンにおいて，政府はこうした社会政策に無関心だったわけではない。しかし，大きな流れとしては，高い経済成長を果たすことで雇用が生み出され，低所得者層の人々にも恩恵が行き渡る，というシナリオが基本的な路線となった。

　格差の問題が深刻な状況で，低所得者層はどうやって事態を改善できるだろう。政治に訴え，社会政策を充実させていくよう要求するというのが最も自然な流れだろう。しかし，フィリピンでは，こうした要求を集約し，政策決定過程に適切に反映させるチャンネルが欠けている。社会階層を基盤とする政党が存在しないからだ。政党は選挙のたびに作られる選挙対策のための，あるいは利益分配のための政治家の短期的な連合にすぎない。そのような状況の下では，

所得格差に基づく不満は，政治的には危険な賭を誘発する。ポピュリズムである。

ポピュリズムについてはいろいろな議論の流れがあるが，ここでは，エリート支配の政治に対する幻滅の裏返しとして，プロの政治家とは一味違う，言わば政治の「素人」がそうしたエリート支配の現状を破壊してくれるのではないかという期待が，大衆の中で広がり，そうした流れに応える政治指導者が登場してくることを意味する。映画俳優としての知名度，大学中退という経歴，英語の不得手などを，エリート政治家とは異なる「庶民派」としてアピールしたエストラーダ大統領の当選は，まさにこれに該当する。しかし，こうしたポピュリズムは，現状破壊のその先について明確なビジョンを提起できない。エストラーダ大統領は，所得格差の解消を政権の柱に掲げたが，結局，財政を圧迫するだけのバラマキ以上のことはできなかった。にもかかわらず，ポピュリズムの流れは，依然としてフィリピン政治において大きな意味を持っている。

さらに2005年アロヨ政権において大きなスキャンダルとなった選挙における票集計の不正操作疑惑は，民主主義に対する信頼を大きく損ない，不安定さを深めた。

さらに読み進む人のために

浅野幸穂，1991年『フィリピン――マルコスからアキノへ』アジア経済研究所
 　＊権威主義体制期と民主化直後のフィリピンの政治経済体制の特徴を整理し，政治史の流れを示した研究書。フィリピンの民主化の意味を考えるための手がかりを与えてくれる。
川中豪編，2005年『ポスト・エドサ期のフィリピン』日本貿易振興機構アジア経済研究所
 　＊1986年の民主化以後のフィリピンの政治経済体制を知るにあたって，重要な論点を示したもの。民主主義の定着と自由主義的経済改革の相互関係を議論の軸に据えている。
福島光丘編，1989年『フィリピンの工業化――再建への模索』アジア経済研究所
 　＊フィリピンの工業化を正面から取り上げた研究。工業化政策，工業化の事例，それを取り巻く環境などが提示されている。

ワーフェル,デイビッド／大野拓司訳,1997年『現代フィリピンの政治と社会──マルコス戒厳令体制を超えて』明石書店
　＊フィリピン政治史をまとめたスタンダードな研究書。アメリカのフィリピン政治研究第一人者による著作を翻訳したもので,日本語の文献としては最も包括的。

Balisacan, Arsenio M. and Hal Hill, eds., 2003, *The Philippine Economy: Development, Policies, and Challenges*, Oxford University Press
　＊フィリピンの経済事情についての包括的かつスタンダードな研究書。フィリピン,アメリカなどの第一線の研究者が執筆している。

〔川中　豪〕

第 9 章

マレーシア　アファーマティブ・アクションと経済発展

❶ 多民族国家マレーシア　民族別政党による連立政権・国民戦線の中核を占めた UMNO 本部ビル（1993 年 9 月 22 日，筆者撮影）

❶ マレー企業育成プロジェクトは村の末端まで展開　マレーのおかしを焼く（1992 年 10 月 24 日，筆者撮影）

　マレーシアは，マレー人を中心とするブミプトラと，植民地時代に流入した移民の子孫などからなる多民族国家である。通常，多民族国家が政治的安定を維持することは難しい。しかし，マレーシアは政治的安定の維持どころか，1980 年代後半以降，経済発展を遂げ，新興工業経済地域群（NIEs）の仲間入りを果たした。政治的安定と経済発展を結び付けた秘密は，ブミプトラを対象としたアファーマティブ・アクションを実施し，民族間の共存と棲み分け関係を作ったことである。

表 9-1　マレーシア略年表

年　月	事　項
1946年10月	イギリス下院で「マラヤ連合」案提出
52年 7 月	被用者年金基金が操業開始
57年 8 月	イギリスからマラヤ連邦として独立
63年 9 月	シンガポール，ボルネオ島 2 州がマラヤ連邦に加盟し，マレーシア連邦の成立
65年 8 月	シンガポールが分離独立し，マレーシアとなる
68年 3 月	投資奨励法の制定・発効
69年 5 月	総選挙実施後，13日クアラルンプールで民族間暴動事件が発生（5月13日事件）
70年 9 月	ラザク，ラーマンに替わり第 2 代首相に就任
71年 3 月	連邦憲法第10条「言論の自由規定」制限のための改正
5 月	新経済政策（NEP）を盛り込んだ「第 2 次マレーシア計画」公表
74年 6 月	連立与党・国民戦線（BN）の成立
7 月	国営石油公社（PETRONAS）の設立
75年 5 月	工業調整法（ICA）の発効
76年 1 月	フセイン，第 3 代首相に就任
80年 1 月	マレーシア重工業公社（HICOM）の設立
81年 7 月	マハティール，第 4 代首相に就任
12月	「ルック・イースト」政策公表
83年 5 月	マハティール首相，民営化政策構想を公表
	マレーシア・イスラーム銀行設立
85年 7 月	国民車製造メーカー・プロトン社，生産開始
11月	「民族間対立防止」のため，野党指導者などを大量逮捕
86年 2 月	初の産業政策「第 1 次工業化マスター計画」公表
4 月	投資促進法など規制緩和政策実施
88年 2 月	UMNOが分裂し，新UMNO設立
91年 2 月	マハティール，「2020年ビジョン」を公表
6 月	NEPに替わる「国民開発政策（NDP）」公表
95年 5 月	ブミプトラ企業育成を目的とした企業家開発省設立
98年 6 月	UMNO内部で通貨危機への対応をめぐる権力闘争の激化
2001年 4 月	NDPに替わる「国民ビジョン政策（NVP）」を公表
03年10月	アブドゥラ，第 5 代首相に就任
08年 3 月	第12回総選挙において，連立与党・国民戦線（NF）大敗
8 月	アンワール元副首相，補選にて下院へ復帰
09年 4 月	アブドゥラ首相退任，ナジブ副首相第 6 代首相に就任

1　経済成長と分配

多民族国家と国民統合――ブミプトラとノン・ブミプトラ

　マレーシアは，かつて天然ゴムと錫，そして石油や液化天然ガス（LNG）等を輸出する「天然資源輸出国」の代表例の一つであった。しかし，現在日本の高校の社会科の教科書には，「電子製品輸出国」と紹介されている。実際に首都クアラルンプール市の郊外に位置する空港に降り立ち，高速道路で中心部に向かうと，マレーシア経済の変貌ぶりを実感できる。タクシーに乗り込み車窓に目をやると，空港付近には熱帯のジャングルか，と思わせるオイル・パーム農園がいまだに広がっている。しかし，しばらくすると，日本を中心とした外資系の電子製品工場やその製品の看板が左右に並んでいることに気がつく。さらに市の中心部に近づくと，高さ452ｍの国営石油公社（PETRONAS）の一対のタワーを頂点とした高層ビル群が目に飛び込んでくる。

　さて，市中心部のホテルに近づき，タクシーの運転手との会話が混乱してきた。「あなたはマレーシア人ですか？」とたずねると，彼は「そうです。しかし，私は華人系マレーシア人です。同僚には，マレー系もインド系マレーシア人もいます」と答えてきた。マレーシア人という「国民」の下に，マレー人，華人，インド人という区分が存在するのだ。市の中心部のショッピング・センターに行くと，日本でもおなじみのブランド品やファスト・フード店が並び，客であふれかえっている。都市の中心部では日本の大都市を行き交う人たちと変わらない服装を目にするものの，他方で，顔のみを露出し，頭部の大部分を華やかな布で覆っているムスリム（イスラーム教徒）女性たちや，さまざまな肌の色の人々がおり，さらに英語，マレー語，さらには広東語などさまざまな言語が耳に入ってくる。マレーシアは，言語，宗教，生活習慣などを異にする人々が集まって形成された国なのである。

　祖先や歴史を共有し，母語，宗教，習慣などを同じくすることによって「われわれ」という仲間意識を持っている人間集団を，エスニック・グループと呼ぶ。本章では，この言葉に「民族」という訳語を当てる。そして，マレーシアのようにいくつもの民族が集まって構成されている国家は，**多民族国家**と呼ばれる。

図 9-1 現在のマレーシア

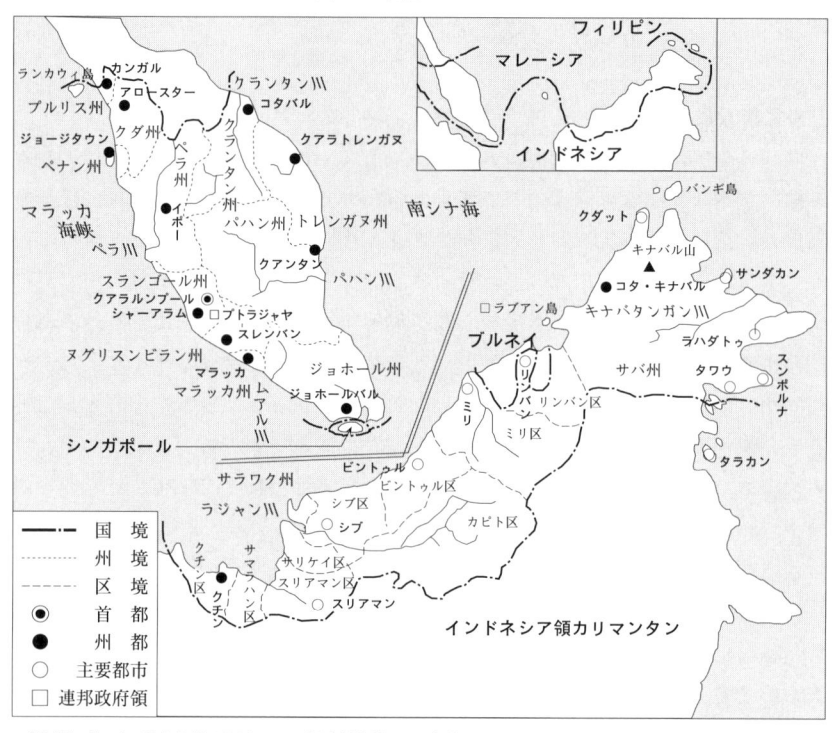

[出典]『アジア動向年報 2006』アジア経済研究所、を一部修正。

マレーシア		元首	トゥアンク・ミザン・ザイナル・アビディン国王（2006 年 12 月即位。任期は 5 年間）
面積	33 万 km²		
人口	2773 万人（2008 年央推計）	通貨	リンギ（1 米ドル=3.3333 リンギ、2008 年平均。2005 年 7 月 21 日に固定相場制から管理変動相場制に移行）
首都	クアラルンプール		
言語	マレー語、ほかに華語、タミル語、英語		
宗教	イスラーム教、ほかに仏教、ヒンドゥー教	1 人当たり GDP	8,014 ドル（名目、2008 年）

[出典]『アジア動向年報 2009』アジア経済研究所。

　まず，マレー語を日常的に用い，イスラーム教を信仰するマレー人，またマレー人よりも早くこの地域に住みついていた先住民もいる。マレー人と先住民を合わせると国民の 6 割を占め，彼らを**ブミプトラ**と呼ぶ。この言葉は，マレー語で「土地（ブミ）の子ども（プトラ）」を意味する。マレーシアという「土地」の正統なる住民，という意味合いを持つ言葉である。

これに対して，かつてイギリスがこの地を植民地支配した際に，錫鉱山やゴム農園を核とする植民地経済活動の担い手として移民してきた人々の子孫がいる。国民の3割弱が，広東や福建省など中国大陸の南部から移民した中国系の人々の子孫である。彼らは現在マレーシアの市民権を保有しているため，華僑（僑とは「仮り住まい」の意味）ではなく，華人と呼ばれる。残りの1割弱の人口を，同じように植民地時代にインド大陸とその周辺から来た移民の子孫が占める。これをインド人と呼ぶ。華人・インド人は「土地の子ども」ではないことから，しばしばノン・ブミプトラと呼ばれる。このようにマレーシアでは，今日でもブミプトラとノン・ブミプトラという二分法に基づく呼称が使われており，「マレーシア国民」という意識を作り上げること（国民統合）が多民族国家として大きな政治課題になっている。

アファーマティブ・アクション――多民族国家におけるケーキの切り方

　多民族国家において政治的な安定を達成・維持することは難しい。しかし，マレーシアは1971年以降，暴力の直接的な行使をともなうような大規模な民族対立を経験していない。それだけでなく，国営石油公社（PETRONAS）のタワーの高さに象徴されるように，持続的な高度経済成長をも経験している。特に1980年代後半以降，1997年に起こったアジア通貨危機までの10年間は，年平均で9％を超す経済成長を達成した。多民族国家でありながら，経済発展を遂げることができたのはなぜだろうか。また，このような経済成長の成果は，すべての国民に広く，平等に浸透しているものであろうか？

　クアラルンプール市の家庭をのぞいてみよう。最新の国勢調査（2000年実施）によれば2000年時点で，同市の約8割以上の世帯には冷蔵庫やテレビがあり，洗濯機やビデオデッキも7割以上の世帯が保有している。そして，民族間には大きな差は見られない。しかし，全国平均で見るとそれぞれの普及率は首都圏より低くなる。地方では熱帯の生活に必要な冷蔵庫や普及品となったテレビは首都圏と遜色ないが，洗濯機は65％，ビデオデッキでは55％にとどまっている。さらに，地方では民族によってかなり格差がある。

　経済成長と同時に考えるべきことは，経済成長の成果の分け方＝分配である。分配に際し，都市住民と農村住民の間，地域間などで対立関係がしばしば発生する。マレーシアのように多民族から成り立つ国家では，民族間の分配のあり

方が民族間の経済格差につながり，民族間対立につながる危険性をはらんでいるだけに，きわめて深刻な問題である。

　では，分配にあたってどのような分け方が考えられるであろうか。ここでは経済活動をケーキ作りに，その経済成長の結果を1枚のケーキにたとえて考えてみよう。複数の民族が協力して，1枚のおいしいケーキを焼き上げたとしよう。参加者全員が集まることは不可能なので，各グループから代表者が集まって分配を話し合うことにしよう。そもそも話し合いで分配の仕方を決めることは可能だろうか？　また話し合いとなれば，いろいろな考え方が出てくるであろう。すべての民族が等しく労働力だけを提供するのであれば，分け方をめぐる話し合いは比較的容易かもしれない。

　しかし，ケーキを焼くためには労働力以外にも，資金やケーキ工場，材料，技術などさまざまなものが必要である。たとえば，民族Xは資金やケーキ工場を提供し，同時にコックを務めたとしよう。彼らは，資金分担や技術に見合った分配を要求するであろう。他方，民族Yは資金や技術には乏しいものの，材料運びや準備作業，焼き上げる際に多くの労働力を提供したとしよう。彼らは，参加者全員に行き渡るような分配を要求するであろう。

　さて，このような場合，どのように分配することで，民族間の折り合いがつくのであろうか？　資金や技術を持った豊かな民族Xの方がより多くのケーキを手にすることになるであろう。しかし，それだと多数派の民族Yが不満をいだいて，やる気を失ってしまうかもしれない。

　このように，経済成長とその分配はきわめて難しい問題である。特に民族間で歴史的に経済格差が存在している状況においては，自由競争によって富める者がより多くのものを手に入れ，貧しい者が競争に勝つことはなかなか難しい。そこで貧しい者は，競争に勝つため，あるいは少なくとも富める者と互角に戦うためには，まず自由競争のルールに制限を加えることが必要だと考え，政治的要求を富める者に迫るであろう。貧しい者の政治的要請を受けて，政府は互角に戦うだけの力を手に入れるまでの間，富める者には機会を制限し，より多くの機会を貧しい者に与えるルール作りを考えるかもしれない。このように，貧困層や少数民族，あるいは社会的弱者の社会的・経済的地位を引き上げるために「積極的な差別政策」が実施されることがある。たとえば，アメリカにおけるアフリカ系やヒスパニックに対する政策である。これを**アファーマティブ・**

> **Column⑳　ブミプトラ政策**
>
> 　ブミプトラ政策という言葉は，現在日本の社会科の高校教科書にさえ登場し，日本国内ではきわめて広く浸透している。その大きな理由は，この呼称が本文で説明したとおりマレー人優遇という大きな特徴をブミプトラの一言で示しうる強いインパクトを持つからであろう。しかし，ブミプトラ政策という言葉は，日本国内では通用するものの，マレーシア国内では一部の研究者を除いて用いる言葉ではないことに注意する必要がある。
> 　まず，ブミプトラ政策という固有の政策は存在しない。この言葉は，1971年以降に実施された新経済政策（NEP）に代表される，マレー人を中心とするブミプトラを対象としたアファーマティブ・アクション的要素が持つ政策の通称である。NEPは1990年で終了したものの，NEPが掲げた目標は，その後1991年から2000年までを対象とした国民開発政策（National Development Policy; NDP），さらに2001年から2010年を対象とした国民ビジョン政策（National Vision Policy; NVP）という二つの中期計画の中に，政策の重点の置き方に違いが見られるものの，その基本的な考えは反映されている。

アクションと呼ぶ。マレーシアの特徴は，歴史的に経済的弱者の立場に位置するマレー人が政治権力を持っているために，政治的に多数派に位置し，自らのグループに対してアファーマティブ・アクションを実施している点である。

新経済政策とは何か？

　マレーシアにおけるアファーマティブ・アクションの展開を見てみよう。後で述べるように，1960年代にもマレー人優遇政策が実施されたものの，本格的なアファーマティブ・アクションと呼ばれるのは，1971年から90年まで実施された「**新経済政策**（New Economic Policy; **NEP**）」と呼ばれる長期開発政策である。NEPは，その後NDP，NVPという2つの長期開発政策によって主要な要素が引き継がれている（*Column*⑳参照）。

　NEPでは，①マレーシア社会から"民族の区別なく"貧困世帯を撲滅すること，②植民地時代ならびに1960年代を通じて構築されたマレーシア社会構造を再編成すること（社会構造再編目標），の二大目標が掲げられた。アファーマティブ・アクションとしての要素を強く持つのは，後者である。

第9章　マレーシア　187

後者は，他の民族よりも社会的・経済的に劣位に置かれてきたマレー人の地位の引き上げに真意があった。NEP 導入当時のラザク政権は，マレー人社会の貧困は高等教育への就学機会や近代産業への就業機会が民族間で偏在し，社会構造が固定化している状況に大きな原因がある，と考えた。すなわち，おじいさん，お父さん，本人と世代を超えて所得の低い同一職業に就き，他の職業や職種に移動できない固定的な社会が再生産されることこそが，マレー人社会の貧困の原因と考えたのである。このような状況を破壊するうえで最も有効な手段として，高等教育や専門教育の機会の民族別割当制度（クォータ制度）が導入された。これは，高等・専門教育機関の入学に際し，まず一定の割合の入学機会をブミプトラにより多く配分することを決めたうえで，ブミプトラとそうでない者ごとに試験結果に基づいて合格者を決定するしくみである。この結果，試験結果が上位の者でも，所属する民族によっては合格とならないケースも出てくる。

　NEP の特徴は，このアファーマティブ・アクションの考え方が単に高等・専門教育機会の配分にとどまらず，連邦政府との契約事業機会や，連邦公務員として就業する機会など連邦憲法第 153 条（後述）に規定された「マレー人の特権」適用外の分野にまで拡大適用されたことである。

　また，ラザク政権はブミプトラがマレーシア全体の株式の 30%を保有する目標を設定した。これは，給与以外の所得をもたらす源の一つとして株式からの利益を期待し，経済格差の是正をはかろうとしたためである。これは同時に，マレーシア経済の 30%をブミプトラの手に握らせる，という意味を持った。さらに，ブミプトラを，マレーシア経済を担う企業家・経営者として育成することなどを内容に含んでいた。このために，株式の取得への援助政策，市場金利よりも低い資金の提供等が，ブミプトラに対して積極的に行われた。

　このようなアファーマティブ・アクションの下で，一部の市場で民族間の競争を制限し，ブミプトラに対する優遇政策が実施されることになった。

ケーキを切るルール──連邦憲法第 153 条

　一定の比率をブミプトラに振り分けるというルール（民族別割当制度）は，ケーキを切る角度に関するルールと言えよう。マレー人，華人，インド人の 3 民族代表は，どのようにしてこのルールを決めたのであろうか。そもそも，このよ

うな民族間の機会の不平等を，なぜ華人とインド人が受け入れたのだろうか。この背景について，簡単に説明しておこう。

NEPを導入した直接的なきっかけは1969年の総選挙後，首都で発生した，マレー人と華人の衝突による民族間暴動事件（5月13日事件）である。ただし，この事件は契機にすぎず，NEPに代表されるアファーマティブ・アクションは，独立時に制定された連邦憲法第153条にその起源を求めることができる。

現在のマレーシアは，1957年にイギリスとの平和的な交渉によってマラヤ連邦として独立した。連邦憲法制定にあたって，最大の争点は同連邦の「国民」をどのように定めるかという問題であった。すなわち，誰を独立国家・マラヤ連邦というチームのメンバーにするか，あるいはメンバーの資格（市民権）をどのように与えるかにあった。

市民権保有者は政治に参加する権利を有する。このため多民族国家では，**市民権を与える条件によって，政治参加者の民族構成には大きな変化が生じる。**一般に，市民権の与え方には大きく二つの方法がある。一つは，出生地にかかわりなく，子どもの市民権は親の市民権に準ずるという考え方である（血統主義）。もう一つは，親の市民権にかかわりなく，出生地に準ずるという考え方である（出生地主義）。後者によると，移民を受け入れた国では，移民の子孫が次第に増えることになる。マラヤ連邦の場合，出生地主義をとることによって移民およびその子孫のノン・ブミプトラに市民権を与えることになれば，将来的に普通選挙を通してノン・ブミプトラの首相が誕生する可能性をはらんでいた。それは，自らをブミプトラと呼び，マラヤ連邦の正統なる住民を任じ，政治的優位に立っていたマレー人にとって大きな脅威であった。

実際，イギリスは出生地主義を採用しようとした。そのためマレー人保守層はそれに強く反対し，各地で政治組織が結成され，これらの集合体として，現在の統一マレー人国民組織（United Malays National Organization；UMNO）が結成された。イギリスならびにその他の民族との間で憲法を制定する際に，この問題を軸にして妥協が模索された。最終的には，マレー人社会には「**特別な地位規定（連邦憲法第153条）**」やマレー人社会の長としてのスルタン制度が存続するなど，マレー人の政治的優位が確保された。より重要なことは，スルタンがマレー人の特別な地位を保護する一方で，マレー人の特別な地位規定は9人のスルタンから構成される会議（統治者会議）での承認なしには改正されな

い規定とされたことである。この措置は，スルタン制度とマレー人の特別な地位が憲法によって恒久化されたことを意味する。

他方，非マレー人社会には出生地主義に基づく市民権が認められ，政治参加への道が開けた。さらに，華人社会には経済活動の自由が保障された。この結果，政治権力はマレー人が，経済力は主として華人社会（イギリス企業も含める）が握るという社会構造が成立した。

こうして連邦憲法第153条の「特別な地位規定」によって，マレー人を中心とするブミプトラに対し，政府契約などの事業機会，高等・専門教育機会，さらには連邦公務員としての就業機会の三つを「一定の比率留保すること」が保障されたのである。

2 アリ・ババから UMNO プトラへ

アファーマティブ・アクションとレント

ここで，アファーマティブ・アクションとレントの関係を考えてみよう。第1章で説明されているように，市場における競争を制限することによって生じる優遇のことを，レントと呼ぶ。マレーシアの文脈で言えば，市場における競争を"民族間"で制限することによって，マレー人を中心とするブミプトラという特定の民族集団に与える優遇を，レントと呼ぶ，ということになる。

マレーシアの場合，そうしたレントがまず連邦憲法第153条で明記され，次いで1971年以降は NEP の下で，高等教育や政府事業機会のみならず広い分野に適用されたことになる。

特定の民族を優遇するのみでは，マレーシアという多民族国家は民族対立が深まり，社会的分裂が生まれてしまう。分裂せず，しかも経済発展を遂げた理由は何であろうか。そこには，持続的な高度成長とある種の民族間の共存関係と棲み分け関係があった。この結果出現したものが，まずアリ・ババ・ビジネスであり，ついで UMNO プトラである。

アリ・ババ・ビジネス

1957年の連邦憲法による「特別な地位規定」によって，「アリ・ババ（Ali-Baba）」と呼ばれる現象が発生した。アリ・ババといっても，かのアラビアン

ナイトのお話ではない。

　ムスリムであるマレー人を代表する名前の Ali 氏は，その出自（たとえば政治家，スルタンならびに王族などマレー人社会の有力者）に由来する政治的コネクションを通じて政府からのライセンスを取得し，企業代表者の椅子に座る。これに対し，Baba と呼ばれるマレー文化を受容した華人経営者が，実際の企業経営にあたる。こうした民族間役割分担によって成立した企業形態を**アリ・ババ・ビジネス**と呼ぶ。1960 年代には森林伐採やタクシー・バス事業など政府からの許可・認可事業等に関して，一定の比率の免許がマレー人に割り当てられた。彼らの中には実際に経営能力を持った者も存在したものの，一部には，自身は事業に携わることなく，マレー人名義の免許は名義貸しの形でその他の民族，主として華人に譲渡される事例が見られた。

　こうしたアリ・ババ・ビジネスはまた，1950 年代末に輸入代替工業化政策を採用した製造業部門でも見られた。政府による免税措置など投資奨励策を享受するにあたって，マレー人政治家の子弟や王族関係者がその政治的影響力の行使を期待され，外資系あるいは華人系企業に役員として迎え入れられた。ここでも新たなアリ・ババ・ビジネスが生まれたのである。

　マレー人と華人との共存関係は，連立与党を形成する政党間でも見られた。独立以降政権を担った連盟党（1957-70 年）は，マレー人政党・**統一マレー人国民組織（UMNO）**と華人政党・マレーシア華人協会（MCA），そしてインド人政党・マレーシア・インド人会議（MIC）という，マラヤ連邦を代表する3民族代表政党から構成された。これら3政党を結び付けたものは，どの党も単独では過半数を獲得しえないことに加え，各党指導者がみな英語を用いたこと，同時期に留学経験があること，そして，独立交渉という共通の政治的経験を持ったことなどである。

　もう一つ重要な要素は，政治資金である。華人経済界を主な支持層とする MCA は，政治資金を UMNO に提供した。経済力を持たない UMNO 候補者は，その資金を活用して当選した。選挙後の経済政策においては，UMNO は MCA の支持者である華人経済界に見返りを与えた。華人経済界が欲したのは，政府が市場に介入しないという自由競争のルールの確保と実施であった。したがって，マレー人社会が経済格差を問題視して，政府に対しマレー人の保護政策を強く実施するように迫った際には，UMNO 指導部は，これらの動きを押

さえ込む行動をとった。

UMNO プトラの誕生へ

　1971年のNEPの導入により政府が関与する産業や介入の程度が拡大，深化した。そのため，アリ・ババ・ビジネスとは異なる形の企業が現れた。

　NEPが名称の通り新しい経済政策とされる理由は，次の二つである。

　第一に，マレー人優遇策が適用された分野である。NEP以前のマレー人優遇策は，前述した森林伐採などの許認可事業のほか，小規模工業や農村加工業へのローンの付与など，主にマレー人が居住する農村部の開発政策として実施された。しかし，1971年以降には，それ以前の農村開発等の限定された分野にとどまるのではなく，工業部門も含め流通などのサービス産業，特別なローンの実施などマレーシア経済全体に，また住宅や労働政策までの広範囲にわたって実行された。中でも高等教育政策や労働政策に大きな影響を及ぼした。

　第二は，政府の役割の変化である。1971年から80年まで，連邦ならびに州政府は，製造，流通，建設業などさまざまな分野に公企業や関連企業を設立し，直接事業として経済活動に従事した。これらの直接事業の実施のほかにも，1975年以降，一定規模の製造業企業に対して事業所単位でNEP諸目標達成に寄与することを促すために，事業ライセンスの発給に際し，NEP目標の遵守を関連づけるなど，民間の経済活動に深く関与した。

　政府の役割に関連して，1980年代以降の変化を説明しておく必要があろう。連邦政府財政の赤字が肥大化したために，1981年以降の**マハティール**政権では，民営化政策が導入されるなど「政府の役割の縮小」が謳われた。しかし，同政権の下でも政府の役割を全分野にわたって縮小するのではなく，選択的な縮小が図られた。たとえば，国民車製造企業であるプロトン社に政府が直接出資したことやマレー人企業家育成などが，選択された分野となった。

　こうした変化は，新たにUMNOプトラという新しいレントの企業形態を生み出した。NEP諸目標を達成するために，政府がさまざまな分野に，しかも許認可権という道具を用いて経済活動に介入したことによって，経済・企業活動に政治が強く影響を及ぼすことになった。中でも，UMNOが重要な影響力を持った。UMNOが，許認可権ならびに開発プロジェクトという政治的資源の配分権を持ったからである。その結果，そうした政治的資源にアクセスでき

うる立場，すなわちコネクションを持つ企業経営者がUMNOから事業機会や有利なローンを獲得し，短期間で成長する，という現象が生まれた。彼らの多くは，UMNO政治家の一族やUMNOの有力な支持者たちである。

しかし，UMNO政治家にアクセスできる企業家は，マレー人である必要は必ずしもない。一般的にマレーシア国内では，「UMNOプトラ」という言葉はマレー人社会における「UMNOの政策受益者」に対して用いられる。しかし，ここではUMNOプトラを非マレー人社会に対しても用いる。マハティール政権期には，特定の政治家などに関係を持つビジネス・グループや企業家が，マレー人以外にも存在した。UMNOの有力な政治家は，しばしば民族性にとらわれず，有力な華人・インド人企業家に事業機会を分け与え，共存をはかった。その結果，NEPの下で本来の政策対象者ブミプトラのみならず，華人やインド人も含めた広い意味でのUMNO支持者，すなわちUMNOプトラ（文字通りUMNOの子ども）がその恩恵者となっていった。従来の単純なアリ・ババ・ビジネスの構図から，UMNOプトラへの移行である。

NEPの実施によって，政党とビジネスの関係にも変化が生じた。NEP以前，連盟党の一員としてUMNOは華人の政党ならびに経済界に選挙資金を依存していた。マレー人優遇色を強めたNEPを実施するにあたり，UMNOはMCAへの依存関係から脱却する必要性から，自らビジネスに関与し始めた。1970年代前半に持株会社を設立し，観光事業や不動産開発に着手し，新聞を中心としたマスメディア企業を傘下に収め，ビジネス・グループ化した。また，同党の下部組織でもビジネスへの関与が始まった。NEPの目標の1つである貧困撲滅のために実行される開発プロジェクトは，多くの事業機会を生んだ。これらの政府事業の受け手企業として，UMNO支部企業やその支持者が関係する企業が数多く設立されていった。

3 アファーマティブ・アクションを可能にする条件

ハイコスト経済——開発を支えた三つの資金

では，このようにブミプトラの経済的地位を引き上げるために，開発資金をより多く費やす一方で，マレーシアはどのようにして経済成長を達成しえたのであろうか。それは，潤沢な資金をもとにした，経済効率性には重点を置かな

い経済運営，ハイコスト経済による達成ということができよう。ハイコストでも経済成長を成し遂げるだけの潤沢な開発資金と，その使い分けが存在したのである。

　NEP以降の経済成長と開発政策は，大きく三つの資金に支えられてきた。まず第一が，強制貯蓄制度（被用者年金基金，EPF）である。EPFは，被用者ならびに雇用者双方が給与の一定の比率を負担して年金基金に拠出し，最終的には被用者が年金などとして受給するシステムである。このEPFが1990年まで国債への投資を義務づけられていたことから，連邦政府は開発に必要な国内借入資金（国債）を比較的容易に調達することができた。政府は，国債発行による資金を開発予算の資金源として，NEP目標達成の開発プロジェクトを実行していくことになった。

　第二が，石油（液化天然ガスも含む）資源の国有化である。1974年に連邦政府は石油資源を国有化し，それを国営石油公社（PETRONAS）の管轄下に置いた。この結果，連邦政府は，この資金を経済不況期などに自由に利用することが可能になった。

　第三が，経済成長を支える製造業の資金源，すなわち外資，直接投資である。この点については項を改めて見ていくことにする。

　このように三つの開発資金を，使途別に利用することによって，マレー人優遇政策のために大きな資金を費やしながらも，高度成長を達成できたのである。

ケーキの切り方とコック——輸出指向工業化とNEP

　NEPを実行可能にした経済条件は，持続的な高度成長の達成であることは言うまでもない。ケーキを食べることを考えてみよう。NEPの下では，民族間で分け合う際に，マレー人に対してより大きな角度で切ることが決まっている。毎回同じ大きさのケーキしか焼くことができないとすれば，華人やインド人には不満が蓄積されるであろう（ケーキが満足に食べられない！）。しかし，毎回ケーキが大きくなり，またおいしくなったと考えてみよう。切る角度は決められていても，取り分は大きくなるので，華人やインド人の不満はある程度抑えることができるであろう。

　そこで問題になるのは，誰をコックとして，より大きなケーキを焼くかという点である。コックとしてまず政府が採用したのは，外資の輸出型企業であっ

た。1960年代末から政府はより積極的に**輸出指向工業化**を図り，特にNEP導入以降，**輸出加工区**を展開し，その担い手として外資を誘致した。

　外資による輸出指向工業化の採用の理由は，民族間で大きな不満を生じさせずにNEPを実行するための経済的条件をもたらすためだけではない。半導体を中心とした電子部品などを組み立てる労働集約型外資企業は，農村部のマレー人を雇用することが期待された。この結果，短期間にマレー人，特に農家に生まれた若年女性労働者が工業労働者となった。これはラザク政権が問題視した，世代を超えて同じ家族が同一職業に就く固定的な就業構造の破壊につながる。

　もう一点重要な点は，経済成長を牽引する輸出指向工業化が，マレー人と華人の経済格差の拡大を抑制する機能を持つと，政策当事者が考えたことである。外資企業は原材料や部品を輸入し，加工区で組み立て，再び海外市場へ輸出するという流れを作った。これらの方法は，同時期の東南アジア諸国が採用した方法でもあった。マレーシアにおいて，この方法が採用された政治的理由は，輸出型企業が生み出した経済的効果を国内経済に波及させないことにあった。

　外資系企業の成長は，国内での部品や関連製品企業へ大きな影響をもたらす。しかし，国内で新しい事業機会が生まれても，NEPの育成対象であるマレー人企業ではなく，実質的には地場中小企業を支えていた華人企業にビジネス機会が流れてしまう。そのため輸出指向工業化と国内企業は，経済的なつながりを持たないことが望まれた。このように政府は，経済成長の担い手として外資に期待する一方で，国内市場に関与する外資にはNEP目標の遵守を求め，輸出型にはその目標を緩和する方法で区別して対処した。

　もちろん輸出指向工業化にともなう持続的な経済成長は，次第に国内経済にも影響を及ぼしてくる。経済成長の結果，国内に新しい消費者，特に都市マレー人の出現を見た。この結果は，国内市場向け工業の発展を促すことにつながっていった。これらの国内需要型企業については，政府がマレー人の雇用比率や出資比率に関して，NEPの目標を達成するように強く求めた。そのため，輸出型外資系企業とは異なり，1960年代と同様のアリ・ババ・ビジネスやUMNOとのコネクションを必要とする形の企業が生まれていった。たとえば，自動車産業はその典型例と言えよう。輸入車販売店であった華人企業は，外資系企業と合弁で製造業に進出し，その際にさまざまな形でAli氏，すなわちマレー人を企業に迎えた。

外資によって輸出指向工業化で経済成長が達成される一方で，国内需要型産業においては，NEPからの強い要請でアリ・ババ・ビジネスさらにはUMNOプトラが発生していく，棲み分けの構図が生まれていったのである。

コックの養成と食材の調達——NEPと工業発展のリンケージ
　さて，棲み分け構図の変更を試みたのが，マハティール政権の前期（1981-90年）である。彼は，いつまでも外国人コックと輸入食材に頼ってケーキを作っていても，新規事業展開ができないことに気づいた。そのため，まずマレー人によるコックを育成し，食材を国内調達に切り替えることをめざした。国民車メーカー・プロトンに代表される重工業化戦略の採用である。さらに，国内経済に波及効果がない外資による輸出指向工業化からの脱却をめざした。従来の輸出加工区は国内に「飛び地」のように存在し，国内産業・企業との関連性がなかったが，それを改めて輸出加工区の企業を支え，部品・材料を供給する機能を持つ裾野産業の育成などに乗り出したのである。この際にマハティール政権が強調し，こだわったことは，「マレー人コック，すなわちマレー人企業家・経営者」の育成である。

　この段階にいたって，マレーシアでは本格的な産業育成政策が実施されることになった。中でもマハティールは，プロトン社の育成にあたって，同社が「マハティールの子ども」と評されるほどに精力を注ぎ，輸入自動車部品等に対する大幅な免減税措置をとるなど，強い保護育成策を実施した。この結果，政府の強力な保護政策によって，プロトン社は短期間のうちに国内市場の過半を獲得した。

　さて，このように政府がマレー人に独占的に市場を与えることは，既存の華人および外資企業の強い反発を生じさせた。このため政府は，プロトンという大きなケーキの販売や部材の担い手としての役割を華人企業にあたらせることで，既存メーカーの不満を吸収しようとした。たとえば，プロトン保護政策によって，従来の自動車市場の牽引車であった華人系企業が販売台数を激減させることが予想されたために，国民車の販売企業に対し，華人系企業グループに出資させた。これによって，政府のマレー系部品企業育成方針にもかかわらず，実際には，プロトンの部品産業を華人系企業が支える結果となり，しかも政府はそれを容認した。

北風と太陽――マレー人の特別な地位というレント

連邦憲法第153条，さらには NEP, NDP, NVP という三つの長期開発計画などによって，マレー人社会にすっかり定着したマレー人の特権（レント）は，今後も引き続き守られていくのだろうか。

そもそも，このようなマレー人の優遇政策の前提となったのは，1国を単位とした経済活動である。しかし，現在 ASEAN 自由貿易地域（AFTA）に代表される域内経済の自由化が進行し，マレーシアが経済成長の牽引車としてきた外資の輸出産業も，他の ASEAN 諸国や中国に生産拠点を移動しつつあり，マレーシアは大きな岐路に立たされている。

1981年から22年間にわたって政権を担ってきたマハティールは，このような状況に対し二つの対応策をとった。第一が，外資系企業の動きを先取りする形で，外資を取り込むことであった。それらの取り込みの試みは，1990年代半ばまでは比較的うまくいったものの，予想以上に中国の台頭が早く，また日本企業の他の ASEAN 諸国へのシフトが進み，岐路に立たされている。第二は，「政府依存症」「補助金依存症」等からの脱却という表現を使いながら，国内のマレー人社会に向かって自立を促すことであった。しかし，彼の警告が説得力を持たなかったことは，競争力の向上と言いながら，プロトンという「わが子」を見捨てることができず，その子を守り続けようとしたことであろう。政権末期には，マハティール自身が「マレー人の文化の問題である」と，半ばマレー人の自立の試みを放棄してしまった。

自由化にともなう競争力の強化というマレーシア経済全体の目標と，マレー人の育成や自立という政治社会目標とは，今後もマレーシアの政権にとって，重く困難な政治課題である。マレー人の特別な地位規定を改めるには，マレー人社会の保護者であるスルタン会議の合意が必要である。自らの被保護者であるマレー人の権利を奪うための憲法改正をスルタンたちが自ら進めるとは考えにくい。マレー人の特別な地位規定を改めるには，スルタン会議や連邦憲法改正手続きそのものを改めなくてはいけないのである。

しかし，2008年に実施された総選挙では，国民戦線（BN）は大敗し，独立以来初めて，下院議会の3分の2を失い，国民の与党離れが明確となった。非マレー人社会，中でもインド人社会の与党離れは明らかであり，マレー人優遇政策への批判は強い。

Column㉑　シンガポール

　マレーシアの中核をなすマレー半島。同半島とわずか 2 km あまりのジョホール水道によって対峙するシンガポール。隣接する両国の社会構造は，「鏡に映った二つの多民族国家／社会」と表現できよう。前者がマレー人優位の国家であるのに対し，後者は国民の約 8 割が中国系移民の子孫，華人が占める。そのほかにマレー系が 14％，インド系が 8％を占める。主たる構成民族は同じでありながら，マレー系と華人系の占める地位がマレーシアと正反対になる。

　しかしシンガポールは，「華人国家」であることを否定しながら国づくりを行ってきた。第一の理由は，シンガポールの立地である。この国は，周囲をマレーシアなど「マレー人の海」に囲まれている。同国が置かれた状況を最も端的に示すのが，紙幣における国名表記の順であろう。そもそも国内の少数民族であるマレー人の母語マレー語が国語と定められ，その表記を先頭に，華語，タミール語，英語と続く。人口構成比を反映したものではないことがわかる。第二の理由は，冷戦を背景とした中華人民共和国の存在である。1970 年代末に中国共産党政権が海外の共産党への支援をやめる政策に転換するまで，東南アジアの諸国にとって華人問題は共産党の問題でもあったからだ。同じ民族であることから，シンガポールは東南アジアにおける「第三の中国」とみなされることを努めて避けようとした。

　1963 年にマレー半島からなるマラヤ連邦に加わったものの，2 年後の 65 年に分離独立し，シンガポール共和国となった。国土面積 704 km² と淡路島と同程度で，

　では，レントを生み出すマレー人の特別な地位規定と自由競争を求める社会は，どのように折り合っていくのか。スルタン制が存続し，マレー人が中心となる政治社会が維持される以上，できうることはマレー人の特権を適用する範囲を縮小し，限定することによって，どれだけ自由競争の原理が適用される範囲を拡大できるかという点にかかってくる。

　問題は，どのようにして適用範囲を縮小していくか，その政治プロセスであろう。

　NEP 実施以降，マレー人政党を中心とする政府は燦々（さんさん）と輝く太陽のようにマレー人社会に手厚い保護政策を実施してきた。イソップ物語通りに展開すれば，太陽は北風に勝ち，マレー人社会は自立し，経済活動の主たる担い手になるはずであった。しかし，その通りにはならなかった。今マレーシアを襲っている自由化，市場原理という名の北風が強ければ強いほど，マレー人社会はマ

人口規模が小さく，かつ天然資源を持たないという初期条件から，世界市場に依存することでその生き残り戦術を展開した。その一方で，公企業を中心に政府が経済開発の推進役を果たした。これらの経済開発優先体制を支えたのが，**人民行動党**（PAP）による一党指導体制と**リー・クアンユー**という強力なリーダーである。彼は 1959 年から 31 年間人民行動党を率い，67 年には輸出指向工業化政策の導入，79 年には労働集約型産業からの脱却，80 年代半ばにはサービス産業への移行など，経済不況に直面するたびに巧みな経済政策の転換を行い，シンガポールをアジア NIEs の代表国とした。また近年では，バイオテクノロジーを中心とした知識基盤型経済分野に力を入れている。

建国の時点では，マレー人を中心とする国づくりを進めたマレーシア連邦に強く反発し，多民族国家の建設をめざしたものの，次第に華人国家としての様相を帯び，今日にいたっている。

シンガポール共和国	宗教　仏教，イスラーム教，キリスト教，
面積　704.0 km²	ヒンドゥー教
人口　484 万人（2008 年央推計，外国人一時居住者約 120 万人を含む）	元首　S. R. ナザン大統領（1999 年就任，2 期目）
国語　マレー語	通貨　シンガポール・ドル（1 米ドル=1.415 S ドル）
公用語　マレー語，英語，華語，タミール語	1 人当たり GDP　37,597 ドル（名目，2005 年）

［出典］『アジア動向年報 2009』アジア経済研究所．

レー人の特別の地位というコートを厚着したくなるであろう。したがって，政府がこの北風に対し防寒装備をどの程度与えるかが大きな政治課題になってくるであろう。2008 年総選挙で大敗した与党連合は，経済成長と国民統合という多民族国家が直面する古くて，新しい課題に取り組むことが求められている。

　　さらに読み進む人のために───
金子芳樹，2001 年『マレーシアの政治とエスニシティ──華人政治と国民統合』晃洋書房
　＊1940 年代から 1969 年 5 月 13 日事件までの政治史を，華人社会側に力点を置いて読み解いた政治史．
竹下秀邦，1995 年『シンガポール──リー・クアンユウの時代』アジア経済研究所

＊シンガポール現代史を扱った本であるが，前半部分はマラヤ連邦の成立や市民権問題を扱っているほか，独立後の国づくりの変遷をきわめて豊富な情報と分析で明らかにしている。

堀井健三・萩原宜之編，1988年『現代マレーシアの社会・経済変容——ブミプトラ政策の18年』アジア経済研究所
　＊新経済政策（NEP）20年間のうち，末期にあたる自由化・規制緩和以前までの時期を網羅しており，同政策期間の経済・社会変容をマクロとミクロレベルの双方で分析するとともに，NEPの実行方法などを論じた論文集。

堀井健三編，1991年『マレーシアの工業化——多種族国家と工業化の展開』アジア経済研究所
　＊NIEs化していくマレーシア経済の工業発展過程を新経済政策との関連で分析を試み，1980年代後半の自由化・規制緩和が導入された時期までの工業化，投資奨励などの主要政策と主要産業分析などが行われている。

鳥居高編，2006年『マハティール政権下のマレーシア——「イスラーム先進国」をめざした22年』日本貿易振興機構アジア経済研究所
　＊1981年に始まるマハティール政権の22年のうち，主として91年以降の後半に焦点を当て，同政権が「イスラーム先進国・マレーシアの確立」をめざした，との立場からの複眼的な分析書。

（鳥居　高）

第10章

タイ 非「国家主導型」発展モデルの挑戦

❶ソムチャーイ首相の退陣を求めて空港を占拠した反タクシン派の市民団体
（2008年11月26日，スワンナプーム国際空港。筆者撮影）

　タイは，日本や韓国とは違って，政府による産業政策が経済発展に果たした役割が小さく，非国家主導型の経済発展をしてきている。官僚組織に多大な期待を抱くことが難しい多くの途上国にとっては，タイ型発展モデルの方が実現可能性が高い。しかし，タイ型モデルは，官僚の権限を削減し，規制緩和を進めて外国からの投資を積極的に受け入れるだけで実現できるわけではない。タイ型モデルでは，経済発展の早い段階での民主化は望ましいこととされ，広範な人々の政治的な勇気と行動力が必要とされる。

表 10-1　タイ略年表

年　月	事　項
1957年9月	サリット陸軍司令官がクーデタを起こし、ピブーン政権崩壊。ピブーン首相とパオ警察長官は国外に亡命。サリットはクーデタ後すぐには首相に就任せず、まず外交官のポットを暫定首相にし、翌年1月には腹心の部下だったタノームを首相に就任させた。
58年10月	サリットが再度クーデタを起こし、国会を閉鎖し、憲法も破棄して全権掌握。サリットは翌年2月に首相に就任し、言論・結社の自由を大幅に制限して独裁的な政治を行った
63年12月	サリット病死、タノームが首相に就任。サリットの死後、遺産をめぐる遺族間の争いが裁判沙汰となり、その過程で巨額の不正蓄財が明らかになった。
71年11月	タノーム首相兼陸軍司令官が、自らの政府に対してクーデタ。憲法を破棄し、国会も閉鎖
72年	大学生を中心とする日本商品排斥運動が高揚。次第に民主化要求運動に発展。
73年10月	大規模な民主化要求デモによってタノーム政権崩壊。国立大学学長のサンヤーが首相に任命され、議会制民主主義の導入がめざされた。言論・結社の自由が大幅に回復。
75年1月	国会議員選挙が行われ、民主党党首のセーニーが2月に首相に就任するも、連立与党内の対立で3月には退陣し、社会行動党党首のククリットが首相に就任。
76年4月	国会議員選挙が行われ、民主党党首のセーニーが再び首相に就任。
10月	軍がクーデタを起こし、極右的言動で知られていたターニン元最高裁判事が首相に就任 言論・結社の自由は再び厳しく制限されるようになる。
77年10月	クリアンサック国軍最高司令官がクーデタを起こし、首相に就任。言論・結社の自由をかなりの程度回復し、「半分の民主主義」と呼ばれる政治体制に移行。
80年2月	クリアンサックが首相を辞任し、プレーム陸軍司令官が3月に首相に就任。「半分の民主主義」体制が定着。
88年8月	プレームが首相就任を固辞し、第一党のタイ国民党党首チャーチャーイが首相に就任。ほぼ完全な民主主義体制に移行。
91年2月	スチンダー陸軍司令官らがクーデタを起こし、アーナンが暫定首相に就任。
92年4月	スチンダーが首相に就任。大規模なスチンダー退陣要求運動が起き、5月に辞任。スチンダー退陣後、9月までアーナンが再び暫定首相を務め、9月に行われた国会議員選挙後は選挙で第一党となった民主党の党首チュアンが首相に就任し、議会制民主主義に再移行。
95年7月	総選挙が行われ、第一党となった国民党の党首バンハーンが首相に就任。
96年11月	総選挙が行われ、第一党となった新希望党の党首チャワリットが首相に就任。
97年7月	通貨バーツを変動相場制に移行、金融危機が発生し、金融機関の破綻が相次ぐ。
11月	チャワリットが首相を辞任。野党第一党の民主党の党首のチュアンが首相に再度就任。
2001年1月	総選挙でタイ愛国党が圧勝し、党首のタクシンが首相に就任。
05年2月	総選挙でタクシン率いるタイ愛国党が再び圧勝。
06年9月	軍がクーデタを起こし、タクシン政権崩壊。スラユット元陸軍司令官が暫定首相に就任
12月	総選挙が行われ、タクシン支持派が設立した民衆の力党が第一党になる。
08年1月	民衆の力党のサマックが首相に就任。
9月	サマックにかわって、タクシンの義弟のソムチャーイが首相に就任。
11-12月	反タクシン派の市民団体がスワンナプーム国際空港を占拠。
12月	憲法裁判所が民衆の力党に解党を命じ、ソムチャーイ首相失職。 最大野党であった民主党の党首アピシットが首相に就任。

1 「微笑み」ながらの経済発展は可能か

ガチガチの日本社会とユルユルのタイ社会

　タイはかなり以前から,「微笑みの国」として知られている。どうしてタイの人たちはそんなに楽しそうに微笑むことができるのかについて,多くの人類学者がいろいろな角度から考えてきた。昭和10年代に九州の農村に1年間滞在して調査を行ったアメリカの人類学者エンブリーは,日本社会とタイ社会の大きな違いに関心を持ち,日本社会はガチガチに凝り固まっている（tightly structured）のに対し,タイ社会はユルユルに緩んでいる（loosely structured）という内容の論文を発表してもいる。

　規律を重んじ,自分の属する集団の和を乱さないように周囲の人たちの目をつねに気にしながら,まずはその場の空気を読んでから行動する人の多い日本とは違い,タイでは昔から自由が重んじられ,社会のしがらみやイエ制度などにとらわれず,楽しく気楽に生きるのが人間として真っ当な生き方だという考え方が根強く息づいている。そもそも国名としても民族名としても使われているタイという言葉も,自由という意味を持つ語から派生してできたとタイでは広く信じられている。

　以上のようなまとめ方はあまりにも乱暴なまとめ方であり,タイにだって微笑まないで涙を流している人もたくさんいるし,日本にも笑ってばかりいる人もいることは言うまでもない。それでもタイ人は日本人よりも楽しそうにしているというイメージが,日本人自身にもタイ人自身にもかなりの程度共有されていることは,それなりに重要なことである。こうしたイメージは,日本人がタイの経済発展や民主化について考える際にも少なからぬ影響を与えるのである。

タイの「奇跡的」な経済発展

　タイに行くとなんとなく癒される感じがする一方で,ニコニコと微笑んでいるタイ人を見て,こうして気楽に暮らしていれば幸せかもしれないが,これでは国の経済は発展しないだろうな,という印象を持つ日本人が少し前までは非常に多かった。

図10-1 現在のタイ

[出典]『アジア動向年報 2006』アジア経済研究所。

タイ王国	
面積　51万3114 km²	宗教　仏教（上座部），ほかにイスラーム教
人口　6632万人（2008年末）	元首　プーミポン・アドゥーンヤデート国王
首都　バンコク（正式名はクルンテープ・マハーナコン）	通貨　バーツ（1米ドル＝35.09バーツ, 2008年平均）
言語　タイ語。ほかにラオ語，中国語，マレー語	1人当たり GDP　3,902ドル（名目，2008年）

[出典]『アジア動向年報 2009』アジア経済研究所。

　ところが，タイ経済は大方の日本人の予想に反して，1980年代後半以降，少なくとも国内総生産（GDP）を見るかぎりは実に目覚ましい成長を遂げたのである。1人当たり GDP について言えば，日本や韓国，台湾，シンガポールに追い付くまでにはなっていないが，インドやベトナムはもちろん，フィリピ

ンやインドネシアをも大きく引き離し，少なくともここ20年ほどの経済成長率に関しては，マレーシアと並んで途上国の中の最優等生となっている。

　ニコニコと微笑んでいる人の多いタイの経済が目覚ましい発展を遂げつつあることは，多くの日本人にとってはどうにも納得のいかないことであった。何とかそれを納得できるようにしようとして，さまざまな説が唱えられることになった。ここではそれらのさまざまな説を大まかに四つに分類し，それぞれ「金メッキ説」「他力本願説」「ミニ韓国説」「次世代モデル説」と名づけて紹介することにしたい。

「金メッキ説」と「他力本願説」

　まず「金メッキ説」であるが，これはタイの経済成長はまやかしであり，表面的には華やかに繁栄しているように見えるものの，一皮むけば貧困と不正にまみれた悲惨な本当の姿が顔を出すという考え方である。たしかにタイは貧富の差が大きいし，麻薬や汚職などさまざまな問題もかかえている。このため，この「金メッキ説」は当初多くの人に信じられていた。しかしこの説を唱える人たちは，きらびやかな金メッキはいずれ剥げ落ちると予想していたのに，タイはさまざまな社会問題をかかえながらも経済成長を続け，民主化も大きく進展したため，タイの発展を単なる一時的なまやかしとみなす人は次第に少なくなった。

　その次に力を持ったのが，タイの経済発展は外的な要因によるものだと主張する「他力本願説」である。タイが高度経済成長を始めたのは1980年代の後半であるが，これは日本や韓国，台湾の通貨の対米ドル・レートが急速に上昇し，これらの国々の企業が大挙して海外に工場を移転し始めた時期にあたる。タイの工業製品の輸出は1980年代後半以降飛躍的に増大したが，タイから輸出される工業製品のかなりの部分が，外国企業がタイに設立した工場で生産された製品であった。そのため，タイの経済成長はタイ政府の政策やタイの国内企業の努力によるものではなく，たまたま外国からの投資がタイに集中したことによって生じたものだという見方をする人が少なくなかったのである。

　しかし，東南アジア地域への域外からの投資が本格化し出してから時間が経つにつれ，同じ東南アジアの国々の中にも，タイのように毎年多額の外国投資が流入し続ける国がある一方で，フィリピンのように外国投資があまり集まら

ない国があることがはっきりとするようになった。東南アジア域外から東南アジアへの投資の増加という外的要因だけでは、なぜタイは他の東南アジアの国々よりも多額の外国投資を集め続けることができるのかは説明できない。

日本人好みの「ミニ韓国説」
　そうした疑問に答えるものとして登場したのが、「ミニ韓国説」である。この考え方は、日本では今でも多くの人がタイの経済成長に対して抱いている見方となっている。「ミニ韓国説」は、タイの経済成長は、基本的に韓国の経済成長と同じような要因によって達成されたと考えるが、そうした要因は韓国の場合ほどには強くなかったので、タイは韓国ほどには経済発展していないと考える。ただ、フィリピンやインドネシアなどに比べれば、そうした「韓国的性格」はタイの方が強かったので、タイはフィリピンやインドネシアよりは経済発展したのだと説明するのである。
　「ミニ韓国説」では、途上国が経済発展をするためには政府による経済への積極的な介入が必要不可欠だと考えられる。もちろん政府が経済に介入しさえすればいいというわけではない。政府の経済への介入が正しく行われる必要がある。政府の経済への介入が正しく行われるためには、「優秀な」人材が官庁に集まる必要があるし、そうした「優秀な」官僚たちに強い権限が与えられる必要があると「ミニ韓国説」では考えられる。「ミニ韓国説」では、経済発展のためには、将来成長が見込まれる産業や企業を官僚たちが見極め、見込みがあると官僚たちが判断した産業や企業に、さまざまな優遇や支援が政府によって与えられることが必要だとされる。しかし、強大な権限を与えられた「優秀な」官僚が、国の経済全体にとって本当に望ましい産業や企業にだけ優遇や支援を与えるとはかぎらない。「ミニ韓国説」では、そのような官僚たちが自分の私利私欲だけに基づいた行動をしない、あるいはするにしてもあまり度を過ぎない程度にしかしないようにする何らかのメカニズムも必要とされる。
　「ミニ韓国説」では、そうしたメカニズムを可能にするものとして、長期にわたって強力なリーダーシップを発揮する政治指導者が想定されることが多い。長期にわたって政権の座にあり続ける強力な政治指導者は、目先の利益よりも長期的な国全体の経済成長について考えることができるというのである。次の選挙に勝つことができるかどうかにびくびくするような「弱い」政治指導者で

は，とりあえず目先の選挙に勝つために，政治献金を少しでもたくさんくれる企業や産業を支援するよう，官僚たちに命じてしまうかもしれない。それに対して，自分は長期間にわたって政権の座に座り続けることができると確信している「強い」政治指導者が，何年か先の経済成長のことを考えて政策決定を行うことができるというのである。

　タイの経済発展は，一見すると，こうした「ミニ韓国説」にかなりうまくあてはまるようにも見える。タイでは1958年から73年まで，サリットとタノームという二人の軍人による独裁的な政治が行われた。また1977年から88年までの期間も，クリアンサックとプレームという二人の軍人が，国会議員選挙に立候補することもなく，首相を務め，60年代ほどではないにしても軍が大きな政治的な影響力を行使した。そしてこの二つの時期は，タイ経済のその後の発展のための重要な基礎が築かれた時期とほぼ一致するのである。

　ところが，実際にタイの歴代の政府がどのように経済に介入したかについて詳細に検討してみると，タイの場合は，日本や韓国とは違って，政府が特定の産業や特定の企業に対して，長期的な産業育成の視点に立って，継続的かつ体系的に特権を与えたり，助成金を出したりすることによって，大きな成果をあげた事例は非常に少ないことが明らかになる。また産業政策と連関したかたちで融資を行う政府系金融機関の役割もきわめて小さく，各産業や企業についての工業省や商業省の情報収集能力も非常に貧弱なものでしかなかった。このため，タイ経済について詳細な実証研究をしてきた研究者の間で唱えられるようになったのが，「次世代モデル説」である。

「次世代モデル説」の台頭と日本での不人気

　「次世代モデル説」では，タイは韓国あるいは日本とは大きく異なる発展のしかたをしているとされる。この「次世代モデル説」では，政府による積極的な経済への介入はそれほど必要とされず，官僚たちはそれほど優秀である必要もなければ，強大な権限を与えられる必要もないとされる。「次世代モデル説」では，権力はむしろ分散していた方がいいと考えられ，「レント」の問題も長期間政権を握り続ける強力な指導者が解決してくれることを期待するのではなく，誰も長期間政権を握り続けないようにすることによって緩和することが重視される。

数年後にどの政党が与党になっているかが予想しにくく，しかも官僚たちにも大きな権限が与えられていなければ，企業の経営者たちは政治家や官僚との結び付きだけに企業の命運をかけることを躊躇するようになる。もちろん韓国型モデルや日本型モデルで政府の経済への積極的な介入が重視されるのは，「レント」の問題を解決するためだけではない。後発国が限られた資本を有効に使うためには，政府が政府系金融機関などを通じて，広範な国民から集めた資金を有望な産業に集中的に注ぎ込むことの重要性も強調される。しかし「次世代モデル説」では，グローバル化が進んだ現在においては，資本は国内だけで調達する必要はなく，海外からの投資を受け入れればいいし，資本の配分についても民間企業の判断にまかせればいいと考え，タイは主にそのような方法で経済発展を成し遂げてきたのだと主張する。また「次世代モデル説」では，政府が不適切なかたちで経済に介入するのを防ぐために，言論や結社の自由が認められることも重視される。

　1960年代の高度経済成長を経験した世代の日本人の間では，経済成長は，文句など言わずにただひたすら歯を食いしばって死に物狂いで働かなければ達成できないものであり，また個人がそれぞればらばらに努力するだけでは達成できないものだという考え方が根強い。人々がそれぞれ好き勝手に楽しくやっていては何事もうまくいくはずがないと考える日本人の多くにとっては，そうしていてもそこそこの経済発展はできるのだと唱える「次世代モデル説」は，にわかに信じがたい話のように聞こえるようである。タイの経済成長や民主化に関して，欧米の研究者の間では「次世代モデル説」的な見方が優勢になっているのに，日本ではまだ「ミニ韓国説」が根強い人気を保っているのは，日本人の多くが抱いているそうした開発観，人間観が大きく影響しているように思われる。

　次節では，「次世代モデル説」と「ミニ韓国説」の対立を念頭におきながら，ここ数十年のタイの経済的，政治的変化を概観していくことにしたい。

2　「弱い」国家の下での経済発展

国家主導型開発モデルから民間企業主導型開発モデルへ
　タイの現代史を振り返ると，実は，タイの政府が意識的にはっきりと国家主

導型の開発モデルをめざした時期もあったことがわかる。**ピブーン**が首相の座にあった 1938 年から 44 年と，48 年から 57 年の期間である。ピブーンは反共の立場をとり，基本的には市場経済の枠組みの中での経済発展をめざしたが，経済発展は民間企業だけにまかせておいては達成できないと考え，彼が重要だと考えた産業分野に次々と国営企業を設立した。しかしピブーンのこうした政策は，彼の失脚後大きく転換されることになる。

ピブーンは，**サリット**陸軍司令官が 1957 年に起こしたクーデタによって首相の座を追われ，国外亡命を余儀なくされた。サリットは翌 1958 年に再度クーデタを起こして全権を掌握し，憲法を破棄し，国会も閉鎖して強権的な政治を開始した。サリットの首相就任後，タイの経済政策は大きく転換し，ピブーンが設立した国営企業の多くは解散させられたり，業務内容を縮小させられたりし，外国資本を積極的に導入するとともに，民間企業中心の経済発展がめざされるようになった。

サリット政権やそれに続く**タノーム**政権は，経済開発計画を作成するなど，国家主導の開発を推し進めるかのようなポーズはとったものの，「開発」計画の内容は，道路やダムなどのインフラ建設や教育制度の整備などが中心で，韓国・日本型経済発展モデルで重視されるような，政府系金融機関に特定の産業や企業に優遇的低金利で長期ローンを供与させたり，有力企業間の生産量や価格の調整を政府が後押ししたりするなどの積極的な産業育成政策はほとんど行われなかった。

産業政策不在の理由
サリット政権が積極的な産業育成政策を行わなかったのにはいくつかの理由がある。まず第一に，1960 年代にタイの製造業の中心になったのは外国企業の子会社だったということがある。外国からの投資の受け入れにあまり積極的ではなかったピブーンと違って，サリットは外国企業のタイへの投資を積極的に奨励したため，1960 年代には日本や欧米の企業がタイに次々と子会社を設置して，タイでの生産を開始した。国内企業が中心となって工業化が進展した日本や韓国の場合は，国内企業は生産性や品質を向上させて，競争力を高めるのに必要な資金や技術の不足に悩むことが多く，政府が政府系金融機関を通じて低利の融資を行ったり，政府系研究機関を通じて国内企業の技術開発を支援

したりすることが重要な役割を果たした。しかし，外国企業の子会社が中心となって工業化が進展したタイの場合は，資金や技術の投入によって生産性や品質が向上すると海外の親会社が判断すれば，資金や技術は親会社から提供されるのである。また政治的にも，政府が国内企業を支援するのと違い，まだ国民の大多数が貧しい暮らしをしている時に，国内で生産活動をしているとはいえ，政府が外国企業に資金を提供したり，さまざまな便宜をはかったりすることは，国民の強い反感を招く危険性もあった。

　また，経済政策の立案にあたった官僚たちの中に，政権を握った軍人たちに対する不信感が根強くあったことも，積極的な産業育成政策が行われなかったもう一つの理由となった。クーデタによって首相となったサリット自身をはじめ，サリット政権下で閣僚ポストについた軍人たちは，政権につく以前からさまざまな汚職によって私腹を肥やしていた。政府の要職がそうした軍人たちによって占められている時に，政府が特定の産業や企業を支援するメカニズムを作ると，地道な経営努力よりも有力軍人と「密接な関係」を築くことに力を注ぐ産業や企業だけが優遇され，かえって経済成長を阻害してしまうことを危惧する官僚が，特に経済政策の作成を担当する部局には，少なくなかったのである。

　当時のタイでは，汚職によって私腹を肥やしていたのは軍人だけではなく，官僚たちの中にも，特定の民間企業にさまざまな便宜をはかることによって不正な蓄財をしている人がかなりいた。そうした官僚たちの多くは，民間企業に便宜をはかる直接的な権限を手にしやすい，工業省や商業省，運輸通信省などで働こうとする傾向が強かった。これに対し，財務省や中央銀行，国家社会経済開発庁などの国全体の経済計画を作成する部局は，個別の企業に対して直接的な便宜をはかる権限をあまり持たないこともあって，汚職によって私腹を肥やすことにはそれほど強い関心を示さず，留学などによって身につけた経済学の専門的知識をいかすことを望む人材が集まる傾向があった。経済政策立案にあたるそうした官僚たちは，軍人に対してだけでなく，工業省や商業省，運輸通信省など許認可権を握る官庁で働く官僚たちに対しても，不信感を抱いていたのである。

企業経営者と政界有力者との不安定な関係

　また，当時のタイの経営者の中には，特定の有力軍人との「密接な関係」にだけ頼って事業展開をすることに慎重な態度をとる人が増えつつあった。これは一つには，ピブーンが失脚した時の苦い経験によるところが大きい。

　当時のタイで最大の企業グループであったバンコク銀行グループの頭取チンは，ピブーン政権時代には，サリット陸軍司令官のライバルであったパオ警察長官と深い関係を結んでいた。1957年にサリットがクーデタを起こした際には，パオは国外亡命を余儀なくされ，パオと関係の深かったチンも国外に逃亡せざるをえなくなった。チンは1963年にサリットが病死するまで香港にとどまり続け，サリットの死後になってやっとタイに戻ることができた。サリットの死後もサリットの腹心の部下であったタノームが政権を継いだため，バンコク銀行グループは，他の銀行系企業グループと比べて，政府に特別に優遇されることはあまり期待できない状況が続いたのである。政治的有力者とのコネにあまり頼ることができなくなったバンコク銀行は，頭取一族以外からも優秀な人材を集めることを積極的に行ったり，当時急成長を始めていた繊維産業や農産物輸出業への積極的な投資を行うなど，地道な経営努力による成長にも力を入れるようになった。その結果，1960年代後半には，バンコク銀行グループは他の銀行系企業グループを上回る成長を実現したのである。

　もちろん，当時のタイの経営者がすべてバンコク銀行のチン頭取のような行動をとったわけではない。1960年代には，サリットやタノームをはじめ有力軍人の多くは，民間企業の役員をも務め，自らが役員を務める企業のためにさまざまな便宜をはかったので，当時の有力企業の多くは，有力軍人を役員として迎え入れるのが一般的にさえなっていた。しかしこうしたかたちでの便宜供与は，体系的な産業育成政策に基づいて行われたものでは全くなく，非体系的かつ多くの場合非合法な汚職というかたちで行われたものであった。

　サリットの後を継いだタノームの首相在位期間が長くなるにつれ，タノームが率いる軍内の派閥に取り入ることが企業活動に有利に働くと考える経営者がまた増え始めた。しかしそうした動きに冷や水を浴びせたのが，1973年のタノームの失脚である。タノーム政権下での汚職の蔓延や貧富の差の拡大，官僚組織や軍内での情実人事の横行などに対する人々の不満を背景に，1973年10月には連日数十万人の反政府デモが起きるようになった。タノームは軍にデモ

隊への発砲を命じ，数百人の死傷者が出る惨事となったが，軍内のタノーム派以外の派閥や若手軍人の間にもタノームの退陣を望む声が高まったこともあり，結局タノームは国外亡命を余儀なくされた。タノームの失脚によって，タイの企業経営者たちは，特定の有力軍人との関係だけに頼ることの危険性をあらためて思い知らされることになったのである。

1973年のタノーム失脚後は短命な政権が続き，80年にプレームが首相になるまでの7年間に6回の政権交替があった。企業経営者にしてみれば，特定の政治的有力者と深い関係を結ぶことのみによって事業を拡大することは，非常に難しい状況になったのである。

1970年代のタイ経済の課題

1970年代のタイ経済は，途上国が工業化を進めるうえで最も乗り越えることが難しいとされる岐路にさしかかっていた。国家主導型発展モデルでは，この難しい時期を乗り越えるためには，「強い」政府が必要とされるが，タイは，韓国よりも少し長い時間がかかったものの，最終的にはそれを「強い」政府なしで乗り越えたのである。

ある程度の大きさの人口を持つ国の場合，初歩的なレベルの工業化をスタートさせることはそれほど難しいことではない。海外から輸入されて国内で消費されている工業製品のうち，製造にそれほど高度な技術や多額の資本が必要ではないものを国内で製造し始めることからスタートすればいいのである。マッチや石鹸（せっけん），衣類，懐中電灯などなら，途上国でも比較的簡単に製造することができる。しかし，製造はできるものの，それらの製品をすでに大量に生産している先発国と価格や品質ですぐに太刀打ちできるようになるわけではない。それらの商品が海外から低い関税で輸入できる場合には，技術的に製造がそれほど難しくない商品でさえ，国内企業が海外からの輸入品との競争に打ち勝って，大きく成長することは容易なことではない。ところが，海外からの輸入品に高い関税をかけたり，輸入数量を制限したりすれば，話は変わってくる。

サリット政権は，海外からの工業製品の輸入に対して非常に高率な関税をかけることによって，国内工業の育成をはかった。この簡単な方法で初歩段階の工業化を進めるのには，それほど優秀な官僚が必要なわけでもなく，関税を引き上げること以外に政府が経済に深く介入する必要もない。

しかし，こうしたかたちの工業化はやがて大きな壁にぶつかることになる。石鹸などの比較的簡単に製造できる工業製品の分野で国産品が輸入品に取って代わる過程においては，高い成長率を達成できるが，それらの工業製品について，国産品の国内市場占有率が100％に近くなると，高い成長率を維持することは難しくなる。
　タイ経済は，1960年代末ごろにはそうした壁にぶつかるようになった。この壁を乗り越える方法はいくつかある。国内で生産した工業製品を海外でも売ることができれば，国内の製造業を成長させ続けることができる。または石鹸のような比較的簡単に作ることができるものだけでなく，より高度な技術が必要な製品の製造にも着手するという手もある。
　しかし，国内で生産した工業製品を海外に輸出するためには，他の国で作られた製品と価格面でも品質面でも対抗できるようになる必要がある。ところが，高い関税によって輸入品との激しい競争にさらされることなく育った国内の製造業が，国内市場が飽和状態になるまでに国際競争力を身につけることができるとはかぎらない。また，より高度な技術が必要な製品の生産に着手するには，高度な技術が必要とされない製品を生産する場合よりも多額の資金が必要となり，事業に失敗した場合のリスクも大きくなる。
　国家主導型発展モデルでは，国内の数ある産業や企業の中から，近い将来に国際競争力を高める潜在能力があるものを官僚たちが見つけ出し，それらの産業や企業に政府の資金や外国市場についての情報，あるいは海外の最先端の技術についての情報を供与して，その育成に力を入れることが想定される。そのためには，どの企業や産業に将来大きく成長する潜在能力があるのかを見抜き，それらの企業や産業を育成するためにはどのような支援策が有効かについて適切な判断を下すことのできる「優秀な」官僚が必要となる。
　多くの途上国がこのような国家主導型発展モデルによる開発をめざしたが，そのほとんどはうまくいっていない。官僚の人事が能力ではなく，コネによって大きく左右される国では，官僚に強力な権限を与えることは悲惨な結果しか生まないことが多いし，何とか「優秀な」人材を官庁に集めることができた場合でも，「優秀な」官僚たちが彼らの能力を私腹を肥やすことばかりに使うようになっては，やはり経済成長はうまくいかなくなってしまう。

「弱い」国家の下での輸出指向型工業化への転換

　では，タイはこの壁をどうやって乗り越えたのであろうか。タイは初めから意図的に韓国とは異なる方法でこの壁を乗り越えようとしたわけではない。いくつかの偶発的なことが重なって，結果的に韓国とは異なるかたちで乗り越えることになったのである。先に述べたように，1960年代から70年代のタイでは，特定の企業が長期間にわたって継続的に政府から特権的な扱いを受けることはあまりなかった。このため，国内市場における企業間の競争は非常に激しいものになった。この点が他の多くの途上国とはやや異なる。他の途上国，特に独裁的な政権が長期間にわたって存続した国では，政治的有力者と良好な関係を築いた企業が国内市場で特権的な扱いを受け，国内市場において企業間に自由で公正な競争が行われないことが多い。ところがタイの場合，長期間にわたって強権をふるい続けた政権があまりなかったうえに，政府が積極的な産業育成政策を行うメカニズムが作られなかったため，多くの産業において，激しい競争が行われることになったのである。

　国内市場で互いに激しく競争するうちに，1970年代には繊維製品やプラスチック製品を製造する企業の中には，国際競争力を持つようになるところが少しずつ現れ，政府からの体系的な支援を受けることなく，徐々に輸出を開始するようになった。先に述べたように，1970年代のタイは頻繁に政権が交替し，企業にしてみれば政府からの継続的な支援は期待しにくい状況にあったのである。

1980年代後半からの高度経済成長

　こうしてタイは，1980年代半ばごろまでに，製造業の潜在的な国際競争力を徐々に高めていたが，ちょうどその時期に日本や韓国，台湾からの東南アジアへの直接投資が急増し，その多くがタイに集中することになった。こうした状況の中で，タイ経済は1987年から96年まで毎年10％前後の高度成長を成し遂げたのである。1997年には，金融危機によってタイ経済は一時的に失速したが，数年で回復し，現在も好調な成長を続けている。

　このように概観すると，タイ型の発展モデルは，非常に簡単なもの，あるいは運に頼る部分が多いもののように思われるかもしれないが，実はそうではない。企業の経営者が特定の政治的有力者とのコネに依存しようと思わないくら

いに政情を不安定にしておき，経済はとりあえず外国企業に門戸を開放して，難しいことは全部外国企業にまかせておけば，経済がうまくいくのであれば，もっと多くの途上国がすでに高度経済成長を実現しているはずである。一見簡単そうに見えるこのタイ型発展モデルが，なぜタイではうまくいき，なぜ他の途上国の多くではまだあまりうまくいっていないのかについて考えるためには，タイの政治にも目を向ける必要がある。次節で，タイの政治について検討することにしよう。

3 「微笑みの国」の熱い政治

政治参加への熱い思い

2008年の反タクシン派のデモ隊によるスワンナプーム国際空港の占拠や，その翌年のタクシン支持派のデモ隊による東アジア・サミット会場の封鎖は，日本でも大きく報道されたので，その様子を覚えている人も多いだろう。

タイでは，一般市民による大規模なデモによって政権交替や憲法改正などの重要な政治的な変化が起きたことが何度かある。第2節でも少しふれたように，1973年には，大学生を中心とする大規模な反政府デモが起き，タノーム首相が率いる軍事政権が崩壊した。1992年には，その前年にクーデタを起こし，その際には自らは首相には就任しないと言明していたにもかかわらず，その1年後に首相に就任したスチンダー陸軍大将の退陣を求める大規模なデモが起き，スチンダーは退陣を余儀なくされた。1997年には金融危機によって経済が混乱する中，抜本的な政治改革を実現するために，従来とは大きく異なる新憲法の制定を求める大規模なデモが起き，当初新憲法制定に消極的だった当時の与党に圧力をかけて，新憲法を採択させている。

一般の市民がデモをすることによって大きな政治的な変化を実現した経験のない日本で生まれ育った者には，タイの人々がそうした政治的経験を持っていることの意味をなかなか理解しにくいように思われる。ここ数年タイでは，反タクシン派，タクシン支持派の双方が数万人規模の集会やデモを繰り返し行っているが，そうした集会やデモについて日本で報道される際には，政治的「混乱」や民主主義の「未成熟さ」を示すもの，あるいは観光客や海外からの投資を減少させ，タイ経済に悪影響を与えるものとして，否定的な面ばかりが強調

されることが多い。たしかに短期的な視点で見れば，それらの集会やデモは政治を混乱させ，経済にも悪影響を与えるが，中長期的な視点で見れば，タイ政治を安定させ，経済にも好影響を与える可能性もあることを見逃すべきではないであろう。

民主主義のレント抑制機能

もし1973年にタノーム政権の腐敗に対して誰も立ち上がらなければ，そしてタノーム政権がもうあと10年続いていれば，21年も続いたフィリピンのマルコス政権下や32年も続いたインドネシアのスハルト政権下で起きたように，一部の企業家と政治指導者との間の癒着(ゆちゃく)が，数多くの産業分野において国内市場での自由で公正な競争を著しく妨げるまでに根を張ってしまっていたかもしれない。

1973年のタノーム政権の崩壊によって，軍の政治的影響力は一時的に大きく低下したが，76年には軍が再びクーデタを起こし，77年から88年まではクリアンサックとプレームという二人の軍人が首相の座を占める時代が続いた。しかしクリアンサックもプレームも，サリット政権やタノーム政権と同じ過ちを繰り返すことは避けたいと考え，自らは国会議員選挙には立候補しないものの，数年ごとに国会議員選挙を行うことにした。また，言論や結社の自由もかなり大幅に認めたため，あまりにあからさまな汚職が繰り返し行われた場合には，マスメディアから激しく批判されるというある程度のチェック機能も働くようになった。

もちろんこうしたことによって，タイから汚職が一掃されたわけでは決してない。1980年代後半からの高度経済成長時代に，汚職はむしろ増加しさえした。しかしそれでもフィリピンやインドネシアなど他の東南アジア諸国，あるいはインドやバングラデシュなどの南アジア諸国に比べれば，汚職の深刻度は比較的低いレベルにとどまることになった。

金融危機と新憲法制定

タイは海外からの直接投資の急増に大きく依存するかたちで，1980年代後半から96年まで高度経済成長を実現したが，経済が成長するにつれて，さまざまな歪(ひず)みも大きくなった。その歪みが一気に露呈することになったのが，

1997年7月に始まった金融危機である。自由化が急速に進められた金融市場や不動産市場において、監督官庁による十分な監督が行われず、一部では監督官庁や有力政治家と金融機関の間で癒着も生じ、タイの企業の多くが経営判断を誤った。また、それまで「優秀な」人材が集まっていると考えられてきた中央銀行や財務省の官僚たちも、海外との間で巨額の短期資金が瞬時に行き来するという新しい事態にうまく対応できていなかったことが明らかになり、政党にもこうした事態に対応できる人材が不足していることを多くの人が痛感することになった。

　こうした事態を打開するためには、新たな憲法を制定して、選挙制度も大幅に変え、汚職の取り締まりや防止策を強化することが必要だという世論が高まった。それにもかかわらず、既得権益を失うことを恐れた与党議員の多くは、新憲法の採択に消極的な姿勢をとっていたが、多くの人々が新憲法制定支持デモに参加して圧力をかけたことによって、1997年10月に新憲法が採択されることになったのである。

タクシン政権の光と影
　こうして採択された新憲法の規定に基づいた新しい選挙制度の下で、2001年に首相に就任したのが**タクシン**である。それまでの中選挙区制から、第一党が多くの議席を占めやすい小選挙区制（400人）と比例区（100人）の併用制に選挙制度が変更されたこともあって、タクシンが率いるタイ愛国党は第二党に圧倒的な差をつけて第一党となり、タクシンは国会対策にあまり気を使うこともなく次々と大胆な政策を打ち出した。タクシンは、金融機関の不良債権の処理を加速させるとともに、金融危機とその後の景気後退によって疲弊した農村部の景気を刺激するための政策を次々と実施したため、都市部でも農村部でも強い支持を獲得した。タクシンの首相就任後景気が回復基調になったこともあり、2005年2月に行われた国会議員選挙でも、タクシンが率いるタイ愛国党は、01年1月の選挙をさらに大きく上回る議席を獲得した。

　ところが、国会議員選挙で圧勝し、政権が2期目に入ったころから、タクシンはマスメディアに対して以前にも増して強圧的な態度をとるようになり、また自らが関与する企業に有利な政策を露骨に行うようになった。タクシンは首相となる前に、携帯電話や衛星テレビ放送などIT（情報技術）産業を中心とす

る一大企業グループを創設し，その総裁を務めていた。首相就任後は，憲法の規定に従って，書類上は企業経営からは身を引いたことになっていたが，妻や子どもなどを関連企業の役員にしたり，彼らにそれらの企業の株を大量に保有させたりすることによって，それらの企業を実質的にコントロールし続けた。

　タクシンの政策運営に対する不満は，2006年1月に，タクシン一族が所有する大量の株をシンガポールの投資会社に売って莫大な利益を上げたにもかかわらず，節税対策を駆使して，この取引で得た利益に対してはほとんど税金を払わなかったことが新聞等で報道されたことをきっかけに，都市部の中間層の間で一気に高まり，首都バンコクではタクシンの退陣を求める大規模なデモが毎週のように行われるようになった。

　これに対しタクシンは，2月に国会を解散し，4月に国会議員選挙を行った。しかし主要野党が選挙をボイコットし，5月には選挙実施手続きなどに不備があったとして憲法裁判所が選挙を無効とする判決を出したため，11月に選挙をやり直すことになった。

　タクシンの人気は，都市部では急落したものの，低額で医療サービスを受けられる制度や農村向け低金利融資制度など貧しい農民たちを主な対象とするさまざまな政策を実行していたため，農村部では依然として高い状態にあった。このため，11月に自由で公正なかたちで選挙が行われても，タクシンが率いるタイ愛国党は議席数は多少減らすものの，過半数は維持することが予想されていた。タクシンは政治的混乱を避けるために11月の総選挙後は首相の座には就かないと述べていたが，タイ愛国党に所属する他の政治家が代わりに首相となり，タクシンは大きな政治的影響力を維持することが予想された。

2006年9月のクーデタとタイ政治の混乱

　こうした状況の中，2006年9月19日にソンティ陸軍司令官がクーデタを起こした。9月22日にタクシンが正式に発表することになっていた軍の定期人事異動では，ソンティ陸軍司令官は左遷され，かわりにタクシン支持派の軍人たちが軍の重要なポストに就くことになっていた。当時陸軍内には，タクシンが国王にあまり敬意を払わないことや軍の人事に介入することに反感を強めていた主流派とタクシンを支持する反主流派の対立が激しさを増しつつあった。9月のクーデタの直接的な原因は，タクシンが行おうとしていた人事異動を主

> **Column㉒ 国王の政治的影響力**
>
> 　タイの現代政治を振り返ると，国王が大きな政治的役割を果たしたように見える事例がいくつかある。このため，タイでは国王が絶大な政治的影響力を持っていると考える人もいる。しかしその一方で，国王の政治的影響力は実はあまり大きなものではなく，政治的対立が生じた場合には，どちらのグループが優勢かがはっきりしてからのみ，優勢な側に軍配をあげるかたちで介入しているにすぎないと考える人もいる。優勢になったから国王が軍配をあげたのか，国王が軍配をあげたから優勢になったのかを見極めるのはなかなか難しい。個々の事例を詳細に検討すると，国王の軍配だけで勝者が決まった事例はほとんどないが，国王の早めの軍配によって政治的対立がいたずらに長引くことが回避された事例はいくつかあると言えよう。

流派の軍人が何としてでも阻止したいと考えたことにあった。軍の政治介入に厳しい見方をすることの多い都市の中間層の間で反タクシン感情が高まっているのを見て，タクシンを退陣させるためということでクーデタを起こせば，世論の強い反発は受けないと判断して，クーデタを起こしたのである。

　ただし，民主主義は自分たちが「勝ち取ったもの」と感じている人の多い現在のタイでは，民主主義を否定するような言動をとると世論の強い反発を受ける危険性が非常に高い。そのため，クーデタを起こしたソンティ陸軍司令官は，クーデタ成功直後に，軍による権力の掌握は政治的混乱を収拾するために行った一時的なものであり，2週間以内に文民暫定政権を発足させて，権力を委譲し，その文民暫定政権の下で，1年以内に新憲法の制定と国会議員選挙を行って，完全な議会制民主主義に復帰させることを言明し，今回のクーデタは民主主義を否定するものではないことを繰り返し強調した。

　国会議員選挙は実際にはクーデタから1年以内ではなく，1年3カ月後に行われた。クーデタ後，憲法裁判所の判決によってタイ愛国党は解党させられ，しかもタクシンをはじめタイ愛国党の主要な政治家111人の選挙権が5年間停止された状態で選挙が行われたにもかかわらず，2007年12月に行われた選挙では，タクシン支持派が新たに結成した「民衆の力党」が第一党となり，党首のサマックが首相に就任した。

　タクシン支持を公言していた「民衆の力党」が第一党となったことは，2006年のクーデタを起こした軍人たちが国民の多くから支持されていないことを露

呈することになり，軍の威信は大きく傷ついた。しかしその一方で，主要な幹部の多くが立候補できなかったとはいえ，クーデタ前には国会の議席の3分の2以上を占めていたタクシン派の政党が，2007年の選挙では，第一党になったものの，過半数に9議席足りない議席しか獲得できなかったことは，政権2期目になって強権的姿勢を強めたことや不正蓄財疑惑などによって，タクシンの人気にも翳(かげ)りがさしたことを示すものでもあった。

　タクシン支持派と反タクシン派の勢力が拮抗する中で，その後タイ政治は混乱を続けている。2008年9月には，反タクシン派の判事が多くを占める憲法裁判所が，サマック首相に対して，首相就任後もテレビ番組に出演して出演料を受け取っていたことが首相の兼職を禁じる憲法に違反するという判決を出したことによって，サマックは退陣を余儀なくされた。サマック退陣後，タクシンの義弟のソムチャーイが首相に就任したが，憲法裁判所が同年12月，与党幹部の比較的軽微な選挙違反を理由に，「民衆の力党」の解党を命じるとともに，連座責任としてソムチャーイ首相をはじめ13人の閣僚の選挙権を5年間停止する判決を出したため，ソムチャーイは首相を続ける資格を失った。

　「民衆の力党」の解党後，タクシン支持派の国会議員の多くは新たな政党に再結集したが，その際，「民衆の力党」の有力派閥のひとつがタクシンと袂を分かち，最大野党であった民主党と連立政権を組むことに合意したため，民主党党首のアピシットを首相とする非タクシン派の新内閣が誕生することになった。このように2006年のクーデタ後のタイでは政権がめまぐるしく変わっている。しかも2008年11月には反タクシン派の市民団体によってスワンナプーム国際空港が占拠され，翌09年4月には東アジア・サミットの開催直前にタクシン支持派のデモ隊が会場に突入し，サミットが急遽中止になるなど，タクシン支持派が政権の座にある時には，反タクシン派が大規模な抗議デモを行い，反タクシン派が政権の座にある時には，タクシン支持派が大規模なデモを行うという状況が続いている。安定政権の下で，長期的な視野に立った積極的な産業政策を行うことによって急速な工業化を政府主導で行うには非常に不向きな政治状況だと言えよう。

　しかし，タクシン支持派と反タクシン派が激しく争って，両派の間で政権が行ったり来たりすることは，特定の政治家とのコネだけに頼ってビジネスの拡大を図るようなタイプの企業家が経済を牛耳ることを難しくもしている。前節

で紹介した「強い」国家に頼らないタイ型発展モデルにはそれほど悪くない政治状況だとも言えよう。

ハイリスク・ハイリターンではないタイ型発展モデル

強い指導者の下で，優秀な人材を官庁に集め，彼らに大きな権限を与え，民間企業を「指導」させることによって，急速に経済を発展させるという国家主導型発展モデルは，強大な権限を与えられた指導者や官僚たちが腐敗しなければ，大きな効果をあげることができるかもしれない。しかし，政治指導者や官僚たちが腐敗した場合には，悲惨な結果を招くことになる。いわばハイリスク・ハイリターン的な発展モデルだとも言えよう。

これに対し，タイでは，強い指導者が長期間政権を握り続けることはなく，官庁にそれほど多くの優秀な人材が集まったわけでもないし，彼らに強大な権限が与えられたわけでもない。このようなタイ型発展モデルでは，韓国のような急速な経済発展は望みにくいかもしれない。それでも国際的な条件にさえ恵まれれば，1980年代後半から96年にかけてタイが経験したように，かなりの高度成長を実現することも可能である。強い指導者の下で一致団結し，時には言いたいことも言わずに我慢して歯を食いしばってがんばってこそ目標は達成できるという考え方になじんだ多くの日本人にとっては，物足りないように感じられる発展モデルかもしれない。しかし，実は多くの途上国にとっては，このタイ型の発展モデルの方が韓国型の発展モデルよりも実現可能性が高いのではないだろうか。

グローバル化が進んだ現在では，途上国における官僚と民間企業で働く人の給与の格差は，外国企業が進出を始めたとたんに，かつて日本や韓国が経験したものとは全く比較にならないほど大きなものとなる。そうした状況の中で，数多くの「優秀な」人材を官庁に集めることは難しいであろう。また，長年にわたって行われてきた汚職や情実人事を官僚組織から一掃することも容易ではない。

タイ型発展モデルは，ただ官庁の権限を縮小し，外国企業に対して門戸を開きさえすれば実現できるというわけではない。「強い」指導者がいない状況であっても，そうした状況の中からいつかは「強い」指導者が現れるかもしれない。そして，その「強い」指導者が恣意的な経済介入を行おうとした場合には，

それを防ぐことが必要になる。また「弱い」指導者の下でも，一部の企業や圧力団体と政策担当者との間に癒着や汚職は決してなくなりはしないであろう。しかしそうした癒着や汚職が，あまりにひどくなった場合には，あるいはなりそうな場合には，それにブレーキをかけることが必要になる。タイの場合はそうした事態になった場合には，一般の市民がいざとなれば立ち上がることによって，チェック機能を果たしてきたと言えよう。

　しかし，市民が街頭でデモを行う以外の方法でも，こうした機能が果たされるようにならないと，長期的には安定した経済成長は実現しにくいであろう。街頭での抗議活動にかわってそうした機能を果たすことができる新たな制度的な枠組みが，現在のタイには求められている。

　このようにタイ型発展モデルは決して完璧なものではないし，成功が保証されるものでもないが，少なくとも国家主導型以外の発展モデルの可能性を考えるうえで重要なヒントを与えてくれるものとして，今後とも注目に値するものだと思われる。

　　　さらに読み進む人のために───

加藤和英，1995 年『タイ現代政治史──国王を元首とする民主主義』弘文堂
　　＊理論的な考察は少ないが，タイ現代政治史を詳述している。
末廣昭，2009 年『タイ──中進国の模索』岩波新書
　　＊タイの政治経済の入門書として最適。
末廣昭編，2002 年『「開発」の時代と「模索」の時代』(講座東南アジア史 第 9 巻) 岩波書店
　　＊サリット政権以降のタイの政治と経済の流れを少し詳しく知りたい人向け。
玉田芳史，2003 年『民主化の虚像と実像──タイ現代政治変動のメカニズム』京都大学学術出版会
　　＊タイの民主化の問題点を鋭く指摘するとともに，タイ政治に関する詳細なデータも提示している。ただし，民主化のポジティブな面への言及が少ないので，以下の 2 冊と合わせて読むことが望ましい。
河森正人，1997 年『タイ──変容する民主主義のかたち』アジア経済研究所
　　＊タイ人の民主主義に対する熱い思いの一端を知ることができる。
秦辰也，1993 年『バンコクの熱い季節』岩波書店（同時代ライブラリー）
　　＊タイの「熱い政治」の雰囲気を知るのに最適。

（浅見　靖仁）

第11章 ベトナム 共産党支配体制下の市場経済化

❶多くの日系企業が入居するハノイ・タンロン工業団地（2009年8月10日，筆者撮影）

　ベトナムは1986年にドイモイ（刷新）路線を採択して，統制経済から市場経済への転換を開始した。それから20年余り，経済は順調に発展し，対外貿易も外国直接投資も拡大を続けている。その一方でベトナムは，共産党支配体制を維持する東アジア社会主義国の一つでもある。政治体制の転換をともなわない経済改革はどうして可能だったのか，市場経済化が進む中で政治・経済関係はどのようになっているのか，そして現在の政治体制が抱える課題は何なのか，一緒に考えよう。

表 11-1　ベトナム略年表

年　月	事　項
1930年2月	ホー・チ・ミンによりベトナム共産党創設
41年5月	ホー・チ・ミンにより共産党を中核勢力とするベトミン（ベトナム独立同盟会）組織
45年8月	ベトミンによる革命蜂起，ベトナム民主共和国樹立，9月ホー・チ・ミンによる独立宣言
46年12月	フランスとの間で第1次インドシナ戦争勃発
54年7月	ジュネーブ協定により第1次インドシナ戦争終結，南北ベトナム分断
60年	ベトナム戦争（第2次インドシナ戦争）本格化，12月南ベトナム解放民族戦線結成
75年4月	サイゴン解放，ベトナム戦争終結
76年7月	南北ベトナム再統一，国号をベトナム社会主義共和国に改める
78年12月	ベトナム志願軍カンボジア進攻開始，カンボジア紛争（第3次インドシナ戦争）勃発
79年2月	中国軍ベトナムに進攻，3月に撤退（中越戦争）
86年12月	ベトナム共産党第6回大会，ドイモイ（刷新）路線採択
87年12月	国会で外国投資法，土地法採択（1998年1月施行）
88年4月	共産党政治局決議，個別農家による農業経営の公認
91年10月	カンボジア和平パリ協定，11月中越関係修復
92年4月	国会で新憲法採択，ドイモイ路線を明文化
11月	日本政府，対ベトナム円借款再開
94年7月	ASEAN地域フォーラム創設，ベトナムも参加
95年7月	ASEANに正式加盟，8月米越国交正常化
96年6-7月	共産党第8回大会，ドイモイの推進，工業化の加速を決定
2000年7月	米越通商協定調印（2001年12月発効），ホーチミン市に証券取引所開設
01年4月	共産党第9回大会，「社会主義を志向する市場経済」概念を公認
06年4月	共産党第10回大会，新指導部選出，党員の民間企業経営を公認
11月	WTO，ベトナムの加盟承認（2007年1月から）
08年12月	日越経済連携協定（EPZ）調印（2009年10月発効）

1 統制経済からドイモイへ

外資の進出と活躍

　ベトナムの首都ハノイの国際空港は，市の中心街まで約20km，車で30分ちょっとの距離にある。市内までの幹線道路の両側に，巨大な広告看板が立ち並んでいる。ベトナム系らしき企業とともに，日本や韓国のよく知られた会社の看板もある。

　やがて，日本の商社が開発した広大な工業団地が見えてくる。たくさんの工場が入居している。一番目立つのはパソコンのプリンターを製造している日系メーカーだが，それ以外にも有名家電企業の工場などがある。そう言えば，この工業団地より手前で，やはり日本の大手自動車，二輪車メーカーの看板を見かけた。ちょっと奥まったところに，それらの工場が立地している。私が乗ったタクシーもそうだが，道路を走っている車やバイクの多くが，そこで作られたものだそうだ。他に韓国車もかなり見かけるが，やはり国内に組み立て工場があるという。ベトナムには，多くの外資系企業が進出し活躍しているらしい。

　工業団地を通り過ぎてしばらくすると，今度は大きなコンクリート橋を渡り始める。北部ベトナムの大河ソンコイ（紅河）に架かる橋である。最初は中国の援助によって建設が始まったが，1978年に中国とベトナムの関係が悪化したために工事が中断された。しかし，その後（旧）ソ連が支援を引き継ぐことになり，ようやく完成に漕ぎ着けた。橋のたもとには，背の高いベトナム・ソ連友好記念碑が立っている。

　この橋は，ハノイ市域でソンコイに架かる一番新しい橋だそうだが，他にフランス領時代に建設された古い鉄橋などもある。さらに現在，日本の援助によってもう一つの橋を建設中だと，タクシーの運転手は自慢げに語った。

　このようにして，ハノイの空港から市内に入るまでの間に，私たちはベトナムの近現代史を振り返ることになる。

植民地支配からドイモイまで

　フランスによる植民地支配は，19世紀の半ばに始まり20世紀の半ばまで続いた。第1次インドシナ戦争（1946-54年）の結果フランスは撤退したが，その

代わりにベトナムは国土を南北に分断された。そして，1960年にベトナム戦争（第2次インドシナ戦争）が始まる。北の社会主義政権（首都ハノイ）と南の解放勢力が，南ベトナム政権（首都サイゴン，現在のホーチミン市）やそれを支援するアメリカと戦ったのである。戦争は1975年の南部ベトナム解放まで続き，そして翌年には国土が再統一された。

だが，平和が戻ったのもつかの間，1978年前後から今度はベトナムと中国やカンボジア（ポルポト政権）との関係が悪化し，再び戦争が始まった（カンボジア紛争もしくは第3次インドシナ戦争）。この期間，ベトナムを助けたのはソ連・東欧の（旧）社会主義諸国と一部の友好国だけとなり，日本を含めたそれ以外の国々との関係は疎遠となった。

国際的に孤立したベトナムは，国内経済政策の失敗もあって窮地に陥った。状況を打開するために，ベトナムは経済改革と対外開放をめざすドイモイ（刷新）路線へと転換した。1986年末のことである。ベトナム自身の変化と，折からの国際環境の変化（冷戦の終結）が追い風となって，1991年にはカンボジア和平が成立し，それに連動する形で中越関係も修復された。

このようにして，ベトナムを取り巻く内外の状況は劇的に好転した。日本政府や世界銀行などは，中断していた支援を再開し，日本やアジアNIEs（新興工業経済地域群），ASEAN（東南アジア諸国連合）の企業は，ベトナムへの進出を本格化させた。アメリカとの関係も，1995年の国交正常化に続いて，2000年には通商協定が成立した（翌年発効）。今やアメリカは，ベトナムにとって最大の輸出相手となっている。そして，この間にベトナムは，ASEANに正式加盟し（1995年），WTO（世界貿易機関）のメンバーとなった（2007年）。

共産党支配体制下での改革と経済発展

ベトナムを訪れた外国人は，その外観が近隣のタイやマレーシアなど資本主義を採用する国々と，大して変わらないと感じるであろう。ところが，ベトナムは今でも，共産党が統治する社会主義国なのである。

社会主義諸国は，第二次世界大戦後の冷戦時代に，一つの陣営を築くほどに強大な勢力を誇っていた。しかし，現在では社会主義の看板を掲げる国は激減している。1980年代末から90年代初めにかけて，ソ連，東欧で次々と社会主義体制が消滅したからである。

図11-1 現在のベトナム

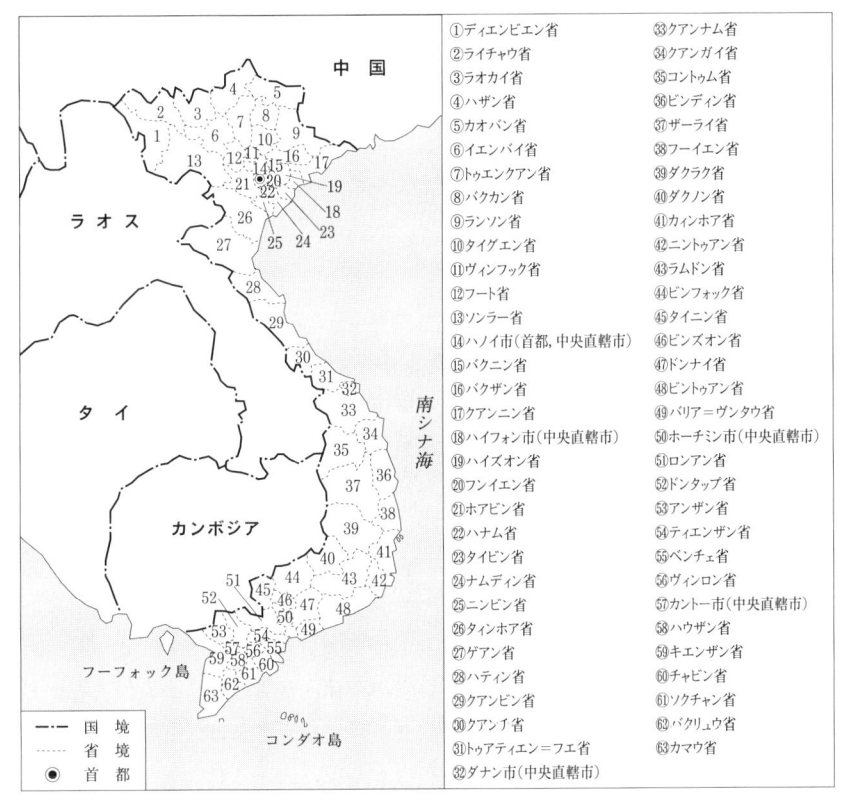

①ディエンビエン省	㉝クアンナム省
②ライチャウ省	㉞クアンガイ省
③ラオカイ省	㉟コントゥム省
④ハザン省	㊱ビンディン省
⑤カオバン省	㊲ザーライ省
⑥イエンバイ省	㊳フーイエン省
⑦トゥエンクアン省	㊴ダクラク省
⑧バクカン省	㊵ダクノン省
⑨ランソン省	㊶カィンホア省
⑩タイグエン省	㊷ニントゥアン省
⑪ヴィンフック省	㊸ラムドン省
⑫フート省	㊹ビンフック省
⑬ソンラー省	㊺タイニン省
⑭ハノイ市(首都, 中央直轄市)	㊻ビンズオン省
⑮バクニン省	㊼ドンナイ省
⑯バクザン省	㊽ビントゥアン省
⑰クアンニン省	㊾バリア＝ヴンタウ省
⑱ハイフォン市(中央直轄市)	㊿ホーチミン市(中央直轄市)
⑲ハイズオン省	51ロンアン省
⑳フンイエン省	52ドンタップ省
㉑ホアビン省	53アンザン省
㉒ハナム省	54ティエンザン省
㉓タイビン省	55ベンチェ省
㉔ナムディン省	56ヴィンロン省
㉕ニンビン省	57カントー市(中央直轄市)
㉖タインホア省	58ハウザン省
㉗ゲアン省	59キエンザン省
㉘ハティン省	60チャビン省
㉙クアンビン省	61ソクチャン省
㉚クアンチ省	62バクリュウ省
㉛トゥアティエン＝フエ省	63カマウ省
㉜ダナン市(中央直轄市)	

凡例：—・— 国境　　…… 省境　　● 首都

[出典]『アジア動向年報 2009』アジア経済研究所，を一部修正．

ベトナム社会主義共和国	
面積	33万1212 km²
人口	8515万4000人（2007年平均，暫定値）
首都	ハノイ
言語	ベトナム語
宗教	仏教，キリスト教，カオダイ教，ホアハオ教など
元首	グエン・ミン・チエット大統領（国家主席）
通貨	ドン（1米ドル＝16,977ドン，2008年末現在）
1人当たりGDP	835ドル（名目，2007年）

[出典]『アジア動向年報 2009』アジア経済研究所．

　ソ連，東欧で共産党支配体制が崩壊したのは，従来の社会主義システムが行き詰まったからである．ところが，ベトナムは中国とともに，社会主義国として生き残り，しかも今では，周辺の資本主義諸国も驚くほどの勢いで，経済的

第11章　ベトナム　227

な高成長を続けている。

　ソ連，東欧とベトナム（や中国）とでは，何が違っていたのか。そして，ベトナムでは共産党支配体制を維持しながら，なぜ驚異的な経済成長が可能となったのか。そもそも，どうして共産党支配体制が存続しているのか。また，共産党の主張する現在の「社会主義」の中身は，昔と全く同じなのだろうか。そして，共産党支配体制は，今後どうなるのだろうか。本章では，そのような疑問について，一緒に考えてみよう。

経済改革の導入

　前に述べたように，1980年代半ばまでのベトナムは，極度な経済停滞，物不足に苦しんでいた。理由の一つは，カンボジア紛争や中越対立に起因する国際的な孤立であったが，もう一つの，そしてもっと深刻な理由は，従来の社会主義システムがうまく機能しなくなったからである。

　従来の社会主義システムは，ソ連や中国と同様に，統制（もしくは指令）経済と呼ばれるものであった。すなわち，市場経済を資本主義と同じものだとみなして拒絶し，生産手段（農地や工場など）の私的所有を認めず，それらを国有もしくは集団所有とした。国有化された工場は国有企業が経営し，集団化された農地は合作社と呼ばれる農村組織が経営の主体となった。それら国有企業や合作社は，国家から何をどれだけ生産すべきかの指令を受け，また国家から生産に必要な原材料や中間財を支給された。そして，生産された製品や農産物は，市場を介在せず直接国家に納入した。

　また，都市の住民たちは，受け取る給与を低く抑えられた。その代わり，生活に必要な食料や消費財を，配給という形で国家から支給された。それらは信じられないほど安い値段で買えたが，ただし，分量も品数も限られていた。さらに，医療や教育，住宅なども，一種の配給制度を通じて，無料か非常に安い利用料で国家から提供された。

　このようなシステムは，共産党政権が早くから統治していた北部ベトナムでは，1960年前後から導入され，それなりに機能した。ベトナム戦争が激化したために，皆が均しく苦労を分かち合い我慢しようという気持ちが生まれ，以上のようなシステムを支えたのである。ちなみに，資本主義国でも戦争など非常事態時に，国家が経済活動を統制し，そして国民に対して配給制度を適用す

ることがある。第二次世界大戦期の日本もそうだった。

　しかし、1975年にベトナム戦争が終わり、しかも新たに解放された南部ベトナムにも、以上のような統制経済システムが導入された時に、問題が露呈した。今まで何十年も我慢を続けてきた北部ベトナムの人々は、戦争も終わったことだし、そろそろ豊かな生活を送りたいと考えるようになった。一方、長年の間、資本主義的な市場経済に慣れ親しんできた南部の人々は、窮屈な統制経済システムに反発した。

　統制経済システムが抱える一番の問題は、人々が一所懸命働く気になれない、自分が欲しいものをなかなか手に入れられないという点にある。たとえば国有企業経営者の場合、国家から指令されたものを生産し国家に納入してさえいればお咎めなしだから、それ以上にがんばろうとは思わない。赤字が出たとしても、国家がその分を補塡してくれる。国有企業の労働者は、ただでさえ人員過剰なのだが、やはり指示された分さえ働けばいい。自分だけ一所懸命働いても、大した見返りはない。けれども、労働者の身分は失いたくない。それがなければ、配給や社会福祉などを受ける権利を失うからである。だから、皆だらだらと働く。そして、本業はそこそこにしてアルバイトなどに精を出し、配給で入手できない商品を、自由市場（あるいは闇市場）で購入するためのお金を稼ぐ。ただし、その自由市場で売られているものも、さほど品揃えがいいわけではない。

　統制経済が抱えるこのような問題点は、もちろんベトナムに限ったことではなく、当時の社会主義諸国に共通するものであった。ソ連、東欧や中国でも、あれこれの理由で行き詰まり状態に陥り、ほぼ同時期に従来のシステムからの転換を始めた。経済改革、つまり統制経済の廃止と、市場経済への移行である。

　ところが、市場経済化へと舵を切った社会主義諸国のうち、ソ連、東欧では、改革が経済面にとどまらず、さらに共産党支配体制の崩壊という政治改革へと一気に突き進んだ。それに対してベトナムは、中国と同様に、共産党支配体制を維持したまま市場経済化を推進し、その結果として驚異的な経済成長を今に至るまで謳歌しているのである。

ソ連・東欧諸国との相違

　なぜ、そのような相違が生じたのだろうか。両者の違いを説明する有力な解

釈の一つは，共産党政権の強さに原因を求める。比較的短期の革命で共産党が政権を握ったソ連や，ソ連軍の進駐下に共産党支配体制が誕生した東欧と違って，ベトナムや中国では，権力を奪取するために人民を動員する武力闘争の期間が長く，さらに政権樹立後も強大な外敵との闘争が続いた。そのために，強力な軍隊や官僚機構を備えた国家が出現し，共産党のしっかりとした統治の下に維持されてきた。共産党の権力や正統性に，有効に挑戦できる反対勢力は国内に存在しない。だから，経済改革を進める中で，党＝国家が独占してきた権限や機能の一部を民間に任せたりしても，統治体制の根幹を揺るがす事態には至らない。

　共産党支配体制の強弱を，別の文脈（政治発展論）で解釈する見解もある。ソ連・東欧諸国とは異なって，ベトナムや中国は，共産党政権が誕生する以前に，議会制民主主義の体験を，ほとんど，もしくは全く持ち合わせなかった。したがって，経済改革に着手したとしても，共産党支配を脅かすような強力な反体制勢力が出現しにくいのである。

　それ以外に，改革以前の産業構造の相違を重視する解釈もある。ベトナムや中国は，ソ連・東欧諸国と比較して，圧倒的な農業国であった。したがって，問題があまり複雑でない農業部門から改革に着手し，工業部門を後回しにすることができた。しかも，工業部門での改革を始めるにあたっても，やりやすそうな特定の工場，業種や地方で試行的な実験を先行させ，その成果を確認してから，全面的，全国的な改革に拡大することができた。このような改革の進め方を，「**漸進主義**」と呼ぶ。

　これに対して，工業化が進んでいたソ連・東欧諸国の場合，最初から根本的な改革を，一挙に実施しなければならなかった。そのような荒療治を，「**ショック療法**」と呼ぶ。しかも，工業部門では，軍需産業を含む国有企業が，党＝国家と癒着する強大な利権集団となっていたので，経済改革のためには，その癒着構造をも絶つ，つまり共産党支配体制を解体するという政治改革が不可避となった。

　改革における「ショック療法」は，結果として，その後の長期に及ぶ経済的，社会的混乱を引き起こした。他方，「漸進主義」で進んだベトナムや中国では，大きな混乱もなく順調な経済発展を続けることができた。

地域の寛容性

　東アジアは，世界で最もダイナミックな経済成長を遂げている地域の一つである。ベトナムや中国は地理的に東アジアに位置しながら，そのようなダイナミズムから疎外されてきた。ベトナムのドイモイ路線や中国の改革開放路線の主要な目的の一つは，対外開放によって地域の活力と連結し，自国の経済発展のために役立てることにあった。しかし，両国がそう熱望しても，周辺諸国が受け入れなければ，何も生じない。

　この点で，東アジアの地域的環境は，ヨーロッパの事情とだいぶ異なっていた。ヨーロッパでは，ソ連・東欧諸国が西欧諸国と和解し，さらに EU（欧州連合）などの地域統合に参加するためには，共産党支配体制を廃止することが不可欠の前提だった。西欧諸国がそれを強く求めたからである。これに対し東アジアでは，社会主義諸国が共産党支配体制を維持したままで，周辺諸国に受け入れられ，地域の仲間となれた。つまり，東アジア地域には，社会主義国家を受け入れる「寛容性」が存在したのである。なぜなのだろうか。

　東アジアには，最近まで（韓国，台湾，インドネシアなど），あるいは現在でも（シンガポールなど），開発主義的権威主義（もしくは開発独裁）と呼ばれる政治体制を経験してきた国が多い。形式的には直接選挙などの民主主義的制度を採用しているが，実質的に特定の政治集団（軍部を含む）が権力を一元的に支配し，その下で効率的に経済開発を進めるという体制である。政治的イデオロギーの違いはあるが，共産党支配体制と多くの共通点，類似点を持つ。しかも，冷戦的対立が終了してからは，政治的イデオロギーの相違は，国際関係の障害要因ではなくなった。

　政治的民主化を避けつつ経済発展に専念するという国内統治スタイルが，対外的に適用されれば，政治体制の相違に関係なく他の国々と親交を深め，そこから実利を引き出すという外交スタイルになる。現に東アジアでは，他国の国内問題には極力口出しをしないで友好関係を築き上げるという不干渉原則が，外交上の基本的なルールとなっている。

　しかも，ベトナムや中国を取り巻く地域諸国には，それら2国を（社会主義体制であれ何であれ）受け入れることが，自分たちにも大きな利益をもたらすという誘因が強く働いてきた。誘因の一つは，両国の持つ経済的潜在力にある。中国は言うまでもなく国土も人口も広大であって，その潜在力は飛び抜けてい

る。ベトナムも国土面積は中規模ながら，人口では東南アジア第3位であり，かつ石油，石炭，農水産物などの資源にも恵まれている。

いま一つの誘因は，外交，安全保障面での配慮に関連する。ベトナムも中国も長期の革命闘争や戦争を経験してきただけに，強力な軍隊を保持している。経済が成長すれば，さらに軍事力を強化するだろう。しかも，ごく最近のこととして，両国とも，近隣諸国に軍隊を派遣した前歴を持つ。周辺諸国としては，それらの国を敵視して力で対抗するよりも，むしろ地域安全保障のための対話や協力の場に引き込んで，相互の不信感を除去し，信頼関係を構築するのが賢明である。そうすれば，潜在的な不安定要素を，有効に軽減し解消することができるだろう。このような考え方と外交政策を，「建設的関与」と呼ぶ。

事実，1994年にASEAN（当時6カ国で構成）の提唱で，ARF（ASEAN地域フォーラム）という地域安全保障の協議体が発足したが，その主要な狙いの一つは，ベトナムや中国に対する建設的関与にあった。さらに翌1995年になると，近隣の東南アジア諸国は，ベトナムのASEAN加盟を承認し，地域の仲間として受け入れた。

2 ドイモイの進展と共産党支配体制

経済改革と経済発展

前述の通り，ベトナムは1986年に**ドイモイ（刷新）路線**を採択し，従来の統制経済から市場経済への移行，そして本格的な対外開放へと舵を切った。それ以降，とりわけ1991年のカンボジア和平成立以降，同国の発展には目を見張るものがある。図11-2からもわかるとおり，経済成長率（前年比）は1992年から8％の大台に乗り，1995年にピーク（9.3％）を記録している。その後，アジア通貨危機の影響で1998年から2001年まで低迷したが（ただしマイナス成長ではない），最近では再び8％台の成長に戻っている。

このような経済成長を支えたのは，国内産業の活性化と順調な対外関係の拡大である。国内産業の面で見れば，統制経済から市場経済への移行によって，人々の生産意欲が顕著に拡大した。たとえば農業の場合，従来の合作社による集団経営が廃止され，生産の主体が個別農家の手に移って，その生産量は見違えるように上昇し始めた。

図11-2 ベトナムのGDP成長率，1人当たりGDPの推移

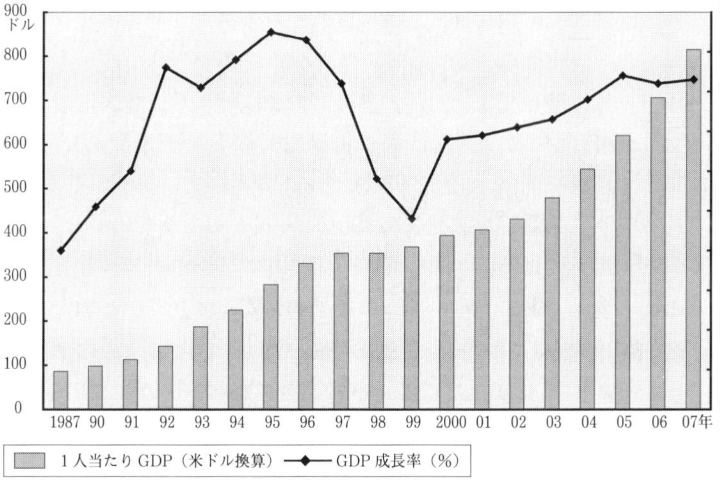

[出典]『アジア動向年報』アジア経済研究所，各年度版をもとに作成．

　集団経営では誰かががんばって働いたとしても，それによって得られる収入の増加は全員に均等に配分されるので，自分自身の取り分はわずかになってしまう．だから，誰も一所懸命働こうとしない．こうして，ベトナムは肥沃な土地や有利な気象条件に恵まれていたにもかかわらず，食料を自給できず，外国からの援助や輸入に頼らなければならなかった．しかし，農業面での改革が実施されると，個々の農家は収穫物をすべて自分のものとすることができ，働けば働くほど収入が増えることとなる．だから，みんながんばり始めた．そのおかげで，ベトナムは1989年から食料を輸出できるようになった．その後輸出量は拡大し，今では世界第2位のコメ輸出国である（1位はタイ）．農民が豊かになれば，いろいろな消費財を購入する余裕が生じる．かくして，工業や商業も発展する．

　工業部門では，従来の統制経済が廃止され，国有企業も市場原理に基づく経営に移行した．皆が市場の動向を予測して，売れるものを，しかも効率的に生産しようとがんばり始めた．今まで認められていなかった民間企業も解禁された．商業や貿易も，従来の国家による独占が改められて，徐々に民間に開放された．工業も商業も活性化し，市場には外国製品を含めて商品が溢れ始めた．

人々は配給の行列に並ぶ必要がなくなり，自由に市場で物が買えるようになった。物資が豊かになれば消費意欲を刺激され，その購入資金を稼ごうとますます仕事に精を出す。**市場経済化**の効果てきめんである。

　対外関係の拡大に関しては，対外貿易の活性化以外にも，外国企業による直接投資（FDI），日本などの外国政府や世界銀行などの国際機関による援助（ODA），そして越僑(えっきょう)と呼ばれる海外在住ベトナム人からの送金が重要である。それらは，カンボジア和平が成立した1991年前後から急増し始めた。

　FDI（外国直接投資）は外国企業がベトナム国内に工場やホテルなどを建設し，営業するための資金である。ベトナムの相対的に安くて良質な労働力，豊かな資源，潜在的な市場としての大きさ，政治的な安定，そして政府による優遇政策（レントの一種）などによって，多くの外国企業がベトナムに進出している。ODA（政府開発援助）は橋や道路を建設したり，設備や資材を提供したり，ベトナム人専門家を訓練したりするための援助資金である。カンボジア和平以降，国際社会はベトナムを重点対象国として位置づけ，経済的，社会的復興と発展を援助し続けている。越僑（在外ベトナム人）による送金は，国内に残る親族や知人を支援するための資金である。

　かくして，FDIやODAの資金によって工場や橋の建設工事が始まれば，建設業者が繁盛し，また労働者の収入も増える。そして，稼動した工場からは多くの製品が出荷され，国内で販売されたり，輸出されたりする。また，多くの人々が工場に雇われる。雇用が増えれば消費が増え，住宅新築ブームも生じる。越僑からの送金も，それを受け取った人々の購買力を増加させる。さらに，橋や道路が整備されて便利になれば，物流や商業が活性化し，さらに多くの外国企業がベトナムに進出してくる。

経済改革と共産党支配体制

　このように，経済面での改革は大きな成果をもたらしている。だがその一方で，政治面に関して，ベトナムは相変わらず共産党が支配する社会主義国であり続けている。

　この点に関して，まず確認しておかなければならないのは，経済改革，すなわち市場経済化を共産党政権下で実現するには，理論的再調整が必要だったという事実である。先に述べたとおり，従来の共産党は市場経済を資本主義と同

じだとみなして拒絶していたのだから，そのままで市場経済化に着手すれば，自己矛盾に陥ってしまう。そこで，共産党は理論的な修正を行った。市場は資本主義の専売特許ではない，社会主義でも市場経済は機能する，いや市場メカニズムに基づいてこそ，社会主義はうまくいくのだという立場を採用したのである。つまり，統制経済時代と市場経済化時代とでは，同じ「社会主義」と言っても，その実体は非常に異なっている。

次に，経済発展の進行が，政治面での変化を生み出す可能性はないのかという疑問について，検討してみよう。一般論として，経済発展が進めば政治的民主化の機運が高まり，最終的に権威主義的支配者や独裁者が退場するという見方がある。たしかに東アジア地域を見回せば，韓国や台湾，インドネシアなどでは，経済発展にともなって権威主義体制が崩壊した。しかし他方でシンガポールのように，1人当たりGDP（国内総生産）が日本を追い抜くほどの水準に達したにもかかわらず，依然として権威主義体制を維持している国もある。どうも，経済成長がただちに政治的民主化を導くということでは，必ずしもなさそうである。それぞれの国の条件や環境によって，状況が異なっていると言えよう。

ベトナムの場合，ドイモイ路線を採択してから，すでに20年余りが経過した。しかし，今のところ共産党による**一党支配体制**（近隣諸国の権威主義体制と類似した政治体制）は，安泰のように見える。なぜなのだろうか。

その原因の一つは，第1節でも指摘したとおり，ベトナムには強力な軍隊や官僚機構を備えた国家が存在し，それを共産党がしっかりと掌握し続けているからである。たとえば，中央・地方政府，軍・公安，国有企業の幹部は，ほぼ例外なく共産党員である。そして，党やその別働隊としての大衆組織（祖国戦線とその傘下にある労働総同盟，婦人連合会，共産青年団など）は，大都市から地方都市，町村にいたるまで，役所，軍隊，病院，学校，工場，隣組ごとにネットワークを組織している。ちなみに，総人口9000万人近くのベトナムに，360万人以上の党員がいる。

立法機関である国会の選挙についても，立候補者の選別から実際の投票まで，党の意思と監視が貫徹されるしくみとなっており，反体制的な人物は立候補すらできない。そして，国会が制定する法律や政府が立案し実行する政策は，党によってあらかじめ大枠が決定される。

無論，このような党による組織的な統制だけでは，一党支配体制を維持することができない。それ以上に重要なのは，国民が共産党による統治を自発的に受け入れる，少なくとも反対しない状況が作り出され，維持されることである。国民は自分たちの支配者が正統な資格や実績を持つと認識する時，それを支持し受け入れる。

　第1節で指摘したように，ベトナムの共産党は政権奪取にいたる15年間の闘争のみならず，政権樹立後にも，フランスやアメリカなどを相手に30年の戦争を指揮，指導してきた。革命や戦争を勝利に導いたという党の実績は，今でも正統性の根拠として有効である。そして，その正統性の人格的表現が，故**ホー・チ・ミン主席**である。彼は共産党の創始者，独立革命の立役者であり，そしてベトナム戦争期には民族の団結と闘争の象徴であった。ベトナムを旅行する諸君は，街のあちこちで彼の肖像画を目にするだろう。

　しかし，過去の実績に基づく正統性は，時間の経過とともに必然的に風化していく。今のベトナムでは，戦争を知らない世代が，すでに人口の大半を占めている。彼らにとって，敬愛する「ホーおじさん」はもはや歴史上の人物である。

　したがって，共産党としては，過去の実績だけに頼るのではなく，新たな正統性の根拠を確保しなければならない。それこそ，現在進行中の改革＝「ドイモイ」がもたらす成果，つまり経済の発展であり，人々の生活の向上である。この点で，ドイモイの成果は，国民の多くに現状への満足感と将来への期待感を，大なり小なり与え続けてきた。図11-2に見るとおり，国民1人当たりのGDPは年々向上している。都会には高層ビルが立ち並び，街路にはモーターバイクが溢れ，最近では自家用車の数も増えている。

国有企業改革

　ベトナムにおける「漸進主義」的な改革の特徴は，できるだけ損をする人々を作り出さない，逆に皆がハッピーになるような状況を作り出すという点にある。誰も損をしないなら，党や政府を恨んで抵抗する人も出てこない。皆がハッピーになれば，党や政府に反対するどころか，こぞって支持する。つまり，政治的な正統性が確保されることとなる。

　そのことを念頭に，国有企業改革という難題を例として取り上げてみよう。

1970年代くらいから先進資本主義国でも，政府の財政赤字を減らすために，国有企業（日本では国鉄，専売公社，電電公社，郵政公社など）を民営化することが盛んに試みられてきた。しかし，そのような民営化の試みは，必ずと言っていいほど，大きな抵抗や摩擦に直面する。今までのように独占的な地位に胡座(あぐら)をかいて，放漫経営を続けることが許されなくなり，経営の合理化や効率化を余儀なくされ，大量の労働者が人員整理され，さらには同業種の民間企業が参入して厳しい競争にさらされるからである。

　ベトナムでも事情は同じで，ドイモイの開始以来，国有企業は市場原理の中で自活することを求められ（独立採算制の導入），また外国からの輸入製品や国内民間企業との競争にさらされることとなった。そうすると，今まで赤字を続けていた企業や，大した業績もないのに従業員だけを抱えていた企業は，経営が立ち行かなくなる。事実，そういった企業の多くは整理，再編された。国有企業の全国総数は，改革前の12000社から1990年代半ばまでに半分へと激減し，その後も減少を続けてきた。その間に新たに設立された企業もあるものの，2007年時点での政府統計（表11-2）によれば，約3500社にまで減っている。国有企業の7割が消滅したこととなる。

　しかし，このような企業数の減少だけで，国有企業改革を判断するのは誤りである。表11-2を今一度見てみよう。2007年時点での国有企業数は全企業の2.24%を占めるにすぎないが，雇用者数では23.68%，資産額では47.86%，売上高では31.48%を占めているのである。つまり，国有企業は依然として，ベトナム経済の中で重要な地位を維持し続けている。党・政府の方針は，余分な国有企業を切り捨てた後，自立可能な企業，必要と認められる企業を生き残らせ，さらにはその体力を強化することにある。

　実際，消滅した国有企業は主として，地方政府管轄の小規模企業であった。有力企業は存続し，さらには企業同士の統合，合併などを通じて強大化さえしている。表11-2によれば，5000人以上の従業員を持つベトナムの大企業のうち，その半数近くが国有である。政府が重視するのは，このような国有企業であって，それらが経済全体を牽引し，主導する役割を継続的に果たすことを予期している。ベトナムは社会主義国家であり，党がイデオロギー的に定義する市場経済は，あくまでも「社会主義を志向する市場経済」なのである。

　事実，国有企業は国家からさまざまな特別待遇（つまりレント）を受けてい

表 11-2　ベトナムにおける企業の所有形態別現状（2007 年）

	企業数		雇用者数		雇用者5千人以上の企業数	固定資産＋長期資本		売上高		輸出金額	
	（社）	（％）	（人）	（％）	（社）	（10億ドン）	（％）	（10億ドン）	（％）	（100万米ドル）	（％）
国有企業	3,494	2.24	1,763,117	23.68	37	900,583	47.86	1,089,056	31.48		
中央政府管轄	1,719	1.10	1,299,149	17.60	33	796,157	42.31	875,461	25.31		
地方政府管轄	1,775	1.14	463,968	6.28	4	104,426	5.55	213,595	6.17		
内資系非国有企業	147,316	94.57	3,933,182	53.28	12	591,188	31.41	1,635,266	47.26		
集団企業	6,688	4.29	149,475	2.02	0	7,864	0.42	23,570	0.68	（内資合計）	
民間企業	40,468	25.98	513,390	6.95	0	38,403	2.04	258,905	7.48		
合名会社	53	0.03	622	0.01	0	19	0.00	121	0.00	20,786.8	42.8
有限責任会社	77,648	49.85	1,949,125	26.28	6	199,760	10.61	798,866	23.09		
株式会社（政府が出資する）	1,597	1.03	434,564	5.89	2	97,446	5.18	195,974	5.86		
株式会社（政府が出資しない）	20,862	13.39	895,006	12.13	4	247,696	13.16	357,830	10.34		
外資系企業	4,961	3.19	1,685,861	22.84	37	390,186	20.73	735,481	21.26	（外資合計）	
100％外資企業	4,018	2.58	1,458,595	19.76	34	241,807	12.85	427,585	12.36		
合弁会社	943	0.61	227,266	3.08	3	148,379	7.88	307,896	8.90	27,774.6	57.2
合計	155,771	100.00	7,382,160	100.00	86	1,881,957	100.00	3,459,803	100.00	48,561.4	100.0

［出典］　VietNam. General Statistical Office, *Statistical Yearbook of Vietnam, 2008*, Statistical Publishing House, Hanoi, 2008.

る。かくして，有力な国有企業は存続し，党・国家によるドイモイ政策を支持することとなる。他方，国有企業改革の過程で解体された企業は弱小であり，また人員整理で職場を離れた人たちも，民間企業や外資系企業に吸収されるなどして，強力に反対する勢力とはならない。

民間企業と外資

　市場原理の鉄則は，競争に基づく需要と供給の均衡である。その競争に誰でも自由に参加できれば，市場はますます活性化し拡大する。つまり，市場経済を導入する以上，国有企業以外のプレイヤーも，競争に参加できるようにしなければ意味がない。そのようなプレイヤーが，国内の民間企業や外資系の企業である。

　民間企業や外資系企業などの非国有セクターは，共産党政権にとって不可欠の存在となっている。以上に述べたような，市場経済の活性化のためだけでは

ない。国民を満足させるだけの工業化と経済成長を支えるには，国家財政や国有企業の力だけでは不十分だからでもある。また，非国有セクターが創出する大量の雇用機会は，潜在的な失業者を吸収し，社会的，政治的安定を維持するためにも大いに役立つ。表11-2 からもわかるように，たとえば内資系の非国有企業は，中小，零細規模のものが多いにせよ，全体としては雇用者の 53.28% を吸収している。また，外資系企業は輸出の 57.2% を稼ぎ出している。

　要するに，ベトナムの党・国家の基本的な立場は，国有企業の体力を強化する一方で，民間企業や外資系企業の参入も奨励し，それらの総合力で経済を繁栄させ，人々を豊かにし，社会的安定を維持しようというものである。そのような奨励政策の中で，民間企業も外資系企業も，基本的にはハッピーとなる資格と条件を手にすることとなる。

　しかし他方で，内資系，外資系の非国有セクターは，政権の支持基盤として，一抹の不安を残す。経営者の大部分は共産党員ではなく，またそれら企業には共産党系組織が十分に浸透していないからである。そこで，国家は法律の許す範囲での営業を認めるかわりに，非国有企業をしっかりとコントロールすることを考える。その際に重要なのは，第一に，政府がさまざまな許認可権限を保持していること，第二に，ベトナムの土地はすべて全人民所有（国有）とされていることである。

　許認可について外資系企業を例にとれば，会社の設立認可の取得から始まって膨大な関門を越えなければならない。さらに，操業を開始してからも，さまざまな申請や報告が必要となる。土地については，宅地，農地，工業用地，山林などすべての所有権は国家に帰属しており，個人や企業は使用する権利のみを持つ。だから，工場を建てるためには土地の使用権を確保しなければならず，それには国家からの承認が必要となる。つまり，企業に対する政府（担当官庁）の監視や介入が，ほぼ恒常的になされるのである。

　ベトナムにおいて国家は，あらゆる場面でゲートキーパー（門番）として立ちはだかっている。

社会の多様化

　以上に見てきたように，ベトナムの共産党は，統制経済から市場経済へと移行することによって，実質的に「社会主義」の中身を大きく変質させ，そして

経済成長をバネとして支配の正統性を確保し続けてきた。

　だが，今後はどうなるのだろうか。もちろん，経済成長が止まり，長期の不景気が続くようなことになれば，現行体制の存続も危うくなるであろう。逆に言えば，経済成長が続くかぎり政権は安定するし，また政治的安定がさらなる経済成長を後押しすると，党・国家の指導者は考えている。たしかに，2008年後半に始まった世界経済危機の影響によって，ベトナムの経済成長は目下やや鈍化しているが，それもやがて回復基調へと転じるであろう。

　だが，ドイモイのもたらす経済成長が続いたとしても，政権にとってのアキレス腱となりうる要素が，少なくとも二つある。格差の拡大と汚職の横行である。

　どこの国でも，工業化の進展につれて，特にその初期段階には，階層間，地域間の格差が拡大する。しかし，過度の格差拡大は，国民の間に不満を募らせる。そのことをベトナムの指導者もつねに懸念して，成長とともに公平の維持が必要だと強調する。しかし，現実には格差の拡大は，多かれ少なかれ不可避である。

　とりわけ，そのことが汚職，不正行為と関連づけられて，国民に意識されると深刻な問題となる。先に述べたように，ベトナムの国家は膨大な許認可権限を持っている。しかも，政策決定は不透明であり，情報開示もあまり進んでいない。そのような環境で生活しビジネスを行うには，特別待遇を求めたり，インサイダー情報に接近したりするのが，手っ取り早い。そのためには，政治的コネを見つけて，それを活用するのが有効な手段である。そこに，レント・シーキング（レント追求），さらには汚職の余地が生まれる。

　中央，地方の党・政府の幹部やそれと癒着する業者が，ドイモイの生み出す果実を不当に独占しているとの思いが，一般庶民の間に広がれば大問題である。党・国家は汚職，不正撲滅キャンペーンに躍起である。しかし，摘発されるのはいつも氷山の一角にすぎない。

　ドイモイの進展とともに新たに生じた今ひとつの問題は，非国有セクターの拡大，そして都市中間層の成長である。

　民間セクターの拡大は，資本家と呼ばれる社会階層を生み出している。また，そこで働く従業員や個人企業経営者などを含めた都市中間層が，着実に成長しつつある。彼らのほとんどは共産党員ではなく，政治的発言力も制約されてい

る。

　たしかに彼らの大半は，前述の通り，ドイモイが生み出す果実をそれなりに享受しており，今のところ，政権に反対するような表立った政治的行動に無関心である。しかし，工業化の進展，生活の向上にともなって，彼らの価値観と願望は確実に多様化しつつある。いかに強力な国家であっても，多様化した社会の隅々までコントロールすることは不可能である。しかも，情報技術革命が生み出した携帯電話やインターネットは，政府にとって規制しにくく，国民にとってはさまざまな情報や主張を発信し受信するための便利な手段となっている。

国際社会の外圧

　第1節で地域の寛容性について言及した。社会主義ベトナムに対する周辺諸国の態度は，基本的に変わっていない。ただし，必要な時には他国の内政問題に，もっと口出しすべきだという「建設的介入」の主張が，域内からも時折聞こえてくる。しかも，地域組織としてのASEANは，2015年までに「ASEAN共同体」を構築することをめざしており，その構成要素の一つとして「民主主義」を盛り込んだ。ただし，人権問題や民主化問題でまず問題視されるのは，ほとんどいつもミャンマーの軍事独裁政権であって，ベトナムの共産党支配体制ではない。この状況は，当分続くであろう。

　それよりも重大なのは，地域外の国際社会からの働きかけである。ベトナムにも反体制的な知識人や宗教活動家などが，少数だが存在しており，しばしば国家から弾圧や不当な扱いを受けている。それに対して，欧米諸国，国際的人権NGO（非政府組織）などから絶えず批判の声が上がっている。ベトナムの政権党としても，それを全く無視するわけにはいかない。

　また，海外には欧米諸国を中心として，300万人以上の越僑がいる。大半はサイゴン陥落（1975年）後に難民として流出した人々，およびその子孫である。その中にはベトナムの共産党支配に反発する人々もおり，しかも国内とさまざまな連絡網を持っている。だが，ベトナムの政権党は，越僑の一時帰国や国内との連絡を絶つわけにはいかない。先に述べた通り，彼らの送金が貴重な外貨獲得源となっているからだ。さらに，外国で技術や経営知識を培った越僑が，国内で企業を興すことも期待される。ゲートキーパーとしての国家がいかに目

を凝らしても，人々の往来や情報の拡散を，あまねくコントロールすることはできない。

　さらに今ひとつ無視できないのは，ベトナムが条約や協定に調印し，国際組織に加盟したことから不可避的に生じる「外圧」である。たとえば，米越通商協定の締結によって，ベトナムはアメリカという巨大な市場を手に入れることとなったが，それと引き換えに，金融分野への外資参入の拡大，法治制度の徹底や政策決定の透明化などを約束した。WTO（世界貿易機関）加盟についても，ベトナムは他の国々と同等の条件で輸出できることになったが，それと同時に，WTOルールに合致する経済政策，通商政策を義務づけられることにもなった。同様に，世界銀行など国際機関は，ベトナムに巨額の支援をするかわりに，ガヴァナンス（統治能力）の向上を強く要求している。対外開放が進めば進むほど，ベトナムにとってあまり気の進まない分野での改革を，受け入れざるをえないケースが増大している。

　外資系企業は経済成長を牽引する非国有セクターの一部だが，国内での直接的な発言権をほとんど持たない。しかし，国際社会からの「外圧」を味方につけることは可能である。政治・経済関係に影響を及ぼす内外のプレイヤーは，ますます多様化している。

　たしかに，ベトナムの指導者たちは今まで，状況の展開に機敏に対応し，共産党支配体制を首尾よく維持してきた。そもそも，ドイモイ路線の採択と継続は，現行政治体制の存続をめざすものである。だが，今後さらに進展する市場経済化，社会の多様化，対外開放に，どのように対処していくのか，その力量が試されている。

さらに読み進む人のために

白石昌也，2004年「ベトナムの社会主義体制」関根政美・山本信人編『海域アジア』（現代東アジアと日本4）慶應義塾大学出版会
　＊共産党支配体制下でのドイモイの展開について概観。本章の土台となった論文。

古田元夫，2009年『ドイモイの誕生――ベトナムにおける改革路線の形成過程』青木書店
　＊ベトナムがドイモイ路線を採択した経緯を，丁寧に跡づけている。

白石昌也編，2000 年『ベトナムの国家機構』明石書店
　　＊若干情報が古くなった部分もあるが，党・国家組織を分野ごとに体系的に取り上げている。政治・経済関係を考察する際には，制度的な側面をふまえる必要がある。
白石昌也編，2004 年『ベトナムの対外関係──21 世紀の挑戦』暁印書館
　　＊米越通商協定が成立する前後までの対外政策，対外開放の展開を概観するのに便利である。巻末の関連年表も充実している。
千葉文人，2009 年『ベトナム@世代──IT で変わる意識と文化』暁印書館
　　＊ベトナムを長年見てきたジャーナリストによる好著。インターネット世代を中心とした言論界での新しい動向など，今後のベトナムを考える際に参考となる。写真も多く読みやすい。

（白石　昌也）

第 **12** 章

ASEAN　イメージの曖昧な地域的国際組織

❶ 各首脳が見守る中，署名した憲章を ASEAN 事務局長に手渡すシンガポールのリー首相（中央左）（2007年11月20日，シンガポール。写真提供：ロイター＝共同）

　東南アジア諸国連合（ASEAN）は，冷戦下において東南アジア諸国が周辺大国の介入から自国を守り，国内の経済発展に専念するための協力枠組みとして発足した。コンセンサス（合意）を重視する運営方式で状況に柔軟に対応しながら，その時々の課題を克服して，東南アジアのほぼすべての国が加盟するまでにいたった。現在では東南アジア地域を超え，広くアジアにおける経済協力と安全保障体制の中核を担うようになったが，他方で，ASEAN 内部の格差も目立ち，共同歩調がより困難になってきた。

表 12-1　ASEAN 略年表

年　月	事　項
1967年8月	インドネシア，マレーシア，フィリピン，シンガポール，タイの5カ国外相，ASEAN 設立で合意（「バンコク宣言」）
71年11月	東南アジア平和・自由・中立地帯宣言（ZOPFAN 宣言）採択
75年4月	南ベトナム政府崩壊（翌年初め，南北ベトナム統一，ベトナム社会主義共和国成立）
76年2月	第1回 ASEAN 首脳会議（バリ），東南アジア友好協力条約と ASEAN 協和宣言に調印。ASEAN 事務局（ジャカルタ）設置正式決定
77年8月	第2回 ASEAN 首脳会議（クアラルンプール），域内経済協力推進を確認
	日本の福田首相，マニラで政策演説（いわゆる「福田ドクトリン」）
78年12月	ベトナムによるカンボジア侵攻。カンボジア内戦始まる（89年9月，ベトナム軍カンボジアから撤退。91年10月，パリ和平協定締結）
79年2月	中越紛争
7月	ASEAN 拡大外相会議開始（以後，毎年開催）
84年1月	ブルネイ独立，ASEAN 加盟。「ASEAN 6」となる
92年1月	第4回 ASEAN 首脳会議（シンガポール），ASEAN 自由貿易地域（AFTA）設置で合意
94年7月	ASEAN 地域フォーラム（ARF）発足
95年7月	ベトナム，ASEAN 加盟
12月	第5回 ASEAN 首脳会議，東南アジア非核兵器地帯条約に調印
96年3月	アジア諸国（ASEAN および日・中・韓）と EU の首脳が集まり，アジア欧州首脳会議（ASEM）開催
11月	ASEAN 非公式首脳会議，ラオス，ミャンマー，カンボジアの同時加盟で合意
97年7月	タイ，固定相場制から変動相場制に移行（アジア通貨危機の始まり）
	ラオスとミャンマー，ASEAN 加盟。カンボジアの加盟延期
12月	ASEAN 非公式首脳会議。日本，中国，韓国首脳も参加（ASEAN＋3）（以後，毎年開催）
98年12月	第6回 ASEAN 首脳会議，ハノイ行動計画合意
99年4月	カンボジア，ASEAN 加盟。「ASEAN 10」完成
2000年10月	ASEAN＋3 会合で，中国が ASEAN との FTA 提案
02年1月	日本の小泉首相，シンガポールで政策演説（共に歩み共に進む共同体）
03年1月	AFTA 完成
10月	ASEAN 首脳会議（バリ），第2次 ASEAN 協和宣言調印
12月	日本・ASEAN 特別首脳会議（「日・ASEAN 東京宣言」）
05年12月	第1回東アジア首脳会議（クアラルンプール）（以後，毎年開催）
07年11月	ASEAN 憲章採択（シンガポール）

1 ASEANって何？——相矛盾する印象

　読者のみなさんは，新聞やテレビなどにおけるニュースでASEAN（アセアン）という言葉を見たり聞いたりすることがあると思う。ASEANとは，「東南アジア諸国連合」の略称である。現在，東南アジアには11の国民国家があるが，ASEANは2002年に独立したばかりの東ティモールを除く10カ国が加盟する国際組織である。しかし，ASEANという言葉を耳にしても，それがいったいどんな組織で，そもそも何をしているのか，いま一つわからないという人も少なくないのではないだろうか。だが，仮にそうだとしても決して恥じることはない。国際関係論の専門家の間でも，ASEANはわかりにくいということでほぼ意見が一致しているのである。また，ASEANの重要性についても，専門家の間でこれまで幾度となく評価が揺れてきた。要するに，ASEANはその実態がわかりにくく，なおかつイメージがつかみにくい国際組織なのである。

　他方で，ASEANはよく行動する。つまり，活動量が非常に大きい国際組織である。毎年7月ごろに開かれる定例のASEAN閣僚（外相）会議の直後には，日本，中国，韓国，インド，オーストラリア，ニュージーランド，アメリカ，カナダ，ロシア，欧州連合（EU）など世界の主要国・地域からの外相が参加して，東南アジアや東アジアを中心としたさまざまな問題について議論する（拡大外相会議）。実際，ASEANには多くの委員会や会議がある。ASEAN事務局のホームページ（http://www.aseansec.org/）を開いて，その会議日程を見てみると，ほぼ毎日，何らかの会議が東南アジアで開かれていることがわかる。外相会議や拡大外相会議のほかに，首脳会議（いわゆるASEANサミット）も1995年以降定例化された。ASEAN諸国の首脳が就任して最初に訪問するのは，仲間のASEAN構成国である。経済閣僚会議も毎年開かれているし，最近では財務閣僚会議や保健閣僚会議など協力分野も広がっている。これほど頻繁に会議が開かれ，活動量の大きい国際組織もそう多くない。だからこそ，新聞の国際面にASEANの文字が頻繁に躍るのである。

　にもかかわらず，ASEANのイメージは，たとえばEUと比較すると依然として曖昧である。なぜ，そうなのか。活動量の大きさに比して，イメージの曖昧なASEAN，この二つの相矛盾する印象からASEANを考えてみたい。

図 12-1 現在の ASEAN

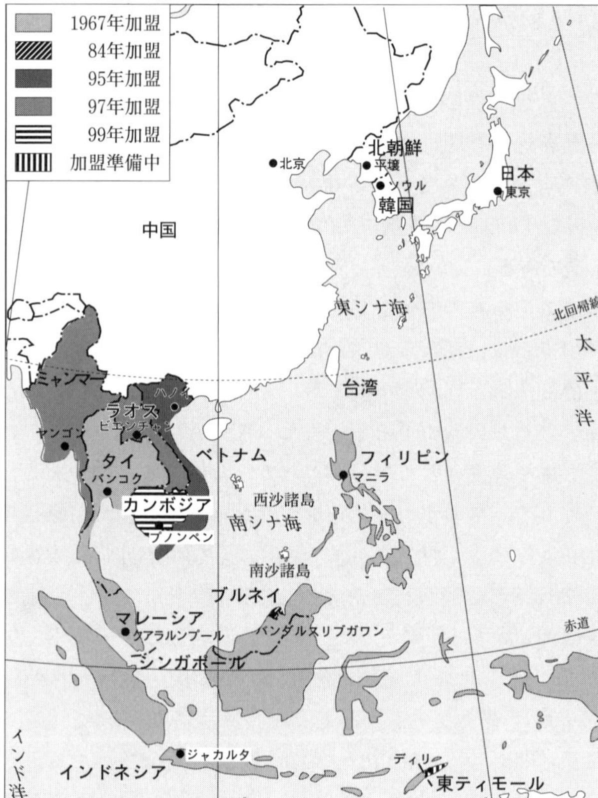

凡例:
- 1967年加盟
- 84年加盟
- 95年加盟
- 97年加盟
- 99年加盟
- 加盟準備中

［出典］ 黒柳米司編, 2005年『アジア地域秩序と ASEAN の挑戦――「東アジア共同体」をめざして』明石書店, 288-289 頁。

地域的国際組織としての ASEAN の特徴

　ASEAN は国際組織であるが，東南アジアという地域に特化している。そのため，一般に**地域的国際組織**と呼ばれる。同じような地域的な国際組織として，誰でも思いつくのが EU であろう。第 3 章で論じたアジア太平洋経済協力（APEC）も，経済協力を目的とした地域的な国際組織と言える。ほかにも，市場統合を目的としたものとしては，北米における北米自由貿易協定（NAFTA）や，アルゼンチン，ブラジルなど南米諸国を構成国とするメルコスール

(MERCOSUR；南米南部共同市場）がある。

　地域的な国際組織は，それを構成する国家がどの程度密接に結び付いているか，その結び付きの度合いによって分類することが可能である。共通の議会や通貨を持ち，域内の関税が廃止され市場としても統一されたEUは，この点で最も結び付きの強い地域的国際組織であるが，ASEANも後で見るように，経済と政治における協力はかなり強いものとなっている。地域的国際組織としてのASEANには，ほかにも顕著な特徴がある。

　第一の特徴は，構成国にいわゆる大国が存在せず，ASEANがアメリカ，中国，日本など周辺大国の影響を受けやすい弱小国家の集まりとして発足したことである。この性格は，今日でも基本的に変わらない。ただし，弱小国家の集まりだからといって，その役割や影響力が小さいわけではない。国際社会では，弱小国家の連合が政治的に大きな役割を果たした例は少なからず存在する。たとえば，1955年にインドネシアのバンドンで最初の会議が開かれたアジア・アフリカ会議や，アフリカ諸国の主権，領域，独立の保全維持を目的に設置されたアフリカ統一機構（OAU），紛争の予防や解決能力を強化するためにOAUを改組したアフリカ連合（AU）などがある。弱小国もまとまって声を上げれば，それなりの影響力を行使できる。つまり，弱小国から成る組織であることが問題なのではない。まとまった明確な意思を持ち，なおかつ共同行動に実際に移せるかどうかが肝要なのである。

　ASEANの第二の特徴は，その組織・運営原則がわかりにくい点である。通常，国際組織を作る時には，加盟国がその組織の目的や機構，権限を定めた条約（機関設置条約）などを締結する。しかし，ASEANにはそうした設立の根拠となる条約がない。ASEAN設置を決めたバンコク宣言は，たった700語ほどの政治宣言にすぎない。しかも，首脳による宣言ではなく，外務大臣による政治宣言である。またASEANの運営は，さまざまな政治宣言や議長声明の積み重ねと，その時々に締結される条約によって支えられている。組織の成り立ちや権限の所在を条約で強く縛らず，状況に応じて柔軟に対処してきたのである。EUやその前身の欧州共同体（EC）が明確な機関設置条約を持ち，規則・命令によって運営されているのと，きわめて対照的であろう。このことが，ASEANにつきまとう曖昧さ，わかりにくさの一つの理由となっている。

　ASEANの第三の特徴は，第3章で指摘した「アジアン・ウェイ」と呼ばれ

る運営手法である。**アジアン・ウェイ**とは，各国の自主性，合意を尊重し，漸進的に協力を築いていくアプローチである。ASEAN は，重要な事柄については原則として全会一致によって決める。逆に言えば，何か物事を決める時，どこか一つの国が反対しただけで，決定は見送られる。したがって，物事を決めたい時は，どの国からも反対が出ないように合意内容を曖昧なものにするか，議題を先送りするか棚上げせざるをえない。ASEAN の重要な会議の後に出される声明文を読んでも，何が決まって何が決まらなかったのかがわからないことが多い。これも，ASEAN の印象を曖昧にしている理由の一つである。

いかなる組織も，組織である以上，何を目的とするかが明確でなければならないはずである。全体的利益実現のために，構成員は自らの個別的な利益を犠牲にすることを余儀なくされることもある。ASEAN も当然そうした組織目的を持ち，目的実現のために共通意思を持っている。頻繁に会議を開き，合意を重ねるのもそのためである。しかし，目的を共有できたとしても，それを実現する政策や手段において加盟国がつねに一致するとは限らない。せっかくの提案も，アジアン・ウェイで他の加盟国の反対で骨抜きや先送りにあうこともある。外から見て ASEAN が何をどのように実現しようとしているのかがわかりにくく，ASEAN に相矛盾するイメージがつきまとうのも，以上のような理由があるからである。

2 ASEAN 設立の経緯と冷戦期の試練

ASEAN 設立前後の国際関係

ASEAN が持つ曖昧さは，その組織発足のいきさつと深くかかわっている。ASEAN が結成されたのは 1967 年のことであるが，結成当時から 10 カ国でスタートしたわけではない。いわゆる原加盟国はインドネシア，マレーシア，フィリピン，シンガポール，タイの 5 カ国である。これら 5 カ国はすべて共産主義を敵視する政治体制をとっていたので，旧ソ連や中国など共産主義国から，アメリカの帝国主義支配の尖兵だとか，反共産主義連合だなどと手厳しい批判を浴びた。当時アメリカは，東南アジアを含む東アジアの共産化阻止に強い態度を打ち出し，社会主義政権のベトナム民主共和国（北ベトナム）と自由主義陣営に属したベトナム共和国（南ベトナム）との戦争，いわゆる**ベトナム戦争**に直

接軍事介入した直後であった。アメリカは，南ベトナム以外のASEAN各国にも巨額の政府開発援助（ODA）と軍事援助を供与していた。それゆえ研究者の間でも，冷戦崩壊までのASEANは反共産主義連合だとみなす人が少なくない。そうした評価が妥当かどうかは議論の分かれるところであるが，確実なのは反共産主義がASEAN結成の最大の要因だったわけではないということである。

1960年代末まで，原加盟国の間では争いが絶えなかった。争いの多くは，植民地期以前の領土の帰属と旧植民地の独立形態をめぐるものであった。インドネシアのスカルノ政権は，マレーシア連邦成立（1957年に独立したマラヤ連邦が1963年にイギリス保護領のサバ，サラワク，イギリス自治領のシンガポールを加えて成立）が旧宗主国イギリスの陰謀であると反発し，「対決政策」と呼ばれる反マレーシア政策を打ち出した。フィリピンも，マレーシア連邦とカリマンタン島（ボルネオ島）北東部サバ州の帰属問題で国交を断絶した。華人人口の多いシンガポールも，いったんマレーシア連邦に帰属して独立したものの，結局は分離独立（1965年）し，マレー系人口が多数を占める東南アジア島嶼部において，どのように生き延びたらよいか国家戦略を模索していた。植民地期に欧米列強の勢力範囲の境界線として人工的に引かれた国境線は，実際にそこに住む人々の生活圏や社会圏，さらにはエスニック（民族）集団の配置図とは多くの場合，関連がなかったので，紛争の種はいたるところにころがっていたのである。

ASEAN原加盟国の国際関係がしばしば緊張関係に陥ったのには，もう一つ理由があった。欧米の植民地から独立したばかりで政権の国内基盤が盤石でない状況では，対外政策で強硬な立場をとることが，国民の支持と求心力を得る簡便な方法であった。国内の経済的・社会的不満をそらすはけ口として，対外的緊張が利用されたのである。とりわけスカルノ政権時代のインドネシアにおいては，国軍と共産党という二つの異質なグループをつなぎとめ，経済的無策に対する国民の不満をそらすためにもマレーシアへの対決政策が有効だった。

結論的に言うならば，こうした政策には負の効果の方が大きかったように思われる。実際，民族独立の熱気がある程度冷め，経済開発をめざすようになると，安定した国際環境が不可欠であり，良好な国際環境を得るには対決姿勢を控えるべきであるという認識が広まっていった。こうして，インドネシアやフィ

Column㉓ メコン地域開発と ASEAN

　メコン地域開発とは，中国に源流をもつメコン川流域地域，国で言えば中国，ミャンマー，ラオス，タイ，カンボジア，ベトナムの合計6カ国の流域開発，とりわけ国境を越えた複数国にまたがるインフラ（経済基盤）整備（道路，橋梁・鉄道建設，電源開発など）を指す概念である。

　メコン川を総合的に開発しようという考え方は，第1次インドシナ紛争（1946-54年）終結後の国連アジア極東地域経済委員会のメコン委員会設置にまで遡ることができる。当時は東西冷戦の最中であり，中国も含まれておらず（当時の中国代表権は台湾の国民党政権），ASEAN も存在していなかった。さらに，ベトナム戦争（1960年ごろ～75年ごろ），カンボジア紛争（1979-91年）が引き続き，メコン川流域を総合的に開発することは事実上不可能であった。メコン地域開発の実現は，カンボジア紛争終結，東西冷戦の終結，社会主義諸国による市場経済導入（中国の改革開放政策，ベトナムのドイモイ政策，ラオスの新思考〈チンタナーカーン・マイ〉政策，タイ・チャーチャーイ政権の「インドシナを戦場から市場に」政策）などの一連の国際環境の変化があって，初めて可能性が芽生えたのである。

　1990年代以降，国境を越えた協力でメコン地域開発を推進すべきという点では関係国間で合意があったものの，それを一体どのような枠組みで進めるのかについては，関係各国の思惑もありさまざまな構想が提案された。それらの中で，メコン地域開発の中心的枠組みとなったのが，メコン河流域圏（Greater Mekong Sub-region；GMS）開発計画である。GMS は1991年に設置された。参加国はカンボジア，ラオス，ミャンマー，タイ，ベトナム，中国（ただし，雲南省のみ）である。事務局はアジア開発銀行（Asian Development Bank：ADB）が務めた。参加国の中でも中心的役割を務めたのは，1980年代末に対インドシナ政策を転換したタイである。プロジェクトの決定には必ずしも全会一致を必要とせず，議長声明でも事業を開始できる柔軟性を持つのが GMS の強みである。現在は GMS 首脳会議が

リピンで政権が交替した1960年代半ば以降，国境紛争の原因についてはひとまず棚上げにし，既存の国境線を認めたうえで，それぞれの経済開発に取り組もうという合意ができあがったのである。それが ASEAN の枠組みへとつながった。

　しかし，原加盟国間の相互不信は根強く，ASEAN 結成で基本合意したものの，実際の発足にいたるまで紆余曲折があった。ASEAN 設置が，条約ではなく外務大臣による政治宣言の形をとったのも，条約の形で各国を法的に拘束

毎年1度開かれており，メコン地域開発の中心的役割を担っている。

　ASEANも独自のメコン地域開発の取り組みをしている。1995年にマレーシアが提案したAMBDC（ASEANメコン流域開発協力）と，2000年にシンガポールが提案したIAI（ASEAN統合イニシアティヴ）である。前者は中国雲南省からベトナム，カンボジア，タイ領を通ってシンガポールにいたる南北縦断鉄道建設が中心で，後者はASEAN域内先進国による域内後進国に対する人材開発協力を核とするソフト支援が中心である。

　しかし，インドネシアやフィリピンはメコン川流域開発に関する独自の案を提出していない。アジア通貨危機の影響でインドネシアはASEANを主導する余裕がなかったことや，そもそもこれら島嶼国にとってメコン地域開発から得られる利益が見えづらいことが，関心の低さの理由であろう。他方，メコン地域開発で中心的役割を担うタイでさえ，タクシン政権期にECS/ACMECS（経済協力戦略・イラワジ，チャオプラヤー，メコン経済協力）構想を立ち上げた（2002年）。しかし，このタイ主導の経済協力構想のメンバーには，当初中国とベトナムは含まれておらず（カンボジア，ラオス，ミャンマー，タイのみ），メコン地域開発に対する関係各国の微妙な立場が映し出されている（のちにベトナムが加入）。

　メコン川流域はしばしば「最後のフロンティア」と形容される。関係各国はお互いに協力を求めつつも，開発の主導権争いを繰り広げている。ASEANが域内経済格差（いわゆる，「ASEANディヴァイド」）を克服しASEAN経済共同体を実現させるには，メコン川流域のインフラ整備や産業活性化は不可欠である。そのためにはASEAN域外からの資金調達，技術支援，人材供給は必須である。そのことは同時に，ASEANを超えて東アジア地域統合で主導権を握ろうとする関係各国の思惑が交錯する舞台をも提供する。その意味でメコン地域開発は，現代アジアの国際関係を体現する「フロンティア」（最前線）ともなっているのである。

するのを避けるという妥協の産物であった。宣言の主な中身は経済協力と社会協力に関する事柄であり，政治協力にはほとんどふれていない。非政治面での協力を前面に押し出すことで，ASEANとしてのまとまりを作り出そうとしたのである。軍事的連携をうかがわせるような記述も皆無である。反共産主義というレッテルを貼られ，社会主義諸国からの反発を招きたくなかったからである。

インドシナ三国の社会主義化とASEAN

　発足当初のASEANが政治協力を前面に出さなかったのには，もう一つ理由があった。アメリカが，共産主義の脅威からASEAN諸国を守ってくれるという安心感があり，その必要がなかったのである。ところが，この前提がASEAN発足後，次々に崩れていった。1969年にニクソン米大統領が，ベトナム戦争からの撤退を行うとグアム島で表明した（グアム・ドクトリン）。ベトナム戦争で多大な財政支出と人的犠牲を余儀なくされ，国内外で戦争継続の反対運動に直面したアメリカは，政治的にも財政的にも戦争継続が困難だと認識した。こうして，1973年にアメリカ軍はベトナムから全面撤退したのである。その2年後，北ベトナムが武力で南ベトナムを占領し，1976年初めにベトナム統一が成し遂げられた。それと同時に，ラオスやカンボジアも社会主義化した。1950年代に，将棋の駒が次々に倒れるように地域の国々が共産化してしまうという見方を「**ドミノ理論**」と呼び，この理論に基づいてアメリカは世界各地への軍事介入を正当化したが，インドシナ半島でまさにそれが現実のものとなったのである。ASEANは，アメリカからの直接的な軍事援助抜きに，社会主義諸国と対峙しなければならなくなった。

　タイ，マレーシア，フィリピンは，国内に共産主義ゲリラをかかえていた。域内の社会主義陣営の勢力拡大という事態に，どのように対処すればよいのか。ASEAN内部からは二つの考え方が出てきた。

　一つは，周辺の大国の影響と介入から自国を守るために，ASEANを「中立化」させるという案である。東西冷戦の主戦場がヨーロッパであるとするならば，東南アジアは，ソ連・中国などの社会主義大国とアメリカを中心とする自由主義陣営が，それぞれの強い影響下にある政府あるいは反政府勢力を支援して内戦が繰り広げられる，冷戦の「**代理戦争**」の舞台であった。東南アジアを中立化させて代理戦争から自由になろうという構想は，ASEAN発足直後からマレーシアで構想されていた。そうした中立化構想が，インドシナ半島の社会主義化を受けて，マレーシアによってあらためて提案されたのである。

　もう一つは，自らの強靭性を強化しようという案であり，インドネシアのスハルト大統領が主張した。強靭性とはわかりにくい言葉であるが，域外国の軍事力に依存するのではなく，国内の経済的・社会的発展と政治的安定，ナショナリズムの強化によって自立的に国内の安全保障を確保しようという考え方で

ある。東南アジアにおける冷戦は域内の社会主義諸国との対立という対外的な側面と同時に，国内の共産主義ゲリラと政府軍との対立という国内治安対策的な側面を持っていた。インドネシアの立場は，その二つの側面の関連に焦点を当てたものである。

　ASEANは，周辺大国による東南アジア介入をはねつけるほど政治的・軍事的に強くない以上，ある程度諸外国に頼らざるをえない。さりとて，全く何もしないようであれば周辺大国に翻弄(ほんろう)されることになる。東南アジアが，域外諸国の干渉から自由な「平和・自由・中立地帯（ZOPFAN）」であることを謳った「クアラルンプール宣言」（1971年），そのZOPFANを具体化して主権・領土の尊重，民族自決と内政不干渉，紛争の平和的解決などを唱えた「東南アジア友好協力条約（TAC）」（1976年），さらには政治，経済，社会，文化，情報，安全保障という6分野での協力プログラムを謳った「（第1次）ASEAN協和宣言」（1976年）は，マレーシアとインドネシアから出された上の二つの考え方を融合させたものである。

　こうした国際環境の劇的な変化の結果，ASEANは初めて政治協力を前面に打ち出すことができた。特に大きな意味を持ったのは，1976年に開催された第1回ASEAN首脳会議（バリ会議）である。ASEANの最高意思決定機関は年次閣僚（外相）会議であり，首脳会議ではなかった。まだASEAN諸国間の信頼関係は十分でない，とみなされていたからである。バリ会議では，TACやASEAN協和宣言が採択されただけでなく，事務局をジャカルタに設置することで合意した。また，具体的な経済協力についても一歩踏み出すことになった。設立後10年を経て，ようやくASEANは具体的な政治・経済協力に着手したのである。

カンボジア紛争

　このように，自らの意思でASEANは政治協力路線に踏み出したが，**カンボジア紛争**の勃発によって再び大きな試練を迎えた。

　カンボジア紛争の発端は，インドシナ半島が社会主義化した後，ベトナム共産党とカンボジア共産党の関係が悪化したことにある。カンボジアは，1977年末にベトナムに一方的に国交断絶を通告し，78年末にはベトナムがカンボジアに侵攻して，「ポル・ポト派」と呼ばれる当時のカンボジア政権を首都プ

ノンペンから追放し,ベトナムの傀儡政権(ヘン・サムリン政権)を樹立した。しかし,紛争はこれで決着せず,内戦状態は1991年まで続いた。

　紛争解決に10年以上を要したのは,ポル・ポト派とベトナムの背後に,それぞれ経済・軍事援助を行う域外大国が存在したためである。中国とソ連である。中国とソ連は,同じ社会主義国であるにもかかわらず,当時深刻に対立していた。

　インドシナ社会主義化からカンボジア紛争にいたる一連の経過は,ASEAN各国に大きな負荷を与えた。大量の難民が発生し,それが周辺国に押し寄せたのである。第一波は,旧南ベトナムから逃れた難民(「ボート・ピープル」)である。彼らは社会主義を嫌い,旧南ベトナム政府やアメリカに協力したことによる迫害を恐れ,国外に脱出した。第二波は,カンボジア難民である。特に,カンボジア—タイ国境には多くの難民キャンプが設営され,タイ政府にとって大きな負担となった。マレーシアやインドネシアにも難民は向かった。

　カンボジア紛争に対する姿勢の点でも,ASEAN内部に軋みが目立つようになった。カンボジアと国境を接し社会主義陣営の前線に位置したタイは,ベトナムに対する強硬な姿勢を崩さなかった。タイは1970年代半ばに中国と国交を回復しており,タイ領を通過して中国からポル・ポト派へ軍事支援が行われるのを黙認していた。シンガポールも小国という立場から,主権を侵害するベトナムの対応を厳しく批判した。他方,インドネシアは,自国共産党を支援した中国に依然として強い警戒感を抱き,中国と対立するベトナムにむしろ親近感をいだいていた。

　1991年にカンボジア紛争が解決したのは,ASEANの努力のためというより,一連の環境変化による。米ソ冷戦が終わり中国とソ連の関係が好転したのを見届けたうえで,ベトナムはカンボジアから全面撤退した。ソ連は軍事負担に耐えかね,ベトナムから軍をすでに撤退させていた。ベトナム自身も中国の「改革開放」(第5章2参照)に刺激されて,1986年から「ドイモイ(刷新)」を始めるようになった(第11章1参照)。対ベトナム最強硬派のタイが「インドシナを戦場から市場へ」というスローガンを掲げ,外交政策を転換させたことで,ASEANの足並みが揃う環境も整ったのである。

　1970年代,ASEANは東南アジアの中立化や強靭性の強化を掲げたが,実際に域外大国が本格的に政治的・軍事的に介入すると,ASEANとしては対処

のしようがないことを思い知らされた。域外大国と良好な関係を保ちつつ東南アジアへの介入を阻止し，東南アジア内部の結束を強める必要があらためて認識された。このことこそ，ベトナム戦争終結からカンボジア紛争にいたる試練がASEANに与えた最大の教訓であり，1990年代のASEANの新たな試みに生かされるのである。

ARFの発足

ASEANがカンボジア紛争などへの対応で得た経験を，アジア太平洋地域の安全保障枠組み作りに活用したのが，「ASEAN地域フォーラム（ARF）」である。冷戦終結後の国際環境は大きく変化した。大国間関係の構図が根本的に変わり，地域をめぐる紛争や緊張のあり方も様相を異にするようになった。こうした過渡期にあって，ARFについては，来るべき地域秩序の担い手としての地位を確立しようというASEANの意気込みの表れと評価する声が高い。

ARFが設置されたのは1994年のことである。フィリピンの米軍基地が返還され，それによって生じた軍事的空白を埋めようとするかのように，中国が「領海および接続水域法」を制定して東シナ海，南シナ海のほぼ全域の領有を宣言し，実際に南沙諸島に領土標識を設置し始めた時期と重なる。ARFには，ASEAN諸国に加えてアメリカ，中国，韓国，日本をはじめ，インド，モンゴル，北朝鮮なども参加している。ただし，北大西洋条約機構（NATO）のように軍事組織を持つわけではない。参加国間で，東アジアや東南アジアにおける安全保障に関する信頼醸成を深め，それを足がかりに「紛争の発生を妨げ，争いが武力衝突に発展するのを防ぎ，衝突を最小限に押しとどめる」（ブトロス＝ガリ元国連事務総長）予防外交や，紛争の平和的処理にまで発展させることをめざしている。

ARFは，潜在的な敵対国を含むすべての関係国をグループに取り込み，対話を重ねて信頼感を作り上げ，脅威や課題に協調して対応するという「協調的安全保障」（第3章3参照）の考え方に基づいている。こうした協調的安全保障の先例としては，全欧州安全保障協力会議（CSCE。1995年，全欧州安全保障協力機構〈OSCE〉に改組）がある。しかし，メンバーシップの包括性・非排他性，緩やかな制度化，すべての参加国にとって受け入れ可能な漸進的なペースでの対話，コンセンサスによる決定などは，いずれもASEANが発足以来一貫し

て実践してきた「アジアン・ウェイ」にほかならない。1997年以降には信頼醸成から予防外交への移行が課題になっているが、内政干渉を嫌う参加国が多く、予防外交、さらには紛争解決への移行がまだなされていない。

3 冷戦終結後の ASEAN 拡大と課題

ASEAN の拡大（ASEAN 10）

1967年に5カ国体制で出発したASEANであるが、1984年にブルネイが新たに加わって6カ国になったのを除くと、加盟国の構成に大きな変化はなかった。ところが1990年代に入ると、ASEANは東南アジアの社会主義国および軍政が行われている国家を次々に受け入れた。ベトナム、ラオス、ミャンマー（ビルマを改称）、そしてカンボジアがASEANに加盟したのである。東ティモールも2012年までのASEAN加盟を準備中である。ASEANはいまや、東南アジアのほぼ全域を覆い、主権国家10カ国、人口5億3000万人、経済規模でも世界の国内総生産（GDP）の2％を占める巨大集団に成長した。まさに、開発途上地域における稀な「成功物語」と言ってよいであろう。

図12-2に明らかなように、いまやアジア太平洋における国際協力の枠組みにおいて、つねにASEANはその中心にある。ARFがその典型であるが、アジア太平洋のほとんどすべての主要国がASEANの枠組みを利用して対話を行っている。アジア太平洋の国際協力と新たな秩序形成を、ASEAN抜きに論じることはもはや不可能である。そしてまた、こうしたASEANの拡大と役割強化が、冒頭に見たASEANの活動量の大きさにつながっているのである。しかし他方で、現在のASEANが新たな課題や困難さに直面していることも確かである。そのことを以下、経済協力の分野に焦点を当てて論じてみたい。

AFTA

ARFとほぼ同じ時期に、ASEANは域内の経済協力をより強固なものにするための試みに着手した。それが「**ASEAN自由貿易地域（AFTA）**」である。AFTAとは、ASEAN域内の関税・非関税障壁を撤廃して自由貿易圏を作ろうとする枠組みである。具体的には、文化財や国防関連物資を除くすべてのASEAN製品についての関税を一定期間内に引き下げることを目標とし、1993

図12-2　アジア太平洋地域における国際的枠組み

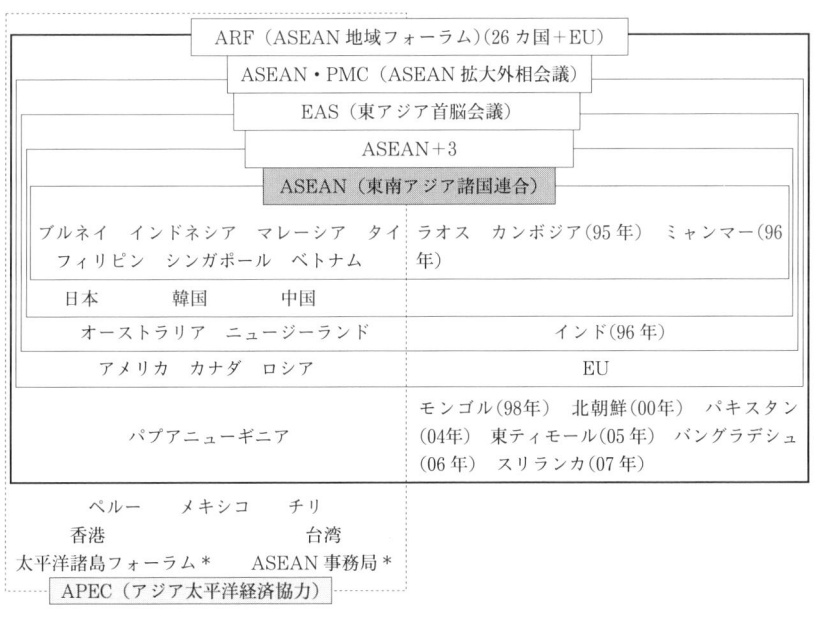

ARF（ASEAN地域フォーラム）(26カ国＋EU)	
ASEAN・PMC（ASEAN拡大外相会議）	
EAS（東アジア首脳会議）	
ASEAN＋3	
ASEAN（東南アジア諸国連合）	
ブルネイ　インドネシア　マレーシア　タイ　フィリピン　シンガポール　ベトナム	ラオス　カンボジア(95年)　ミャンマー(96年)
日本　韓国　中国	
オーストラリア　ニュージーランド	インド(96年)
アメリカ　カナダ　ロシア	EU
パプアニューギニア	モンゴル(98年)　北朝鮮(00年)　パキスタン(04年)　東ティモール(05年)　バングラデシュ(06年)　スリランカ(07年)

ペルー　メキシコ　チリ
香港　　　　　　　台湾
太平洋諸島フォーラム＊　　ASEAN事務局＊
APEC（アジア太平洋経済協力）

［注］（　）内は参加年，記載のない国は1994年の発足メンバー。
　　　＊はオブザーバーとして参加。
［出典］http://www.mofa.go.jp/mofaj/area/asean/arf/pdfs/gaiyo.pdf

年にスタートした（ASEAN 6については，2003年1月までにほぼすべての製品の関税率が0-5%未満に引き下げられた）。

　AFTAの発足には，ASEAN諸国を取り巻く経済的な状況が急速に変化したことが影響している。1985年のプラザ合意（第1章3参照）以降，日本からの直接投資がタイ，マレーシア，インドネシアなどに大量に流れ込んだことは，それぞれの章ですでに見てきたとおりである。日本だけでなく，韓国，台湾，シンガポールなどの新興工業経済地域群（NIEs）諸国からの直接投資も，その後を追うように注ぎ込まれた。図12-3を見れば，1985年から90年代前半に，フィリピンを除くASEAN主要国が軌を一にして高い経済成長路線に入ったことがわかる。

　他方で，ASEAN諸国間の経済協力は，必ずしも順調には進まなかった。AFTA締結前後のASEAN主要国の高い経済成長が何によって支えられてき

図12-3 ASEAN諸国の実質GDP成長率（1980-2005年）

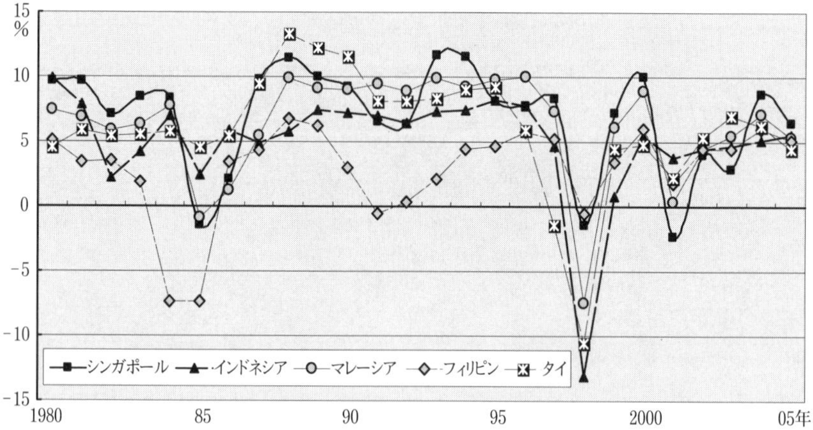

［出典］ International Monetary Fund, World Economic Outlook Database, April 2006; http://www.imf.org/; 国連貿易開発会議（UNCTAD）Website (http://www.unctad.org/)

たのかを，途上国の経済発展にとって重要な意味を持つ，投資と貿易の二つの側面から見てみよう。

ASEANへの海外からの直接投資は，図12-4に見られるように1980年代後半以降高い伸びを示し，その傾向はアジア通貨危機の始まる1997年まで続いた。ASEAN諸国の急速な工業化は，こうした直接投資と，日本などからのODAによるインフラ整備とを車の両輪として進展したのである。しかし，海外からの直接投資は，ODA同様，日本，アメリカ，EUなどの先進国からのものであって，2006年段階では，EU25.2%，日本21.1%，アメリカ7.5%と，この2カ国・1地域からだけで全体の半分以上に及ぶ。それに対して，ASEAN域内からの直接対外投資は11.7%にすぎない（図12-5参照）。こうした傾向はAFTA締結の1992年段階でも同様であり，直接投資について言うならば，日本，アメリカ，EUに圧倒的に依存していて，域内での経済協力は1割程度にすぎなかった。

次に，ASEAN諸国の対外貿易，特に外貨を獲得するための輸出がどんな国や地域に対してなされたかを見てみると，1985年段階では，日本23.5%，アメリカ20.0%，EU11.5%で，全体の55.0%に及ぶ。他方，ASEAN 5カ国相互間の輸出は19.0%であった（図12-6左参照）。これはAFTA成立後の1995

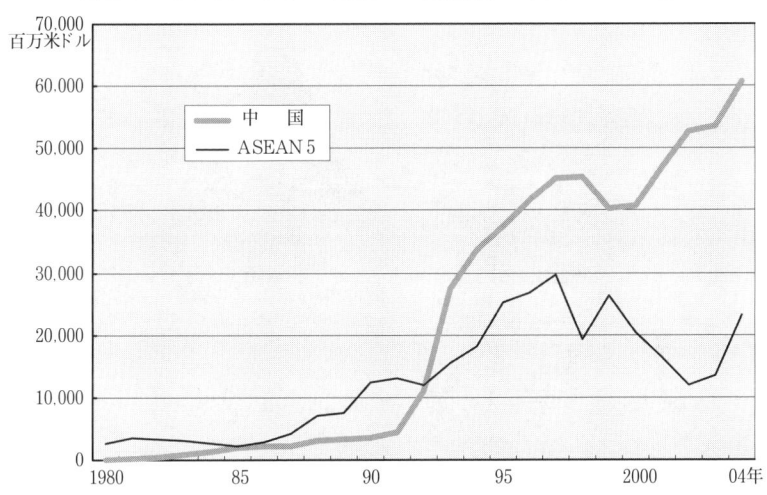

図12-4 ASEAN 5と中国への海外からの直接投資の流入（1980-2004年）

［出典］ 国連貿易開発会議（UNCTAD）Website（http://www.unctad.org/）

年段階では，域内貿易は19.8%と大きな変化は見られない（日・米・EUが52.0%）。2007年では，域内貿易は全体の22.8%と少し増加しているが，大きく変わったのは，日・米・EUが33.2%とほぼ3分の1に減少したのに対し，アジアNIEs（韓国，香港，台湾）が13.4%，中国が9.4%と増加し，日・米・EU市場の減少分を補う形になっていることである（図12-6右参照）。

　こうした背景を念頭に置くと，AFTA成立時にASEANがどのような国際経済環境の中にあったかを，ある程度理解できるであろう。ASEANの域内協力の議論は，ASEAN設立後まもなく始まっている。しかし，ASEAN諸国間の利害調整に手間どり，1976年の第1回首脳会議まで具体的な合意が得られなかったのである。AFTA設置に合意したころ，ASEAN域内の貿易（輸出）は2割ほど，直接投資の比率は1割でしかなかった。それほどASEAN各国の経済は，アメリカ，日本，EUなどの域外大国に依存していたのである。こうした状況に変化をもたらしたのが，GATTのウルグアイ・ラウンドが進展せず世界的に保護貿易の懸念が高まりつつあったこと，マーストリヒト条約締結（1992年）以降のヨーロッパ統合の進展と拡大（ECからEUへ），1990年6月にアメリカとメキシコの間で開始されたNAFTA締結のための交渉，そし

第12章 ASEAN　261

図 12-5　ASEAN への国／地域別海外直接投資（国際収支ベース）

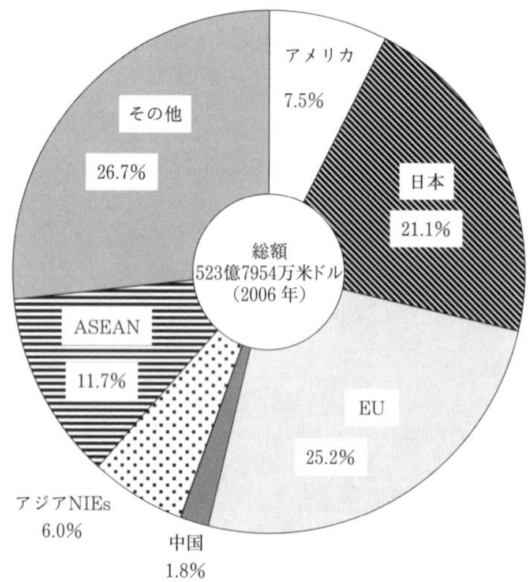

- アメリカ 7.5%
- 日本 21.1%
- EU 25.2%
- 中国 1.8%
- アジア NIEs 6.0%
- ASEAN 11.7%
- その他 26.7%
- 総額 523億7954万米ドル（2006年）

［出典］　日本アセアンセンター（http://www.asean.or.jp/）

て中国が鄧小平の南巡講話（1992年）によって地方政府主導の全面市場化に踏み切ったこと（第5章3参照）などの ASEAN 域外の世界の動きであった。

　NAFTA は，日本をはじめとするアジア各国には衝撃的であった。というのも，その厳しい原産地規制やアンチ・ダンピング規定，その他の非関税障壁によって，アジア諸国の輸出産業に打撃を与えることが予想されたからである。ASEAN にとっては，輸出市場が縮小する可能性に加えて，それまでアメリカから流入していた直接投資がメキシコに流れる危険が生じた。

　他方，中国が全面的な市場開放政策に大きく舵を切ったことも，ASEAN に大きな影響を与えた。中国の市場開放は，ASEAN にとっても大きなビジネス・チャンスを生むと同時に，先進国からの海外直接投資の受け入れ先としては強力なライバルとなったからである。実際，直接投資先として ASEAN と中国を比較すると，図 12-4 に見られるように，まさに 1992 年を境に両者の立場が逆転したことがわかる。以後，ASEAN への投資は 1997 年をピークに低迷したのに対し，中国への投資はほぼ一貫して高い伸びを示し，いまや両者の差は 1 対 3 ほどに拡大しているのである。1992 年当時，すでに顕在化しつつあった

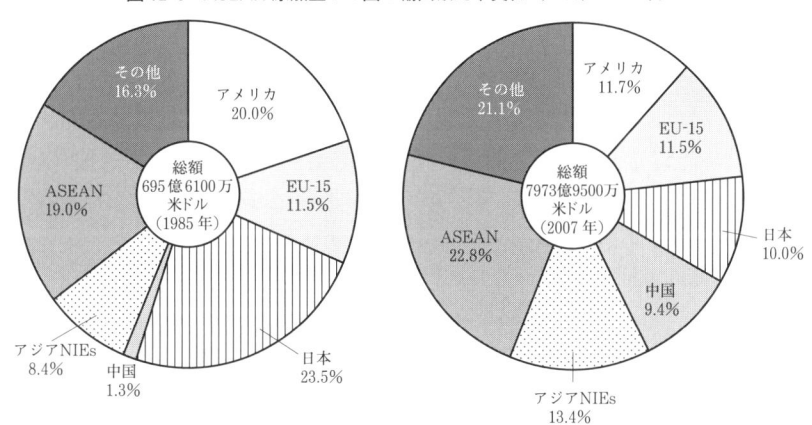

図12-6　ASEAN原加盟5カ国の輸出額比率変化（1985, 2007年）

1985年（総額 695億6100万米ドル）:
- その他 16.3%
- アメリカ 20.0%
- EU-15 11.5%
- 日本 23.5%
- 中国 1.3%
- アジアNIEs 8.4%
- ASEAN 19.0%

2007年（総額 7973億9500万米ドル）:
- その他 21.1%
- アメリカ 11.7%
- EU-15 11.5%
- 日本 10.0%
- 中国 9.4%
- アジアNIEs 13.4%
- ASEAN 22.8%

［注］　シンガポールからインドネシアへの輸出額は，相手国側データを1.2で割り戻して計算した。
［出典］　IMF/*Direction of Trade Statistics Yearbook 1992; 2008*

こうした危機意識に基づいて，ASEAN 各国が設置に合意したのが AFTA であったと言っていいであろう。要するに，世界的な自由化や地域経済統合の動きに応じて ASEAN も準備を進めようとしたのである。

アジア通貨危機から東アジア共同体への挑戦

このような ASEAN の主体的取り組みに冷や水を浴びせたのが，1997-98 年のアジア通貨危機であった。タイに始まったこの危機が ASEAN 主要国にいかに深刻な影響を与えたかは，本書のそれぞれの章に詳しく述べられているとおりである。この経済危機に際して，集合体としての ASEAN は全くと言ってよいほど無力であった。混乱を救ったのは，またしても日本やアメリカなどの域外大国と，IMF などの国際機関であった。ASEAN は話し合いばかりしていて本当に困った時には全く無力ではないか，という見方が急速に広がったのである。

しかし，こうした批判を乗り越えて ASEAN は，ARF 同様，経済協力の分野においても域外大国を組み入れた壮大な構想の結節点となるよう挑戦を続けている。それが，「**東アジア共同体**」である。東アジア共同体の淵源の一つはマレーシアにある。当時マレーシアの首相であったマハティールが，1990 年

に「東アジア経済グループ（EAEG）」（後に「東アジア経済会議〈EAEC〉」に改められた）という構想を提起したのである。この構想は，アジアの市場からアメリカやヨーロッパを排除しようとする意図が底辺にあるとASEAN内外で警戒され，比較的早い段階で頓挫(とんざ)した。ところが，アジア通貨危機発生後の1997年12月に，貿易・金融面で関係の深いASEANと中国，日本，韓国（いわゆる「ASEAN＋3」）首脳が集まった時，アメリカはこの会合に反対しなかった。緊急避難的色彩の濃かったASEAN＋3はその後毎年ASEANサミットに合わせて開催されるようになり，その重要性を増しつつある。東アジア共同体構想もこのASEAN＋3会合で活発に議論され，議論をリードするための中・日・韓の争いも苛烈を極めている。

　2000年に，ASEANとの自由貿易協定締結を提案した中国は，2002年「包括的経済協力枠組み協定」を締結し，これに従って物品貿易協定（2004年調印，翌年発効），サービス貿易協定（2007年調印，同年発効），投資協定（2009年調印，翌年1月発効）を次々に締結し，ASEANとの自由貿易圏を完成させた。これに対して日本がASEANとの包括的な経済連携協定を署名したのが2008年で同年末に一部発効したものの，投資の自由化・保護に関する交渉は今後に委ねられており，出遅れた感が否めない。

　東アジア共同体（第3章 *Column* ⑨参照）が一体どのようなものなのかについて識者の意見はまちまちである。しかし，東アジア地域の経済発展と相互連関の深まりによって，事実上の経済統合がなされつつあるというのが，現在では専門家のほぼ一致した意見である。まず，貿易面では東アジア域内貿易の活発化が域内各国を自然な形で結び付けている。近年は中国を主な生産拠点とする国際分業が拡大していて，東アジア域内では貿易の半分以上が域内貿易になっている。世界の貿易全体に対してどれくらい域内貿易が伸びているのかを示す貿易強度指数で見ても，東アジアはEUよりも高く，しかもEUの本格的な域内統合が始まった1990年ごろと比べても非常に高いことがわかる。このことは，東アジア地域では制度的な枠組みがEUに比べてはるかに弱いにもかかわらず，域内経済統合の点ではEUよりもむしろ高いことを示している。GDPの伸びも，いまや東南アジア諸国は，アメリカ，EUよりも，日本，韓国，台湾，香港などのGDPの伸びとの相関関係の方がはるかに強い。つまり，東南アジア経済の伸びは，欧米よりも日本を含む東北アジア諸国の経済の伸びに依

存しているのである。

　金融面でも，商業銀行の対外融資活動，機関投資家の対外証券投資などを通じて，東アジア各国の相互リンクは度合いを強めている。タイで発生した通貨危機が東アジア域内であっという間に広がったのも，こうした金融面でのつながりが非常に高かったことの表れである。2000年5月にはASEAN＋3蔵相会議が開催され，短期債務返済で外貨が枯渇した場合には，ASEAN＋3の中央銀行間で外貨を融通しあうスワップ協定（チェンマイ・イニシアティブ）が締結された。こうした実態面での東アジアの経済統合を制度面でも進めていこうとする動きが，「東アジア共同体」構想を支えているのである。2005年12月にクアラルンプールで開催された初めての「東アジア首脳会議」では，「東アジア共同体」構築をめざす共同宣言が採択された。以後，ASEANサミット開催に合わせて，ASEAN＋3会議，東アジア首脳会議がASEANの場において開催されることが恒常化している。

ASEAN統合に向けての課題

　以上のように，ASEANはアジア地域の結節点として存在感を増しており，それゆえに活動量も多い。しかし，組織の特徴である曖昧さは残り続けている。ASEANは，いまや加盟国が10カ国となり東南アジアとほぼ等値になったが，従来以上に内部に異質な要素をかかえ込み，集団としての意思決定や行動がますます難しくなっている。また，格差の拡大も深刻である。貧富の格差は，ベトナム，ラオス，ミャンマー，カンボジアの加盟によって顕著になった。最も貧しい国ミャンマーと，最も豊かな国シンガポールとの国民1人当たりGDPの差は，いまや1対110にまで拡大している。こうした極端な格差のある国々が，何を共通の課題として掲げ，共同行動に出ることができるのかという点で，組織の目的をはっきりさせにくい。さらに，ASEAN加盟各国は1990年代末からASEAN域外国と2国間自由貿易協定（FTA）を締結し始めたことも，ASEAN各国の足並みの乱れを印象づけることとなった。

　曖昧さを増すもう一つの要素は，指導者不足である。かつてASEANには，インドネシアのスハルトや，シンガポールのリー・クアンユー，そしてマレーシアのマハティールといった，一国を超えて地域全体にも目配りでき，かつ国際社会にもメッセージを出せる指導者が存在した。彼らが次々と表舞台を退き，

いまやASEAN全体について指導力を発揮できるリーダーが不在になった。それゆえ，ASEANとは何であるかというメッセージが出しにくくなっているのである。ASEAN＋3や東アジア共同体構想が脚光を浴びる一方で，中・日・韓などに対してASEANが発言力を維持するのも容易ではない。

とはいえ，ASEANもただ手をこまねいて見ているわけではない。AFTAが完成した2003年，ASEANは「第2次ASEAN協和宣言」を採択し，安全保障共同体，経済共同体，社会文化共同体からなるASEAN共同体の創設（2020年）を打ち出した。2007年には経済共同体創設に向けての青写真を発表し，物品・サービス，投資，熟練労働者と資本の自由な移動が行われる地域を2015年までに設置するとした。2007年のASEAN首脳会議ではさらに「ASEAN憲章」を採択し，ASEANに地域機構としての法人格を与えるとともに，ASEANの基礎となる諸原則を再確認し，ASEAN共同体創設に向けて機構強化や意思決定の明確化を掲げている。とはいえ，従来のコンセンサス方式は維持されており，EUのように外交権や司法権の部分的移譲は行われていない。ASEANで，はたして「共同体」が実現するかどうかは未知数である。

ASEANとレント

最後に，本書のキーワードである「レント」を用いてASEANを考えてみよう。

ASEAN諸国は近年まで，二つの大きなレントを享受してきた。その一つが，アメリカによる安全保障とアメリカの巨大市場へのアクセス（出入り）である。そしてもう一つが，日本によるODAと直接投資である。ASEANが東南アジア地域の共産主義化を恐れたアメリカのイニシアティブの下に成立した反共連合であったかどうかについては，現在でも議論が分かれるところであるが，少なくとも冷戦終焉にいたるまでのASEANはアメリカの安全保障面でのリーダーシップを受け入れてきた。同時に，経済制度については，アメリカ主導の世界的な経済運営システム（GATT・IMF体制）を受け入れた。その見返りがアメリカ市場へのアクセスであって，東南アジア諸国は長く，その輸出をアメリカ市場に依存してきたのである。

日本がASEANにおいて果たした役割も，アメリカとの分業体制の下でなされた。日本は，初期においてはASEAN各国に巨額のODAを供与するこ

とによって，それぞれの国民経済が自立するのを助けようとした。ODAの多くがインフラ整備に向けられたのはそのためである。民間資本も，こうしたODAを呼び水とするかのようにASEAN各国に向かった。ただし，民間資本の流れが顕著になるのは1985年のプラザ合意以降であり，中小企業も含めた日本の巨額な直接投資によってASEAN主要国，特にタイ，マレーシア，インドネシアは持続的な経済成長路線に入ることができたのである。まさにアメリカと日本が，ASEANに対してレントを供給してきたのである。

問題は，それが「よいレント」であったかどうかである。否定的な見方は，冷戦下において日米が役割分担しながらASEAN各国を支援したために，多くの国において人権抑圧的な独裁体制や権威主義体制が長く存続し，なおかつ援助や投資が一部の政治経済エリートだけを潤し，国民の多くの福利厚生向上につながらなかったと見る。まさに，日米のレントは「悪いレント」ということになる。

他方で，そうした問題はあるにせよ，アジア通貨危機を経て現在の東南アジア諸国が経済成長を続けており，貧困の解消や所得格差の拡大防止にある程度成功している点を評価するならば，日米のレントは結果的に「よいレント」として役立ったということになる。筆者は，とりあえず後者の見方をとるが，みなさんはどうであろうか。

さらに読み進む人のために

黒柳米司編，2005年『アジア地域秩序とASEANの挑戦――「東アジア共同体」をめざして』明石書店
　＊ASEANが何を達成し，そしてなぜ成功したかを論じ，他方で，どのような課題に直面しているかを論じる。

日本国際政治学会編，1997年『ASEAN全体像の検証』（国際政治第116号）
　＊学会の機関誌ではあるがASEAN結成30周年を期に「等身大のASEAN像」を探ろうと，さまざまな観点から専門家がASEANを分析している。

矢野暢，1986年『冷戦と東南アジア』中央公論社
　＊第二次世界大戦後，地域としての東南アジアは冷戦の政治力学によって造成されていく。ベトナム戦争の複雑な歴史的背景基盤を実証的に解明する。

山影進，1991年『ASEAN――シンボルからシステムへ』東京大学出版会

＊ASEAN 成立の前史から設立，そしてその後の定着までを，国際関係論の立場から詳細に分析している。

山影進，1997 年『ASEAN パワー――アジア太平洋の中核へ』東京大学出版会
　＊前著の続編。ASEAN が次第に機能を拡充して，アジア太平洋の国際秩序形成に中核的な役割を担う過程を分析する。

（永井　史男）

第 13 章

インド　貧しさと民主主義の競合

❶ 厳しい経済競争の中で，農民の暮らしは苦しい。しかし，カースト集団を基軸とする各地の政党が，農民の利益を政治的に代弁している。これは，国会への陳情デモ行進（2006年2月，デリー。筆者撮影）。

❶ 都市のスラムや農村では，暮らしを改善するためのセルフ・ヘルプ型の NGO が数多く活動する。地元の女性は，教育・医療・職業訓練・法律相談など多様な活動を行う（2001年3月，デリー。筆者撮影）。

　IT産業をはじめ，右肩上がりの経済発展によって，インドは中国と並ぶアジアの大国になる，と言われている。しかしこの国には，その日の食事にも事欠く貧しい人々が何億も住んでいる。独立インドの目標は，こうした貧しさを生み出す植民地的な政治経済を克服することだった。インド型社会主義と民主主義体制を選択し，国家が中心となって未来を切り開こうとしたのである。大きな変動を乗り越え，さらなる大国への道を驀進しようとしているインドの60年あまりの歩みを学んでみよう。

表13-1 インド略年表

年　月	事　項
1947年8月	インド，パキスタンと分離独立。インド国民会議派政権成立
10月	カシミール藩王国の併合をめぐり，第1次印パ戦争勃発
49年1月	カシミールで印パ停戦協定成立
50年1月	インド憲法施行
51年5月	第1次5カ年計画の開始
52年2月	第1回総選挙の結果，インド国民会議派の圧勝
54年4月	中国・周恩来とネルー，平和5原則を提携
55年4月	バンドン会議で平和10原則。インド，非同盟外交を展開
56年9月	第2次5カ年計画の成立。インド型社会主義を具体化
62年12月	中印国境紛争で敗北。国際的な威信を失墜
66年1月	インディラ・ガンディー政権成立
7月	財政と国際収支の悪化。ルピー切り下げ
67年2月	第4回総選挙で会議派後退。9州で非会議派政権成立。西ベンガル州で共産党首班の左派連合政権
71年3月	第5回総選挙で会議派圧勝
12月	第3次印パ戦争，バングラデシュ独立
75年6月	非常事態宣言で議会停止。反政府運動の弾圧
77年3月	第6回総選挙で反会議派のジャナタ連合が勝利。民主主義の回復
80年1月	第7回総選挙で，会議派インディラ・ガンディー政権の復活
84年6月	パンジャーブ州のスィク武装勢力による独立運動を政府軍が鎮圧
10月	インディラ・ガンディー首相暗殺。ラジブ・ガンディー政権成立
89年11月	第9回総選挙で反会議派・国民戦線内閣成立
90年8月	国民戦線政府，マンダル委員会の勧告実施を約束。湾岸危機により石油価格高騰，出稼ぎ労働者の送金減少で経済危機へ
91年5月	ラジブ・ガンディー元首相暗殺。総選挙で会議派が勝利し，ナラシマ・ラオ政権成立。本格的な経済自由化推進を宣言
92年12月	大規模な反イスラーム暴動のアヨーディヤ事件。ムンバイ暴動に飛び火
96年5月	インド人民党が第11総選挙で勝利したが，連合組めず，統一戦線内閣が成立
98年3月	第12回総選挙でインド人民党（BJP）連合政権成立。核実験実施。米日の経済制裁
99年5月	カシミール地方でパキスタン軍に支援されたイスラーム武装勢力とインド軍の大規模な衝突（カルギル戦争）
10月	第13回総選挙で人民党大勝
2001年10月	アフガニスタン戦争で，インドはアメリカの対テロ戦争を支持
02年2月	グジャラート州で大規模な反イスラーム暴動勃発
5月	印パ間で核戦争の危険，欧米日など外国人の国外退去
03年6月	ヴァジパイ首相訪中。経済協力をめざす印中共同宣言。ASEANへも接近
04年5月	第14回総選挙で会議派連合がBJP連合を破る。マンモハン・シン政権成立
09年5月	第15回総選挙で会議派連合が圧勝し，2期目のマンモハン・シン政権成立

1 社会主義と民主主義からの出発

歴史と社会の重み

インドはどんなイメージの国だろう。少し思い浮かべてみてください。

ITのインド，いま人気のインド株。核保有国インド，国連の安全保障理事会で常任理事国入りを日本と競うインド。国際機関で活躍するインド人，グローバル企業が評価する数学と英語の得意なインド人。ノーベル賞学者を輩出する国，人口10億を超える国，民主主義の国。

こういう景気のよい，大国をめざす「行け行けどんどん」のインドではなくて，インドの貧しさや困難に思いをはせる人もいるだろう。何億もの人々がひもじい思いをして暮らす社会。カースト的な差別，女性への差別が強い社会。イスラーム教徒（ムスリム）をヒンドゥー教徒の過激派が攻撃した国。パキスタンという隣国とカシミール紛争を続ける国。

このように書いてくると，じゃあインドって結局どんな国なの，という声が聞こえてきそうだ。この章では，そういう素朴で，しかも本質的な問いに答えようと思う。だからこそ，最初に断っておきたいのは，インドの「今」を知るためには，この国の歴史を少しは理解しておかなければならない，ということだ。難しい話ではない。昔のものが多様に混じり合って，人々の今の暮らしが動いているからだ。

政治経済の分析では，選挙結果の投票分析や国民総生産（GNP）の成長率が大事だろう。だが，それらの数字のもとに，インドらしい歴史と社会が横たわっている。核兵器にヒンドゥー教の神様の名前が付いていたり，IT企業のシステム・エンジニアが会社からの帰りにヒンドゥーのお寺に行ってまじめにお祈りしたり。しかも，10億を超える人々が，それぞれの歴史を背負っている。インドで会社を経営したり，開発援助に携わったりする時にも，そんなことを知らないと，大変な反発を受けることもある。

たとえば，デリーという，インドの首都に旅してみよう。そうすると，こんな風景をすぐに見かけるだろう。世界中どこでも使えるクレジットカードや銀行カードの，カラフルな大看板。それが，排気ガスでいっぱいの道路脇，小さな店のひしめくバザール（市場）の横に立っている。今にも崩れ落ちそうな中

図 13-1　現在のインド

[出典]『エコノミスト』2006 年 4 月 10 日号, 9 頁。

インド	
面積	328 万 7590 km²
人口	11 億 5400 万人 (2008 年度, 国家人口委員会推定値)
首都	デリー
言語	ヒンディー語 (公用語) ほか
宗教	ヒンドゥー教, イスラーム教, キリスト教, シーク教など
元首	プラティバ・デヴィシン・パティル第 12 代大統領 (2007 年 7 月 25 日就任)
通貨	ルピー (1 米ドル＝40.24 ルピー, 2007/08 年度平均)
1 人当たり GDP	1,051 ドル (名目, 2008 年)

[出典]『アジア動向年報 2009』アジア経済研究所。

世のイスラーム建築も目に入るが, 遺跡なのに柵すらなく, やせた野良犬がうろうろしている。隣の公園で, 男の子たちがクリケットに夢中だ。クリケットは, イギリスがインドを支配した時代に渡ってきたスポーツだが, 今では貧しい子どもたちも木のスティックを持って気軽に遊ぶ。また, 道ばたに出稼ぎの人々が寝起きするテントがあり, そこで男たちが毛布を巻いて, しゃがみ込んで夕食を炊いている。向かい側では, 高級住宅地の邸宅を取り壊してマンショ

ンを建設している。これが，**グローバル化**まっただ中のインドの，一つの町の光景である。

　こんな街角の政治経済を分析するだけで，実は，この国の歴史についての基礎知識が必要となる。そこで，わかりやすく，地層構造のように歴史的に重なった，現代のインド社会を構成している四つの基層を，それぞれ固有の世界として紹介してみよう。

　まず，最も古い基層は，現在のインドで8割以上の人口を占める，ヒンドゥー教の源となった世界である。高校の「世界史」の教科書には，古代文明としてのインダス文明が出てくるが，その中心は，今はパキスタンという，インドと1947年に分かれてイギリスから独立したイスラーム教の国にある，インダス川流域の地域で，古代に栄えた文明だった。南アジアのもう一つの大きな川，ガンジス川の流域にも古代から文明が栄えたが，この地域は今日のインドの中心的な部分を成していて，人口も多い。

　古代文明は，北方から渡ってきたアーリア系民族が築いたとされ，**カースト**（ヴァルナ）**制度**――ブラフマン（僧侶），クシャトリヤ（騎士），ヴァイシャ（商人），シュードラ（農奴）という四つの身分――に支えられる社会を形成した。こうした秩序とその宗教が広く広がり，きらびやかな神様たちから成るヒンドゥー教の教えとしてまとめられていった。実際には，カースト的な身分に分類された，無数の親族集団（ジャーティ）が，それぞれの地域に存在する。そして，カースト制度の下や外には，もっと差別される人々がいた。20世紀には，こうした人々は，アウトカースト（「カースト身分を持たない人々」）と呼ばれ，逆にダリット（「抑圧される人々」）と自称して差別と戦ってきた。また，イギリスの植民地時代から「部族」と呼ばれてきた，森に住み移動する人々もいた。

　カースト社会の弊害はいまだに根強く，政治経済上の重要問題であり続けている。けれども，差別との戦いの歴史も長い。紀元前7世紀にブッダ（釈迦）が登場して平等と救いを唱える仏教を開き，大帝国を築いたアショカ王はそれを広めた。仏教は，今のパキスタンからアフガニスタンに広がるガンダーラ地方でも栄え，アジア各地や遠い日本にもシルクロードを経て伝わったが，インドの中ではまもなく滅びてしまった。しかし，20世紀にナショナリズム運動を指導したガンディーはカースト改革を訴え，アウトカースト出身のアンベ

> **Column㉔　宗教紛争と国際政治**
>
> 　グローバル化時代，一国の政治経済は，国際社会の動きに大きな影響を受ける。通貨危機や石油危機も，核問題や宗教紛争もそうだ。石油を有する中東・中央アジアでイスラームが台頭し，アメリカが対テロ戦争を行っていることは，無視できない問題だ。
>
> 　さて，インドではヒンドゥー教徒が80％以上，イスラーム教徒は13％程度，さらに数％以下のシーク教徒，キリスト教徒と続く。だから，マイノリティー（少数派）も安心して暮らせる国として，どの宗教も国家に保護される「インド型世俗主義」を国家の柱としてきた。
>
> 　歴史的先例もある。ムガール朝のアクバル大帝は，外来のイスラーム勢力としてヒンドゥー住民との融合を進めた。だが，19世紀のイギリスは「分割統治」政策でヒンドゥーとイスラームの人々を互いに対立させ，インドのナショナリストは，イギリスの保護を受けたイスラーム側が分離主義を加速させたと批判した。そうした対立の結果，1947年にはイスラーム国家パキスタンとインドが分離独立した。国境線が発表されると，難民が流出し，暴動が続発し，多くの犠牲者が出た。カシミールは武力紛争の場となって分断された。
>
> 　1990年代，インドの**ヒンドゥー至上主義**的な世論は，こうした過去を政治的に利

カルは差別からの脱却をめざして，新しい仏教への改宗を説いた。それ以外の低いカーストにおいては，反ブラフマン運動といった形で，差別撤廃が主張された。こうしたカースト差別を克服する運動は，現在の政治の中でも強いダイナミズムを生み出している。

　次に，イスラーム世界の基層がある。10世紀から19世紀まで，モンゴルやペルシャやアフガニスタンなど，シルクロードの向こうから渡ってきたイスラーム勢力にインドは侵入・支配された。アラビアの人々も海を渡ってきた。イスラームの兵士や職人や商人が移民し，ヒンドゥー社会の底辺の人々も平等を唱えるイスラーム教に改宗した。その結果，インド地域には，多くのイスラーム住民が生まれた。こうして，ヒンドゥー教徒とイスラーム教徒は，中世以来，数百年間，対立しながらも共存してきたのである。

　イギリスの植民地となった時代には，「分割統治」と呼ばれた政策でヒンドゥーとイスラームははっきりと対立するようにし向けられ，その影響で1947年に

用した。1998年にインド人民党（BJP）連合政権が成立すると，「強いインド」を
めざしてすぐに核実験・核保有を行った。アメリカを中心とした国際的非難を浴び，
経済制裁を科された。カシミールではカルギル戦争を戦い，南アジアでは核戦争の
緊張すら危惧された。だが，2001年の9.11テロ事件の前後から，アメリカとイン
ドの関係は好転する。アメリカにはIT産業を核としたインド経済への関心ととも
に，対テロ戦争を戦うという共通の利害があった。アフガニスタン戦争では，パキ
スタンと並んでインドはアメリカの戦略を支援した。その後も，アメリカとインド
の接近は続き，アメリカの圧力によって人民党政権も対パキスタンへの友好姿勢を
示した。

　もっとも，国内では2002年2月末から数週間，インド北西部グジャラート州を
反イスラーム暴動が襲い，犠牲者数は政府発表でも1000人弱，非政府組織
（NGO）側の独自調査では3000人以上を出す事件が起きた。発端は，急行列車を
イスラームの暴徒が襲い，ヒンドゥー教徒が貨車ごと焼き殺されたという噂である。

　2004年に成立した会議派政権は，この事件の究明をめざし，「インド型世俗主義」
を再興し，対テロ戦争に翻弄されながらも，パキスタンとの関係改善に努めた。
2009年総選挙で会議派が勝利した理由の一つは，このような政策の結果，イスラー
ム教徒の多くが会議派を支持したからだと言われる。

英領インドがイギリスから独立する時，イスラーム教徒の指導者はインドとは
別れてパキスタンという国を建国した。それ以来，ヒンドゥーとイスラームの
問題は，インドとパキスタンの間の国際的な問題となり，両国はいまだにイス
ラーム教徒の多いカシミール地方の領有をめぐって争っている。

植民地国家から独立国家へ

　第三の歴史的な基層が，ヨーロッパに支配された植民地的な世界である。15
世紀末のポルトガル以降，オランダ，イギリス，フランスと東方貿易を求めて
ヨーロッパ諸国が進出した。イスラーム帝国のムガール朝が栄華を誇った時期
である。しかし，18世紀後半以降，ムガール帝国が衰退し，代わって産業革
命に成功したイギリスがインド地域の「覇者」となった。現地の諸王国を倒し，
1857-59年にインド大反乱を鎮圧してムガール帝国を滅ぼし，1877年にはヴィ
クトリア女王の下に「インド帝国」の成立を宣言した。

専門家は，このように外国勢力が植民地に作った近代的な国家を「**植民地国家（colonial state）**」と呼ぶが，その特徴は，先進国である帝国にとって利益となる「植民地的な政治経済」のしくみが形成され，独立まで維持されたという点にある。

　政治的には，イギリス人の生命と財産を守るための秩序が作られた。軍隊を駐屯させ，徴税と統治を行う「鉄の官僚制」を整備し，「法と秩序」を実現した。外国勢力が支配を維持するには，その土地の民衆を差配する味方が必要である。そのため，王族や領主に特権的な保護を与え，イギリスの協力者に変えた。結果的に，本国では 1832, 67, 84 年の選挙法改正と議会改革のように，貴族政治から自由主義的な市民政治への転換が進められた時期に，植民地ではイギリス支配を安定化させるために，近代的国家の下で古い支配階級の政治，つまり身分制的な差別の秩序が維持された。

　もう一つは，植民地的な経済のしくみである。工業国イギリスには，安定的な市場，原料供給の基地，資本の安全な投下先が不可欠だった。イギリスは世界一安い綿製品を生産する能力を手にしたが，利益を上げるには，販売市場が必要となる。都合よく植民地となったインドは，貿易を阻む関税でじゃまされない，イギリス製品の受け皿となった。イギリス人はインドの鉄道・運河・港湾・通信などに投資し，その高い配当を受け取った。そして，現地の人々は，プランテーション（大規模農園）で安く使われる労働力に変えられた。

　このようなインドでの支配体制が，イギリスにとっていかに利益となったかは，近代日本が植民地経営のモデルにしたことでもわかるだろう。イギリス人は，インドをよく乳の出る「肥えた牝牛」と呼び，お金をかけて世話をするのは当然だと公言し，それとともにイギリスの支配がインドに近代化と文明をもたらしたと宣伝した。けれども，このような植民地主義に対しては，植民地の中から次第に批判の声が育ってきた。おもしろいことに，英語を学び，イギリスの歴史をよく学んだ西欧的なエリートの中から，植民地はインド人にとっては不公平で不利益な体制だと主張する人々が登場したのである。それが，自治や独立への要求となり，植民地解放をめざすナショナリズムという新しいインドの動きを作ることになった。

社会主義と民主主義からの出発

　こうしてインド史における従来の三つの基層，つまりヒンドゥー教的な世界，イスラーム教的な世界，イギリスの植民地的な世界に加えて，19世紀後半以降，ナショナリズムの世界が作り出され，インドの独立へ，そして独立国家の形成へと歴史を動かしていった。

　初期のナショナリズムを率いた人々は，1885年に設立された**インド国民会議派**（Indian National Congress，略して会議派）という組織に集まった。会議派はイギリスに敵対的な組織として出発したわけでは全くなかったのだが，さまざまな対立を経て，20世紀には「スワラージ（自治・独立）」をめざし，「スワデーシ（国産品愛用）」を訴え，民衆運動を指導する大衆政党へと転換していった。ことに第一次世界大戦中から独立後まで，危機が訪れるたびに民衆的な指導者として慕われたのが，**マハトマ・ガンディー**である。

　第二次世界大戦後，戦争ではなく交渉によってイギリスからの独立を勝ち取った独立インドの背景には，80年近いナショナリズムの歴史があった。それは，さまざまな勢力が競合しながら，会議派の旗の下に集まって独立を果たしたというものであり，それだけたくさんの人々の，さまざまな独立への夢を背負って，インドという国家は出発したのである。その国家の両輪として示されたのが，社会主義と民主主義という，政治経済上の二つの指針だった。

　まず，社会主義である。これは，貧困克服のための経済的な方針である。初代首相のネルーは，1951年にこう語っている。「貧困と失業に対しての戦い，民衆の経済状況改善の試みが，重要な目的である。政治的な独立の次に来る段階だが，これは計画経済によってのみ達成できる。……私企業も，国家計画の型に関連づけられ，その枠内に組み込まれる必要がある」。

　もともと会議派の指導者には保守主義者や自由主義者が多く，後には富裕な資本家や中小の商業資本，地主階級が加わり，ミドルクラスや一般市民，農民と並んでこの政党を支持していた。こうした政治家や土地・工場・商店を所有する人々は，私有財産を否定する社会主義や共産主義には反対だった。けれども同時に，貧しい民衆がソ連や中国のような革命に向かわないようにするためには，「**インド型社会主義**」を受け入れるしかないと，保守的な人々でさえ考えた時代でもあった。

　1951年度には第1次5カ年計画がスタートし，さらに本格的な開発計画は，

56年度から実施された第2次5カ年計画で示された。マハラノビスという経済学者が唱えた，経済成長モデルが基礎となった計画である。基幹的な部門，つまり軍事・通信・鉄道・航空・造船・鉄鋼・石炭・発電などについては，急速な工業化をめざすために，国家が経営・投資するものとなった。さらに，先進国の工業製品の流入を防ぎ，自国品の生産と消費を促す自立的な国内経済を作ろうと，高い関税障壁が設けられた。「**輸入代替指向**」の工業化戦略と呼ばれ，インドはその先駆的な国として新興独立諸国に影響を与えた。

新しい国家のもう一つの柱が，民主主義である。普通選挙と議会制に基づく自由主義的な民主主義。国内の多様な民族や宗教を統合するために，分権的なしくみを入れた州単位の連邦制。議院内閣制をとり，議会の多数派を基盤に首相が組閣し，実質的な政権運営を行う。ただし，イギリス人だったインド総督の代わりに，議会内の対立を越え，非常事態の危機には直轄統治を宣言できる大統領をトップにすえた。

インドが他の多くの新興独立諸国と異なっていた点があるとすれば，こうした自由主義的な民主主義が，ほとんど政治文化のように，政治の世界に深く根づいていたという点であろう。植民地時代から会議派の指導者たちは，一方で民衆的な運動を組織しつつ，他方では，植民地政府がナショナリストを分断して取り込んでいくために用意した議会制と連邦制の枠組みの中で，議員として活動していた。そのため，長い間に選挙や合議のシステムに親しんでいたたくさんの政治家が育っていた。これらの人々をまとめていくには，自由に「ノー」と言って拒否したり離脱したりする権利が，あらかじめ民主主義的な制度として保証されることが，不可欠だったのである。

建国の政党であるインド国民会議派の人気は圧倒的で，1952, 57, 62年総選挙に勝利し，その間は会議派が与党であり政府となった。政党制の専門家は，戦後日本の自民党政権と同じように，一党がつねに優位を占めて政権交替のない，一党優位体制だと指摘した。とはいえ，野党が選挙に加わる複数政党制であり，政府を批判する言論の自由が保障されつつも，中央政権と州政権とも会議派が担い，優秀な国家の官僚制がそれを支えていた。こうした独特の民主主義は，統合や開発を民主主義的に進めるものとしてインドの政治学者には高く評価され，「**会議派システム**」とも呼ばれた。

けれども，独立後の民主主義には，必ずしも民衆的な参加を求められてはい

なかった。むしろ国家的な統合と安定が目標とされたのである。農村では，次のような政治経済が展開した。植民地時代にイギリスに協力した地主は，独立後は名望家(めいぼうか)として与党の会議派に加わり，選挙に立候補して議員や村長になった。地主の下で働く農民が動員されて地主に投票する選挙が，民主主義と言われ，会議派の農村基盤と地主の多い議会を作った。その結果，当然，農村改革は後回しになった。中央政府がいくら社会主義的な農村改革，ことに農地の分配を呼びかけても，地方政治の舞台ではほとんど実現できなかった。貧しい農民の要求を掲げる動きは，治安を乱す共産主義的活動ととらえられ，政府に弾圧されたのである。

このように，自由主義的な民主主義を重視したインドは，共産党の支配する国とは異なる体制を作った。しかし，「インド型社会主義」という方針はアメリカの強い反発を呼び，インドは冷戦時代にはソ連に近い国家として扱われることになった。また，国際政治的には，超大国との同盟を回避し，「自立」と「非同盟主義」を主張して新興独立国の連帯を求め，インドネシア，ユーゴスラヴィア，エジプトなどと共に非同盟諸国会議を呼びかけた。

2　開発と統合の危機

計画経済の破綻

しかし，建国期を過ぎても，インド社会の貧しさは克服できず，1960年代半ばには深刻な経済危機が訪れ，計画経済の破綻(はたん)が明らかとなった。第3次5カ年計画（1961-65年度）の後，計画経済が3年間休止された。政府の財源がなくなったからだ。インドは世界銀行に緊急融資を要請し，引き換えに**経済自由化政策**を受け入れた。1966年7月，インド通貨ルピーの大幅な切り下げを行い，工業生産に対する政府の規制緩和，輸出補助金の削減，輸入関税の引き下げなどを実施した。こうして第4次5カ年計画に対し年間15億ドルの資金援助を取り付けたものの，パキスタンとの関係悪化を理由にアメリカはインドへの援助を打ち切ってしまい，ほとんど実現されなかった。その結果，経済危機が続行することになった。

短期的な危機の理由は，旱魃(かんばつ)による食糧生産の低下，パキスタンとの戦争による軍事支出の増大などがあげられるが，根本的な原因はもっと長期的なもの

だった。工業化を重点にした開発と経済成長をめざすからには、それを推進するだけの十分な資本を調達し、それを特定の工業部門に集中的に投資しなければならない。インドのような貧しい農業社会を基盤にした国家では、二つの資金調達方法が考えられるだろう。

一つは、豊かな外国からの資本を獲得する、という方法である。そのためには、外国資本が利益を見出すような投資環境を提供しなければならない。もう一つは、国内でそれを強制的に捻出する方法である。たとえば、スターリン時代のソ連では、農村で集団化を強行し、農村からの収奪を強めて工業化への財源を確保した。中国もまた、失敗した大躍進路線（第5章参照）のように農村へと向かった。インド型社会主義も外国資本を警戒していたから、ソ連や中国と似た方向性を持っていた。しかし、地主の土地支配が私有財産制度によって守られ、民主主義がそれを保障していたから、工業化のために農村を強制的に犠牲にすることはできなかった。その結果、資本の不足はどうしても解消できなかったのである。

公共部門の主導で重工業が成長し、外国からの輸入に頼らなくてもインド製品で国内市場がまかなえる、そしてインドの人々が豊かに自立的になる。そうした「輸入代替」政策は、すでに述べた構造的な原因から機能不全に陥ってしまい、計画経済のマイナス面が露呈した。政府による過剰な統制と腐敗、公共部門の非効率と停滞、農業部門の不振と不作——人々の需要に対して供給される物資もお金も不足するという、まさに社会主義的な官僚国家の弊害が定着した。

経済成長の方向だけでなく、富の分配という面でもまた、国家の政策は十分な成果をあげていなかった。社会主義国家と言いながら、労働者の利益を代表するような強い労働組合はない。農村では地主が権力を握り、農民組合は弱いか、存在しない。だから、地主の議会が力を持つかぎり、貧富の格差を壊してしまう土地の分配や所得の分配はありえない。民衆の不満は、民主主義の中で、多様な形で政治危機となって現れることになった。

民主主義の危機

政治面でも、独立から17年たって建国の指導者ネルーが死去した後、後継体制の問題が深刻化した。1966年1月、ネルーを引き継いだシャストリ首相

も急死すると,ネルーの一人娘インディラ・ガンディーが3人目の首相となった。けれども,厳しい経済危機のただ中にもかかわらず,指導者としての彼女には国民からの信頼が寄せられていなかった。

　民衆が困窮すれば,それは何らかの形で政治的な不満となって噴出する。この時期,西ベンガル州やタミル・ナドゥー州などの農村地域では,貧しい農民を組織する,いわゆるナクサライトの活動が活発化した。最初にナクサルバーリーというところで蜂起したことからそう呼ばれたが,中国革命にならって毛沢東主義的な農民革命をめざし,武装闘争を肯定した人々である。彼らの戦略は,不在の大地主によって支配されてきた農地を,貧しい耕作農民が占拠して解放区とするという,実力行使的なものだった。国家が行おうとしない土地分配政策を,貧しい人々の組織と運動によって勝ち取ろうとしたのである。こうした社会状況を背景に,すでにソ連派共産党と分裂した中国派共産党は,ナクサライトとは一線を画しつつも,選挙にも参加して勝利を収め,西ベンガル州で左派連合政権を樹立した。また,南のケーララ州では,すでに1957年の選挙で共産党が勝利し,それ以後,民衆に開かれた平等志向の開発・教育政策を実施した。こうした実例が,たとえば,ノーベル経済学賞のアマルティア・センの理論にも反映されている。

　共産党だけでなく,多くの州で,それまで権力を独占してきた会議派,彼らと手をつないで役所や警察を味方に政治や経済を牛耳ってきた地主階級,大都市の上層階級に対して,民衆の不満が表現されるようになった。そして,会議派を批判した地方の政党が選挙で支持を得て,会議派ではない政権を誕生させるようになった。こうした政治変動を「不満の民主主義(Democracy of Discontent)」と分析する学者もいる。

　こうした展開は,連邦制度の中では,中央の会議派政権と州の反会議派政権との対立や緊張関係を生み出し,財政的には中央がどの州にどれほどの開発資金を供与するかが厳しい争点となった。また,そうした対立と結び付いて,州ごとに独自の民族性や宗教を持つ集団が自己主張を始め,政党を結成して権力をめざすようになった。たとえば,タミル・ナドゥー州のタミル人の政党とか,パンジャーブ州のシーク教徒の政党などが登場した。特に,全国的にヒンディー語を公用語として教育させようとする中央の政策には,多くの州からの反発が現れた。

このように，経済危機とともに，「不満の民主主義」の噴出によって政治的危機に直面したインディラ首相は，強い指導力を打ち出して，目玉となる政策を大々的にキャンペーンすることで事態を乗り切ろうとした。「貧困追放」というテーマを掲げて，父ネルーよりもさらに急進的に社会主義経済を推し進めるとアピールした。バングラデシュ独立運動を支援した1971年の第3次インド＝パキスタン戦争では，すぐに勝利してその勢いに乗った。農村部では，世界銀行やアメリカの財団の支援を得て，新しい種子を導入してコメや小麦を増産する「緑の革命」路線を推進し，都市では銀行国有化政策を宣言した。

　こうした攻勢によって一時は国民的な人気を獲得したインディラ首相だったが，その政権の強硬姿勢は次第に反発を呼ぶことになった。「会議派システム」の時代には慣習化されていた政府や議会，与党内や野党との間での話し合いや合意は全く無視された。そのため，古参の政治家が強く反発して，与党は分裂し，野党は反会議派の運動を展開し始めた。こうした批判を押さえ込むように，言論の自由が制約され，反対派は投獄され，労働運動や農民運動は弾圧された。ついに1975年，首相の指示で大統領が非常事態を宣言し，議会が停止させられた。インドの民主主義は，唯一の停止期間を経験したのである。

会議派の凋落

　1977年の総選挙を迎えた時，国民の批判は頂点に達した。民主主義の復活を訴えた「ジャナタ（人民）連合」が大きな支持を得て勝利し，初の反会議派政権を樹立した。これは，その後途上国で続いた，開発独裁からの民主化という変化の幕開けのような事件と言えたが，インド史の中で見れば，「インド型社会主義」と「会議派システム」の凋落を示す事件でもあった。

　ジャナタ連合への支持は，特にガンジス川一帯の北インドで高まった。その理由の一つは，インディラ政権による断種手術の強行にあったと言われている。この政策の背景には，人口増加は経済成長を阻害するという考え方があった。GNPが2％伸びても，人口が2％増えれば，食い扶持が増えて1人当たりの所得は増加しない。だから，人口を抑制しなければならない，というわけだ。国連機関，世界銀行，アメリカ政府，アメリカの財団などの支援を受けて，人口抑制政策として男性に断種手術が実施された。もっとも，実際には貧しい人々が対象となり，都市ではスラム撤去に際して，断種手術を受けた世帯にはスラ

ム再開発地区で新たな住居を保証するとか，農村では特別の農業補助金を与えるといったことが，役人や警察などによって行われた。こうした強権的な政策に対して，民衆の反発が選挙で噴出したのである。

　もっともジャナタ連合政権は，しばらくすると，反会議派の諸勢力の連合にすぎないことが明白となって求心力を失い，1980年の総選挙では会議派が勝利し，インディラ・ガンディー政権が復活する。それ以後は，会議派が政権の座についても優位を保てないという，不安定な状況が続いた。中央でもそうだったが，民族政党や宗教政党が活発な州レベルでは，もっと明白に会議派が弱体化し，会議派以外の政党が州政権をとることは珍しくなくなった。

　その間，計画経済を修正するように，小刻みな自由化政策が実施されたが，いずれも急場しのぎを越えず，工業は停滞した。古くからの工業地帯では，設備の老朽化が進んで生産性が低下し，工場閉鎖が続いた。経済の悪化は失業者を増やし，荒廃した社会の中で「闇の経済」が活発化することになった。わかりやすく言うと，闇市場が広がり，麻薬・武器取引や人身売買のような違法な経済活動を行う，アメリカでいえばマフィア，日本でいえば暴力団のような組織が成長したのである。こうした現象は，政治経済の「犯罪化」とも言われる。殺人で投獄されたマフィアのボスが，会社経営でもうけるだけでなく，監獄から選挙に立候補して当選する現象も，全く珍しくなくなった。

　しかし，計画経済の中では注目を浴びなかった農業部門では，「緑の革命」が成功して生産量が増大し，1970年代末には食糧自給を達成した。けれども，種子や肥料や殺虫剤などを購入した農民の借金は増え，成功した農民と失敗した農民の格差は拡大した。そうした社会的な流動化の中で，多くの有権者が会議派以外の新しい政党を選ぶようになり，多党化への流れを促した。1984年のインディラ・ガンディー首相暗殺事件，その後を継いだ息子のラジブ・ガンディー元首相の91年の暗殺事件は，こうした時代のできごとだった。

3　グローバル化の中のインド

経済自由化と三つのM

　1980年代，長らく危機を迎えていた「インド型社会主義」が，曲がりなりにも維持された理由の一つは，冷戦構造にあった。安いエネルギーや原料を輸

入し，競争性の低い製品を販売できる社会主義圏が存在していたからである。したがって，東欧圏が自由化し，ソ連が解体に向かった1991年後半には，インド型社会主義も幕を閉じざるをえなかった。インド1国だけで経済的に孤立するほどの力は持っていなかったからである。当時のナラシマ・ラオ会議派政権の蔵相マンモハン・シンは，「急速に前進しないかぎり，インドは世界のどん底に落下する。構造改革をすべきなら，今すぐやるしかない」と語った。そして，インド型社会主義の名の下に行ってきた国家的な統制を撤廃して，「産業政策の大幅な規制緩和，外資導入の大幅な自由化，貿易の大幅な自由化」を行うこと，すなわち本格的な市場開放への政策が打ち出されたのである。

　この政策は，それ以後の相次ぐ政権交替にもかかわらず，現在まで続行されている。公的な部門が民営化によって縮小し，民間部門が活性化する中で，1992-99年度の平均成長率は6％を超えたと言われ，その後も高い成長率を記録してきた。今やブラジル（Brazil），ロシア（Russia），中国（China）と合わせて，世界経済を牽引する **BRICs** の1国と数えられるほどになった。1991年当時のシン蔵相の言葉を考えれば，全く雲泥の違いである。要するに1990年代のインドは，「インド型社会主義」を放棄して，急速な経済成長への，開発経済学的な言葉を使えば，「テイク・オフ（離陸）」に成功したのである。

　さて，政治経済という言葉が表しているように，経済が大きく変わる時には，相互作用で，政治や社会も大きく変わる。こうした変化の要素を，インドのメディアは「三つのM」という言葉で表した。以下では，この「三つのM」というキーワードを使って，どのような変化が起こったのかを考えてみよう。

　一つ目のMは，ヒンドゥー教徒の過激な反イスラーム運動で，ヒンドゥーの「お寺（Mandir）」にちなんだMである。二番目のMは，下層のカースト集団の権利要求運動で，彼らの優遇政策を提案した委員会の長を務めた政治家の名前，「マンダル（Mandal）」さんのMからとっている。三番目のMは，市場開放を意味する「市場（Market）」のMだ。

ヒンドゥー過激派の運動と下層カーストの運動

　では，個別に説明してみよう。まず，「お寺」のM，つまりヒンドゥー過激派の運動であるが，このMは，1990年代のインド政治において，過激主義，ファンダメンタリズム（原理主義），至上主義と，さまざまな名前で呼ばれてき

た，宗教的な運動が強い影響を持った現象を表している。「真のヒンドゥー魂（ヒンドゥートヴァ）」の実現をめざし，イスラームやキリスト教の脅威をはねのけて「偉大なヒンドゥー国家」としての栄光をめざす，という運動である。

すでにこの章の前半で見たように，インドの歴史にはヒンドゥー世界とイスラーム世界の基層があり，それが現代の政治や社会の中での，ヒンドゥーの人々とイスラームの人々の間の共存や対立の問題となって表れてきた。最近の歴史として思い出されるのは，インドが国家としてパキスタンと分離独立する時に，ヒンドゥー教徒とイスラーム教徒の間で暴動が起こったことである。多くの人々が難民として故郷を逃げ出した後で新しい国民となったが，これは個人的にも集団的にも悲惨な暴力的な体験であった。そのためその傷を癒すために，独立後直ちに，インド国家がどの宗教にも平等に保護を与えること，それを約束する**「インド型世俗主義」**の原則が打ち出された。いわば，インド版の「宗教的な寛容」に基づく国民統合政策である。建国政党の会議派はそれを政党の基本方針とし，インディラ・ガンディーが，首相の時代に改正した憲法にそれを明記した。

「真のヒンドゥー魂」の運動は，要するに，この「インド型世俗主義」を打ち壊そうとする運動だった。この運動の主張は，マイノリティー（少数派）であるイスラーム教徒は不当にも国家から手厚い保護を受けてきた，しかもそれは，マジョリティー（多数派）であるヒンドゥー教徒の側の犠牲の上に成り立ってきた，というものである。「宗教的な寛容」の本質は，強い側が弱い者いじめをしないという点にあるから，当然，マジョリティーのヒンドゥー教徒が多数派としての力を使うことを抑制する政策を意味してきた。それが不当であり，その結果，イスラーム教徒を中心とする異教徒によってヒンドゥー教徒は脅かされ，インドという国家も弱体化してしまったというのである。

こうした運動は，最近になっていきなり登場したのではない。すでに独立運動の時代にイスラームを排してヒンドゥー国家を作ろうと主張する人々の運動があり，現在も活発に活動するヒンドゥー至上主義団体 RSS（Rashtriya Swayamsevak Sangh；民族義勇団）は1920年代に結成されている。しかも，独立後まもなく，そのメンバーの一人が，イスラームとの宥和を呼びかけるマハトマ・ガンディーを暗殺した。その後 RSS は非合法化されたが，1950年代にはジャン・サンという政党を結成した。1977年には反会議派連合としてのジャ

ナタ連合に加わり，政権に参加している。このジャン・サンが1980年代に**インド人民党**（Bharatiya Janata Party：BJP，略して人民党）と改名し，「真のヒンドゥー魂」運動のキャンペーンに成功し，選挙でも台頭し始めたのだった。

その目玉になったのが「アヨーディヤ大巡礼」である。どういう運動かというと，北インドのウッタル・プラデーシュ州にある古都アヨーディヤに，古代インドの理想の王子ラーマの生誕祈念寺を建立することを呼びかけたものだ。言い換えれば，アヨーディヤに存在していたムガール時代に建設されたイスラーム寺院を破壊し，その廃墟の上にラーマの寺を建てよう，と訴えたのである。RSSと結び付きの深い他の団体とともに全国的な「大巡礼」運動を繰り広げ，多くの暴徒がアヨーディヤに集結した。その頂点の1992年12月，ヒンドゥーの暴徒がイスラーム寺院を打ち壊し，数千人のイスラーム教徒を殺害する事件が起こった。これは「アヨーディヤ事件」と呼ばれている。暴動は各地に飛び火し，大都市ムンバイでは大規模なものとなった。

「お寺」のMを進めたのは暴力的な団体だったが，拍手を送ったのはごくふつうの人々である。特に，ブラフマンやクシャトリヤという上層カーストに属しながら，そこまで豊かでもなく成功もしていない人々が中心だったと言ってもよい。昔はカースト制度のおかげで貧しい農民の上に立っていたはずなのに，開発や教育政策のせいで，今や下層のカーストの方が幅を利かせていると感じている人々である。一昔前，ナチス・ドイツを支持したのは「没落する旧中産階級」だったという説がもてはやされたが，インドの1990年代もそれとよく似ている。BJPの中心的な支持者は，都市の中小商店主や中下層の住民，それから失業している若者であり，彼らの反エリート感情と昔への郷愁が，過激なヒンドゥー主義への支持となった。

もう一つのMの「マンダル」は，ジャナタ政権の時代からの，下層カーストの保護を求める運動と政策を指している。アウトカーストや諸部族は，独立後の憲法で「指定カースト（Scheduled Castes; SC）」や「指定部族（Scheduled Tribes; ST）」と明記され，議席・就職・教育・補助金などの面で政府の優遇措置を受けた。けれども，カーストの序列としてはアウトカーストや部族よりも少し上に位置するとされながら，社会経済的には必ずしも恵まれていない下層のカースト集団には，そうした保護はとられなかった。したがって，そうした政策を求める声が強まり，マンダル委員会の提案を土台に，1990年代には

「他の後進諸階級（Other Backward Classes; OBC）」に対する優遇措置が各州で実施されるようになった。OBCと自称するようになった人々の人口は少なくなく，OBCの利益を代弁する政党が州政権を獲得するようになったからである。

こちらのMも「お寺」のMと同じように，カーストや宗教など集団的なアイデンティティーをもとに政治を動かす，「アイデンティティーの政治」の一種である。だが，はっきり異なる点もある。「マンダル」のMは，社会的には下層のカーストの人々が上昇しようとする圧力である。言い換えれば，貧しい人々が連帯して，より公平な分配をめざす民主化への圧力とも言えた。したがって，アイデンティティーをもとにした結束は，現実の利益を得るための手段であって，決して殺し合いのためのものではない。OBCを基盤とする諸政党には，暴力的なヒンドゥー過激派の方針を厳しく批判するものが目立った。

これらの動きのせめぎ合いによって，独立以来の社会主義と民主主義の方向を変えた，1990年代のインド政治が形作られていった。

インド人民党政権の時代

1996年総選挙で人民党が勝利した時には，「インド型世俗主義を守れ」と反人民党勢力が結束し，人民党は連合のパートナーを見つけられずに下野した。代わりに，会議派と共産党の閣外協力を受けて，中道左派の統一戦線内閣が成立した。下層の人々により平等な分配を求める各州の政党が連合した形となった。したがって，1990年代の大きな動きでとらえれば，「お寺」のMが力では若干勝ったものの，「マンダル」のM，つまりOBCを選挙基盤とする諸政党を中心とした力の方が，政権を手にしたことになる。

しかし，人民党は1998年総選挙でもう一度勝利し，この時にはすでに反人民党連合の結束力は弱まっていたため，20以上もの政党の連合を組んで政権を構成した。この政権がすぐに行ったのが，核実験と核保有であり，直ちにアメリカや日本の非難と経済制裁を受けた。けれども，インドに反発したパキスタンも，アメリカの抑制をはねつけて核実験を行い，核保有を宣言した。双方の攻撃的な姿勢によってインドとパキスタンの関係は急速に悪化し，カシミールでは大規模な武力衝突が起こった。一時は，インドとパキスタンの核戦争が恐れられて，多数の外国人が国外退去する事態も招いた。

> **Column㉕　市民社会を動かす女性と NGO**
>
> 　インドの二大宗教，ヒンドゥー教とイスラーム教には，他の宗教と同じように，女性を差別する価値観がある。幼い処女として結婚し，貞淑な妻として夫に仕えるべきだというヒンドゥー的規範，顔を隠し夫以外の男性に見られないようにしなければならないといったイスラームの規範などである。しかし，男性優位の秩序は，女性の社会進出と地位の向上で大きく変化してきた。
>
> 　顕著なのは，政治参加の増大だ。1990 年代には憲法改正に基づいて，村議会（パンチャーヤット）と村長選挙では，3 分の 1 の役職を女性に保障する政策が実施された。今や村落レベルだけでなく，州や中央の議会にも女性議員が増えている。インディラ・ガンディーやソニア・ガンディーのように，有力政治家の娘や妻が指導者になる道だけでなく，自力で政治家のキャリアを歩む女性が現れてきたのだ。ヒンドゥー右翼として人気を博す女性がいるのも，時代を感じさせるおもしろい現象だろう。
>
> 　また，インドは NGO 大国でもある。国家が民衆のニーズに応える能力を持たな

　一見すると，合理的な経済成長路線を歩むには，人民党政権は適切ではなかったのではないかとも思われるかもしれない。けれども，1998 年から 6 年余り続いた人民党政権の時期に，経済制裁の屈折はあったにせよ，インド経済は飛躍的に伸びた。それは，人民党という政党を間にして，ヒンドゥーのお坊さんや宗教・暴力団体だけでなく，彼らと政府の経済官僚やビジネスマンとが手をつないだ政権だったからである。

　実は，「お寺」の M は，「市場」の M と深く結び付いている。グローバルな経済の中で，競争は苛酷になり，これまでの歴史にはなかったほど，人々は不安の中で生きている。そして不安な人々が欲しがるのは，成功の機会やお金だけではない。安心できる心のよりどころをも求めている。その結果，永遠不滅の民族とか神への信仰というものに心を引かれ，稼いだお金を使うことになる。オーディオから流れる宗教音楽，映画に映る古代英雄の勇姿，故郷の寺院や聖地への巡礼旅行。人々はそれらを消費して，自分のアイデンティティーを確認することができる。銀行預金やクレジット・カードで宗教団体に寄付することも簡単だ。そうした財源が，民族や宗教をふりかざす組織に集められ，選挙資金となり，暴動の軍資金となる。移民による送金も大きな比重を占める。

いからこそ，NGO の活躍の場は大きい。差別・暴力・貧困に苦しむ女性のエンパワーメント（empowerment），児童労働や子どもの教育問題，貧しい農村や都市スラムのコミュニティー開発，環境破壊・災害・紛争からの復興支援など，幅広い課題に取り組む。古くからある労働組合や農民組合などに代わって，ボランティアと柔軟なネットワークを基軸とする NGO が，現在では民衆の自助努力や権利主張の中心的な主体だ，とさえ言えるだろう。

女性のエンパワーメントやマイクロクレジットなど，南アジアは世界にも影響を与えてきた。日本の NGO のシャプラニールは，南アジアを拠点に国際協力を実践し，他の NGO を先導する役割を果たした。また，インドの NGO には，先進国や国際機関に依存する体質も強かったが，近年，経済成長を背景に，国内での資金調達をめざす自立的な動きも進んでいる。

アマルティア・センの言うように，開発や経済成長が，貧しさを克服し，より自由で平等になれるように人々の潜在能力を伸ばすためのものだとしたら，女性や NGO は，21 世紀の政治経済を考えるうえできわめて重要な主体である。

インドで 1990 年代に見られたのは，こういう世界的な現象のインド版だったと言えるのではないだろうか。なぜなら，会議派の凋落の末に，独立以来の国民への約束を実現する国家のしくみ，つまり社会主義経済と宗教的に寛容なナショナリズムの二つが壊され，動揺したからだ。社会主義時代，インドは停滞していたかもしれないが，一定の貧しさの下で安定していたことも事実である。しかし，それが失われた後は，誰がより多くの分け前を取るかの競争となる。だからこそ，「マンダル」の M，つまり下層カーストの勢力も，分け前全体を増やす可能性のある成長路線を否定しなかったし，有権者に具体的な分配を約束していない人民党の「お寺」の M は，もっと堂々と経済成長を加速することができたのである。

民主主義のダイナミズム

人民党は勝ち馬だ。2004 年総選挙までは，全国的にその幻想が振りまかれていた。学校の歴史教科書を「偉大なヒンドゥー国家」にふさわしいものに書き換えるとか，反対する学者やジャーナリストを暴徒が襲うとか，イスラーム教徒が弾圧されるとか，さまざまな事件には事欠かなかったものの，誰もがま

だまだ人民党時代が続くと思い，人民党自体が「インドは輝く」「いい感じ」という宣伝文句を掲げて，自信満々で選挙に臨んだ。

けれども，人民党の長期政権の下で，有権者は静かに人民党離れを起こしていた。反イスラームの暴力，教育への介入，経済成長一本槍の方針に有権者は疲れていた，と言われる。結果的に，2004年の第14回下院総選挙では，会議派と各州のOBCを基盤とする諸政党の連合が勝利し，1991年に自由化への舵取りを行った元蔵相マンモハン・シンが首相に指名され，共産党も閣外からの支持を表明した。「市場」のMと，「マンダル」のMが手を結び，共産党という，世界的には冷戦後に解体した勢力が支援した政権だったと言えるだろう。新政権は，成立後ただちに人民党との違いを鮮明にするために，イスラームを中心とするマイノリティへの保護を謳って国内的な統合を約束するとともに，隣国パキスタンとの関係改善を表明した。

急速な経済成長を進める国においては，社会的な格差が増大する。したがって，それにどのように対応するかが，政権にとっての重要な課題となる。インドは，1990-2000年には平均して6%以上のGNPの成長率を記録し，2003-07年は8%以上の成長を続けた。そうした成長の波に乗った人々の中には巨額の富を手にした人々もいるが，投資に失敗した人々は悲惨な状況に陥る。競争力の乏しい産業部門に携わる人々は債務に追われて貧窮化し，とくに自殺をする農民が多数に上った。左派の影響力を無視できず，こうした事態を看過できなかった会議派政権は，農村における労働者の最低雇用日数を保障する制度，人権侵害や汚職などに関して情報公開を保障する制度，あるいは，すべての農村に舗装道路を通す開発政策などに着手することになった。

2008年秋のアメリカに端を発した世界的な金融・経済危機の影響はインドにも及び，大企業の倒産やGNP成長の翳りが生じたが，国全体ではまだ小規模な信用市場しか開けていなかったがゆえに，打撃は比較的軽いものに止まったと言われる。こうした諸事情が反映した2009年4-5月に行われた第15回下院総選挙では，格差を批判する声よりも，経済成長の果実に期待する楽観的な見方が上回って，与党への高い支持が示された。会議派連合は，543議席中262議席を獲得し，2位の人民党連合を大きく引き離して，第2期のマンモハン・シン政権が成立したのである。この政権は，左派の閣外協力を必要としないがゆえに，以前の政権よりも高度経済成長路線を一層強化してきている。

国外に目を向けると,「インド株」の価格上昇のように,さらに景気の良いインドの評判が目につく。インドは,経済成長を阻む問題,たとえば環境の厳しい規制や保護主義的な貿易規制には反対しがちで,世界環境会議やWTOでの政策調整の足並みを乱すことはあるが,それでも,中国と同じように,G8やG20には招待されるべき国となった。軍事的には,2002年にアメリカがインドをアジア戦略の柱に位置づけ,2006年の米印合意に基づき,2008年には双方の国で法律が改変され,国際エネルギー機関（IAEA）が承認して,核不拡散条約（NPT）に未署名のインドが,事実上は第6番目の核保有国として公認される格好となった。近い将来,国連の安全保障理事会の改革が行われる際には,インドは新しい常任理事国の候補と考えられるだろう。

　振り返れば,20年前のインドは,ソ連と同盟し,国家的な計画経済を基礎に独自の社会主義路線を歩む国だったが,今日のインドは,アメリカの軍事的パートナーとなり,グローバルな市場経済の競争を勝ち抜こうとする資本主義的な国に転換している。この動きを加速するのは,「グローバルなインド」の存在である。国境を超えて利潤を求めるインド系資本,国内で先進国の「アウトソーシング」の需要に応える労働力,あるいは移民労働者として他国の経済に貢献する優秀なインドの労働力,そしてインドが得意とするインターネットを中心とした情報力である。そうした諸力の動かす経済は,もはや国民国家の枠内に閉じられておらず,「グローバルな経済」として展開している。

　以上のように,インドの民主主義は,他のアジア諸国の政治とともに,グローバリゼーション時代の経済変動の渦の中で激しく突き動かされている。「グローバルな経済」に対応する国民国家の政治はいったいどのようなものになるのだろうか,あるいは,なりえるのだろうか。専門家にすら容易に答えられない問いを前にして,何億もの人々が,時に右往左往しながらも,選挙という手段によって,粘り強く明日への活路を模索している。そうした現実の中に,民主主義と貧しさの競合を乗り越えていく21世紀のインドの姿が,すでに立ち現れているといえないだろうか。

さらに読み進む人のために────
内川秀二編,2006年『躍動するインド経済──光と陰』日本貿易振興機構アジ

ア経済研究所
　　＊インド経済の構造と自由化後の変化について，若手研究者が最新の動きを分析している。
絵所秀紀編，2002年『経済自由化のゆくえ』(講座 現代南アジア第2巻) 東京大学出版会
堀本武功・広瀬崇子編，2002年『民主主義へのとりくみ』(講座 現代南アジア第3巻) 東京大学出版会
　　＊上記2書は，インドを中心に，1990年代以降の南アジアの政治経済を論じるものである。
コーエン，スティーヴン・P.／堀本武功訳，2003年『アメリカはなぜインドに注目するのか——台頭する大国インド』明石書店
　　＊1990年代以降のインドの変貌を，アメリカの国際政治学者として分析したもの。経済成長，核武装，インドの台頭に着目している。
セン，アマルティア／黒崎卓・山崎幸治訳，2000年『貧困と飢饉』岩波書店
　　＊ノーベル経済学賞を受賞したセンの名著。彼は，国連開発計画 (UNDP) や国連の「人間の安全保障」計画に大きな影響を与えたが，その思想の基礎にインドの政治経済の分析がある。
中島岳志，2002年『ヒンドゥー・ナショナリズム——印パ緊張の背景』中公新書ラクレ
　　＊この10年間にインドの政治を大きく変えたヒンドゥー・ナショナリズムについて，現地社会での体験的な調査を基礎に，広く政治社会的に考察している。
広瀬崇子・南埜猛・井上恭子編，2006年『インド民主主義の変容』明石書店
　　＊2004年総選挙を州ごとに分析したもの。専門的だが，広瀬崇子編『10億人の民主主義——インド全州，全政党の解剖と第13回連邦下院選挙』(御茶の水書房，2001年) とともに，インドの民主主義の動きをとらえたい人に薦めたい。
竹中千春「多国間主義とインド外交——核保有と経済成長」大矢根聡編『東アジアの国際関係——多国間主義の地平』(有信堂高文社，2009年)
　　＊2000年代のインド外交をわかりやすく説明している。

(竹中　千春)

新版あとがき

　2006年末に本書の初版を出して以来，幸いにも毎年刷を重ね，今回は大幅に改訂することができた。改訂の理由の一つは，アジアの政治経済の動きが当初想定したより早くかつダイナミックで，書き改めるべき項目が増えたことである。もう一つは，当初から要望のあったベトナムを，今回は独立した章として取り上げたことである。
　2008年のリーマン・ブラザーズの経営破綻(はたん)に始まる金融危機は，多くの国々を深刻な不況に陥れた。そうしたなかにあって，中国を筆頭とするアジア諸国は早くも高い経済成長軌道に戻り，世界経済の牽引役となっているように見える。
　今回の金融危機が世界の政治経済にどのような変化をもたらしたかは，今後，時間をかけて慎重に分析する必要があろう。しかし，欧米先進国からアジアへの数世紀に一度という規模での「パワー・シフト」が現在進行中であるとの声がすでに一部で上がっている。
　実際，世界経済の主要な議題を論じる場としては，従来の主要国首脳会議（G8）に代わって，中国，インド，ブラジルなどの途上国を加えた20カ国・地域首脳会議（G20）が重要になった。他方，世界はアメリカと中国の2大国（G2）の時代に入りつつあるという論調もマスメディアで見られる。
　日本を取り巻く環境もここ数年で大きく変化した。本書の初版が出たころには，日本は長い経済不況を脱しかけていた。しかし，世界同時不況の影響をまともに受け，日本経済は再び長いトンネルに入った観がある。国内総生産（GDP）世界第2位の地位も，2010年中に中国に明け渡す見通しである。
　日本とアジア諸国との関係は，もはや「日本とアジア」ではなく，「アジアの中の日本」ととらえるべきであろう。両者の関係は，雁行形態の経済発展モデルで示されたような縦の関係ではなく，深い相互依存で結ばれた横の関係に急速に変わりつつある。
　日本の将来は，中国をはじめとするアジア諸国との関係抜きには，すでに語

れない。それは，たとえば欧米重視かアジア重視かといった選択の問題ではなく，所与の事実，すなわちすべての議論をそこから始めなければならない前提の問題になっている。大学を卒業したばかりの日本の若者が，就職先を日本国内ではなく中国や東南アジア，あるいはインドにいきなり求めるという日も決して遠い将来のことではないかもしれない。

　私どもが本書を企画した時には，こうした変化をすべて見通していたわけでは決してない。まさにグローバル化の下での政治経済の再編が，予想を超える速度でここまで世界を変えたのである。

　にもかかわらず，本書を企画した時の基本的な問題意識は現在でも有効であると信じている。中国を筆頭とするアジア諸国の急速な経済発展，そしてその政治と経済の関係を理解するには，「レント」が一番の手掛かりになる。これからも「レント」のあり方が，各国の将来を考えるうえで大きな鍵となるであろう。

　今後も，できるだけ多くの方に本書を読んでいただき，率直なご意見をいただくことを，執筆者一同，希望している。最後になったが，改訂作業に際して，一字一句ゆるがせにしない編集で執筆者を励ましてくださった有斐閣書籍編集第二部の岩田拓也さんに心から感謝したい。

　　　2010 年 2 月 1 日

片　山　　　裕
大　西　　　裕

初版あとがき

　アジアは広く，かつ多様である。加えて，第二次世界大戦後だけに限定しても，これほど大きな変化を経験した地域は他に類を見ない。同時に，現在のアジアは元気がよい。かつては「停滞」の代名詞であったこの地域が，いまや世界経済の牽引車となっている。政治的にも多くの国々が民主化し，民意が政治にも反映されるようになった。加えて，日本人にとっては，もともと近しかったアジアがより一層身近な存在になってきている。序章でふれた海外旅行先だけではない。居酒屋の焼き鳥がタイ産であったり，衣服，電化製品の多くが中国産であったりと，アジア産の商品は私たちの日常生活の大きな部分を占める。社会的な関心が高まっているせいか，最近はテレビや新聞でもアジア関連の報道や番組，特集記事が増えた。

　いったい，アジアに何が起こり，今後アジアはどのような方向に向かおうとしているのか，知りたい人が多くなっている。大学では講義科目にアジアの政治経済関連のものが増え，官庁や援助機関など社会人からのレクチャーの要請も多い。しかし，残念なことに適当な入門書が容易に見つからない。各国，各地域の専門書は図書館や本屋に行けばあるものの，いきなり本格的な専門書では敷居が高すぎる。それなら，最初に読む入門書的なものを書いてみよう。大学に入り立ての若者にも理解できるように説明してみようと，私たちは本書の編集に取り組んだ。

　開発途上国において経済は，政治のあり方と密接に結び付いている。現代アジアが総じて経済発展に成功したとするならば，政治や政府のあり方，その時々の政策決定の観点からも説明できるはずである。本書では，そうした問題意識を，「レント」をキーワードにすることによって執筆者全員が共有し，各国・地域の政治経済を明らかにしようとした。執筆にあたっては，専門家だけに通用する表現や言い回しを可能なかぎり避けた。「初学者にも理解できるように書く」，それが合言葉であった。内容面でも，アジア諸国の政治経済について

はっきりしたイメージを受け取れるようにする一方で，多様な見方，とらえ方をできるだけ反映させるように心がけたつもりである。

その際，特に重要な語句については，本文中と事項索引とでゴシック体を用いて記した。その語句が繰り返し登場する場合は，詳しく説明している個所でゴシック体にした。事項索引では，登場頁もゴシック体で記した。

各章の執筆者は，中国，韓国，台湾，東南アジア，そしてインドにいたる地域の政治と国際関係を専門とする，働き盛りの政治学者である。専門分野では十分な業績を積んでいる人ばかりであるが，それぞれの国や地域の政治経済について初学者にもわかるように説明することは，予想していた以上に困難な作業であった。執筆者と編者との間には，何度も草稿の往復があった。最終ドラフトが完成し校正刷が出てからも，多くの注文をつけさせていただいた。「こんなに苦労して本を書いたのは初めてです」と言った執筆者は，一人にとどまらない。編者の無理な注文に忍耐強く応じてくださった執筆者のみなさんに，心から感謝申し上げたい。

ただ，そのおかげで本書は，中国から東南アジアを経てインドにいたるアジアの政治経済を，明確な問題意識に基づいて，一定の視点から説明する本になり，社会人の方にも読み応えのあるものになったのではないかと，私たち編者はひそかに自負している。アジアの政治と経済に何らかのかたちでかかわっている実務家のみなさん，広くアジアに関心を持つ一般読者のみなさんにも，ぜひ読んでいただきたいと願う次第である。

本書は，完成にいたるまでに実に多くの方々にお世話になった。政治学者だけでアジアの政治経済を論じたため，経済統計の処理にあたっては，阿部茂行先生（同志社大学）に折にふれて助けていただいた。また，統計データの具体的な処理については，樋口恵子さん（神戸大学非常勤職員）の手をわずらわせた。草稿段階で原稿を読んでコメントをくださった，浅羽祐樹さん（九州大学），神戸大学大学院国際協力研究科の片山ゼミのみなさん，同志社大学法学部・国際関係論ゼミ（3回生）のみなさん，愛知県立大学の教養演習の受講者のみなさん，京都大学アジア・アフリカ地域研究科院生の吉川みな子さん，どうもありがとうございました。

最後になったが，有斐閣書籍編集第二部の青海泰司さんに心から御礼申し上

げたい。本書の企画段階から完成にいたるまで，優しく，しかし時として厳しく励ましてくださった青海さんなしには，本書の刊行はありえなかった。これまで多くの優れた大学教科書の産婆役を努めてこられた青海さんの期待に応えたいとの一心で，二人の編者は仕事に励んできたつもりである。本書が，青海さんの「自慢の息子・娘」の仲間入りすることを，切に願っている。

 2006 年 11 月 1 日

片　山　　裕
大　西　　裕

●引用・参考文献●

◆序 章

国際連合統計局／後藤正夫訳『国際連合 世界統計年鑑』各年度版，原書房
国際労働事務局『国際労働経済統計年鑑』各年度版，日本ILO協会
世界銀行／白鳥正喜監訳／海外経済協力基金開発問題研究会訳，1994年『東アジアの奇跡——経済成長と政府の役割』東洋経済新報社
世界銀行／西川潤監訳／五十嵐友子ほか訳，2004年『世界開発報告——貧困との闘い 2000/2001』(単行本出版は2002年)
ハンチントン，サミュエル・P.／坪郷實・中道寿一・藪野祐三訳，1995年『第三の波——20世紀後半の民主化』三嶺書房
ミュルダール，ギュンナー／セス・キング編／板垣與一監訳／小浪充・木村修三訳，1974年『アジアのドラマ——諸国民の貧困の一研究』上・下，東洋経済新報社
渡辺利夫，2002年『成長のアジア 停滞のアジア』講談社学術文庫
Ferguson, Yale H. and Richard W. Mansbach, 1999, "Global Politics at the Turn of the Millennium: Changing Bases of 'Us' and 'Them,'" *International Studies Review,* 1-2, pp. 77-107
Migdal, Joel S., 1988, *Strong Societies and Weak States: State-Society Relations and State Capabilities in the Third World,* Princeton University Press
『世界国勢図会 CD ROM 版』Taiwan Statistical Data Book 2005

◆第1章

青木昌彦／瀧澤弘和・谷口和弘訳，2001年『比較制度分析に向けて』NTT出版
絵所秀紀，1991年『開発経済学——形成と展開』法政大学出版局
クルーグマン，ポール／三上義一訳，1999年『世界大不況への警告』早川書房
黒岩郁雄編，2004年『開発途上国におけるガバナンスの諸課題——理論と実際』日本貿易振興機構アジア経済研究所
恒川惠市，1996年『企業と国家』(現代政治学叢書16) 東京大学出版会
戸矢哲朗／青木昌彦監訳／戸矢理衣奈訳，2003年『金融ビッグバンの政治経済学——金融と公共政策策定における制度変化』東洋経済新報社
樋渡展洋，1991年『戦後日本の市場と政治』東京大学出版会
Balassa, Bela, 1970, "Growth Strategies in Semi-Industrial Countries," *Quarterly Journal of Economics,* 84, pp. 24-47
Evans, Peter, 1995, *Embedded Autonomy: States and Industrial Transformation,* Princeton University Press

Haggard, Stephan, 1990, *Pathways from the Periphery: The Politics of Growth in the Newly Industrializing Countries,* Cornell University Press
Haggard, Stephan, 2000, *The Political Economy of the Asian Financial Crisis,* Institute for International Economics
Johnson, Chalmers A., 1982, *MITI and the Japanese Miracle: The Growth of Industrial Policy, 1925-1975,* Stanford University Press
Johnson, Chalmers A., 1985, "Political Institutions and Economic Performance: The Government-Business Relationship in Japan, South Korea and Taiwan," in Robert A. Scalapino, Seizaburo Sato, and Jusuf Wanandi eds., *Asian Economic Development: Present and Future,* Institute of East Asian Studies, University of California, pp. 63-89
Khan, Mushtaq H. and Jomo Kwame Sundaram eds., 2000, *Rents, Rent-Seeking and Economic Development: Theory and Evidence in Asia,* Cambridge University Press
Maxfield, Sylvia and Ben Ross Schneider, eds., 1997, *Business and the State in Developing Countries,* Cornell University Press
Myrdal, Gunnar, 1968, *Asian Drama: An Inquiry into the Poverty of Nations,* Pantheon
Olson, Mancur, 2000, *Power and Prosperity: Outgrowing Communist and Capitalist Dictatorships,* Basic Books
Prebisch, Raul, 1950, *The Economic Development of Latin America and Its Principal Problems,* UN
Ross Schneider, Ben, 1998, "Elusive Synergy: Business-Government Relations and Development," *Comparative Politics,* 31-1, pp. 101-122
Strange, Susan, 1998, *Mad Money: From the Author of Casino Capitalism,* Manchester University Press
Wade, Robert, 1990, *Governing the Market: Economic Theory and the Role of Government in East Asian Industrialization,* Princeton University Press
Wade, Robert, 1998, "The Asian Debt-development Crisis of 1997-?: Causes and Consequences," *World Development,* 26-8, pp. 1535-1553
Woo-Cumings, Meredith ed., 1999, *The Developmental State,* Cornell University Press
World Bank, 1993, *The East Asian Miracle: Economic Growth and Public Policy,* Oxford University Press
World Bank, 1998, *East Asia: The Road to Recovery,* World Bank

◆第2章

オルソン，マンサー／加藤寛監訳／川野辺裕幸ほか訳，1991 年『国家興亡論──「集合行為論」からみた盛衰の科学』PHP 研究所
ダール，ロバート・A.／高畠通敏・前田脩訳，1981 年『ポリアーキー』三一書房
デューイ，ジョン／帆足理一郎訳，1916 年『民主主義と教育』春秋社
パットナム，ロバート・D.／河田潤一訳，2001 年『哲学する民主主義──伝統と改革の市民的構造』NTT 出版

ハンチントン，サミュエル・P./内山秀夫訳，1972年『変革期社会の政治秩序』上・下，サイマル出版会
ハンチントン，サミュエル・P./坪郷實・中道寿一・藪野祐三訳，1995年『第三の波──20世紀後半の民主化』三嶺書房
ムーア Jr.，バリントン/宮崎隆次・森山茂徳・高橋直樹訳，1986・1987年『独裁と民主政治の社会的起源──近代世界形成過程における領主と農民』1・2，岩波現代選書
見市建，2004年『インドネシア──イスラーム主義のゆくえ』平凡社
渡辺利夫，1990年「韓国──経済発展と権威主義の熔解」『アジア研究』第36巻第3号，15-24頁
Huntington, Samuel P. and Joan M. Nelson, 1976, *No Easy Choice: Political Participation in Developing Countries,* Harvard University Press
Katzenstein, Peter J., ed., 1978, *Between Power and Plenty: Foreign Economic Policies of Advanced Industrial States,* University of Wisconsin Press
Lipset, Seymour Martin, 1959, "Some social Requisites of Democracy: Economic Development and Political Legitimacy," *American Political Science Review,* 53-1, pp. 69-105
O'Donnell, Guillermo A., 1973, *Modernization and Bureaucratic - Authoritarianism: Studies in South American Politics,* University of California Press
O'Donnel, Guillermo and Philippe C. Schmitter, 1986, *Transitions from Authoritarian Rule: Tentative Conclusions about Uncertain Democracies,* Johns Hopkins University Press
Olson, Mancur, 2000, *Power and Prosperity: Outgrowing Communist and Capitalist Dictatorships,* Basic Books
Rueschemeyer, Dietrich, Evelyne Huber Stephens, and John D. Stephens, 1992, *Capitalist Development and Democracy,* University of Chicago Press
Rustow, Dankwart, 1970, "Transitions to Democracy: Toward a Dynamic Model," *Comparative Politics,* 2-3, pp. 337-363
Scott, C. James, 1972, "Patron-Client Politics and Political Change in Southeast Asia," *American Political Science Review,* 66, pp. 91-113

◆第3章

大矢根聡，2004年「東アジアFTA：日本の政策転換と地域構想──『政策バンドワゴニング』から『複雑な学習』へ」『国際問題』第528号，52-66頁
大矢根聡編，2009年『東アジアの国際関係──多国間主義の地平』有信堂高文社
ギルピン，ロバート/古城佳子訳，2001年『グローバル資本主義──危機か繁栄か』東洋経済新報社
久保文明・赤木完爾編，2004年『アメリカと東アジア』(現代東アジアと日本6)慶應義塾大学出版会
田中明彦，2007年『アジアのなかの日本』(日本の〈現代〉2) NTT出版
山影進編，2003年『東アジア地域主義と日本外交』(JICA研究8) 日本国際問題研究所

山本吉宣編,2005 年『アジア太平洋の安全保障とアメリカ』(変貌するアメリカ太平洋秩序Ⅲ) 彩流社

Acharya, Amitav, 2009, *Whose Ideas Matter?: Agency and Power in Asian Regionalism,* Cornell University Press

Alagappa, Muthiah, ed., 2003, *Asian Security Order: Instrumental and Normative Features,* Stanford University Press

Beeson, Mark, 2009, *Institutions of the Asia-Pacific: ASEAN, APEC and Beyond,* Routledge

Dent, Christopher M., 2008, *East Asian Regionalism,* Routledge

Elman, Colin and Miriam Fendius Elman, eds., 2003, *Progress in International Relations Theory: Appraising the Field,* MIT Press

Gaddis, John Lewis, 2005, *The Cold War: A New History,* Penguin USA

Ikenberry, G. John and Michael Mastaduno, eds., 2003, *International Relations Theory and the Asia-Pacific,* Columbia University Press

Pempel, T.J., ed., 2005, *Remapping East Asia: The Construction of a Region,* Cornell University Press

Stubbs, Richard, 2005, *Rethinking Asia's Economic Miracle: The Political Economy of War,* Prosperity and Crisis, Palgrave Macmillan

◆第 4 章

安倍誠・佐藤幸人・永野護,1999 年『経済危機と韓国・台湾』日本貿易振興会アジア経済研究所

大西裕,2004 年「韓国の場合——地域主義とそのゆくえ」梅津實・森脇俊雅・坪郷實・大西裕・後房雄・山田真裕『比較・選挙政治——21 世紀初頭における先進 6 カ国の選挙〔新版〕』ミネルヴァ書房

大西裕,2004 年「韓国におけるイデオロギー政治の復活」『国際問題』第 535 号, 17-30 頁

小此木政夫・文正仁編,2001 年『日韓共同研究叢書 4 市場・国家・国際体制』慶應義塾大学出版会

金浩鎮/李健雨訳,1993 年『韓国政治の研究』三一書房

高龍秀,2000 年『韓国の経済システム——国際資本移動の拡大と構造改革の進展』東洋経済新報社

末廣昭,2000 年『キャッチアップ型工業化論——アジア経済の軌跡と展望』名古屋大学出版会

恒川惠市,1996 年『企業と国家』(現代政治学叢書 16) 東京大学出版会

服部民夫編,1987 年『韓国の工業化——発展の構図』(アジア工業化シリーズ 2) アジア経済研究所

服部民夫・佐藤幸人編,1996 年『韓国・台湾の発展メカニズム』アジア経済研究所

深川由起子,1997 年『韓国・先進国経済論——成熟過程のミクロ分析』日本経済新聞社

ブーズ・アレン & ハミルトン/森脇喜一・田中良和訳,2000 年『韓国報告書——日本型経

済システムのゆくえ』朝日新聞社 (Booz-Allen and Hamilton, 1997, *Korea Report: Revitalizing the Korean Economy toward the 21st Century*)

Amsden, Alice H., 1989, *Asia's Next Giant: South Korea and Late Industrialization*, Oxford University Press

Chang, Sea Jin and Unghwan Choi, 1988, "Strategy, Structure and Performance of Korean Business Groups: A Transactions Cost Approach," *Journal of Industrial Economics*, 37-2, pp. 141-158

Cheng, Tun-jen, 1990, "Political Regimes and Development Strategies: South Korea and Taiwan," in Gary Gereffi and Donald L. Wyman eds., *Manufacturing Miracles: Paths of Industrialization in Latin America and East Asia*, Princeton University Press, pp. 139-178

Choi, Byung-sun, 1993, "Financial Policy and Big Business in Korea: The Perils of Financial Regulation," in Stephan Haggard, Chung H. Lee, and Sylvia Maxfield eds., *The Politics of Finance in Developing Countries*, Cornell University Press

Evans, Peter, 1995, *Embedded Autonomy: States and Industrial Transformation*, Princeton University Press

Fields, Karl J., 1995, *Enterprise and the State in Korea and Taiwan*, Cornell University Press

Haggard, Stephan and Jongryn Mo, 2000, "The Political Economy of the Korean Financial Crisis," *Review of International Political Economy*, 7-2, pp. 197-218

Hahm, Sung Deuk and L. Christopher Plein, 1997, *After Development: The Transformation of the Korean Presidency and Bureaucracy*, Georgetown University Press

Jones, Leroy P. and Il SaKong, 1980, *Government, Business, and Entrepreneurship in Economic Development: The Korean Case*, Harvard University: distributed by Harvard University Press

Jwa, Sung-Hee, 2002, *The Evolution of Large Corporations in Korea: A New Institutional Economics Perspective of the Chaebol*, E. Elgar

Kang, David C., 2002, *Crony Capitalism: Corruption and Development in South Korea and the Philippines*, Cambridge University Press

Kang, Myung Hun, 1996, *The Korean Business Conglomerate: Chaebol Then and Now*, Institute of East Asian Studies, University of California

Kim, Eun Mee, 1997, *Big Business, Strong State: Collusion and Conflict in South Korean Development, 1960-1990*, State University of New York Press

Lee, Chung H., 1992, "The Government, Financial System, and Large Private Enterprises in the Economic Development of South Korea," *World Development*, 20-2, pp. 187-197

Lee, Yeon-ho, 1997, *The State, Society and Big Business in South Korea*, Routledge

Moon, Chung In and Sang-Young Rhyu, 2000, "The State, Structural Rigidity, and the End of Asian capitalism: A Comparative Study of Japan and South Korea," in

Richard Robison, Mark Beeson, Kanishka Jayasuriya, and Hyuk-Rae Kim eds., *Politics and Markets in the Wake of the Asian Crisis,* Routledge, pp. 77-98

Rhee, Jong-Chan, 1994, *The State and Industry in South Korea: The Limits of the Authoritarian State,* Routledge

Steers, Richard M., Yoo Keun Shin, and Gerard R.Ungson, 1989, *The Chaebol (Jae Bol): Korea's New Industrial Might,* Harper & Row, Ballinger Division

Woo, Jung-En, 1991, *Race to the Swift: State and Finance in Korean Industrialization,* Columbia University Press

◆第5章

天児慧・浅野亮，2008年『中国・台湾』(世界政治叢書8) ミネルヴァ書房

大橋英夫，2005年『現代中国経済論』(シリーズ現代経済の課題) 岩波書店

加藤弘之，2003年『地域の発展』(シリーズ現代中国経済6) 名古屋大学出版会

加藤弘之・久保亨，2009年『進化する中国の資本主義』(叢書中国的問題群5) 岩波書店

清水美和，2008年『「中国問題」の内幕』ちくま新書

清水美和，2009年『「中国問題」の核心』ちくま新書

シャーク，スーザン／徳川家広訳，2008年『中国 危うい超大国』NHK出版

三宅康之，2006年『中国・改革開放の政治経済学』ミネルヴァ書房 (Minerva 人文・社会科学叢書)

Lieberthal, Kenneth, 2003, *Governing China: From Revolution Through Reform,* W. W. Norton

Naughton, Barry, 2007, *The Chinese Economy: Transitions and Growth,* MIT Press

Yang, Dali L., 2004, *Remaking the Chinese Leviathan: Market Transition and the Politics of Governance in China,* Stanford University Press

Zheng, Yongnian, 2004, *Globalization and State Transformation in China,* Cambridge University Press

◆第6章

安倍誠・佐藤幸人・永野護，1999年『経済危機と韓国・台湾』日本貿易振興会アジア経済研究所

小笠原欣幸，2008年「民主化，台湾化する政治体制」天児慧・浅野亮編著『中国・台湾』(世界政治叢書8) ミネルヴァ書房

川上桃子，2002年「台湾の対外投資──『所有特殊的優位性』の更新過程」北村かよ子編『アジアNIESの対外直接投資』日本貿易振興会アジア経済研究所

川上桃子，2003年「価値連鎖のなかの中小企業──台湾パソコン産業の事例」小池洋一・川上桃子編『産業リンケージと中小企業──東アジア電子産業の視点』日本貿易振興会アジア経済研究所

酒井亨，2006年『台湾 したたかな隣人』集英社新書

佐藤幸人，1996年「台湾の経済発展における政府と民間企業──産業の選択と成果」服部民

夫・佐藤幸人編『韓国・台湾の発展メカニズム』アジア経済研究所
佐藤幸人・伊藤信悟，2004年「香港・台湾と中国——チャンスか？ トラップか？」加藤弘之・上原一慶編『中国経済論』（現代世界経済叢書第2巻）ミネルヴァ書房
松本充豊，2002年『中国国民党「党営事業」の研究』（現代中国研究叢書39巻）アジア政経学会
松本充豊，2004年「台湾——『二重の移行』と『黒金政治』」岸川毅・岩崎正洋編『アクセス地域研究Ⅰ——民主化の多様な姿』日本経済評論社
若林正丈，2001年『台湾——変容し躊躇するアイデンティティ』ちくま新書
Amsden, Alice H. and Wan-wen Chu, 2003, *Beyond Late Development: Taiwan's Upgrading Policies,* MIT Press
Fields, Karl J., 1995, *Enterprise and the State in Korea and Taiwan,* Cornell University Press
Noble, Gregory W., 1998, *Collective Action in East Asia: How Ruling Parties Shape Industrial Policy,* Cornell University Press
Rigger, Shelley, 2001, *From Opposition to Power: Taiwan's Democratic Progressive Party,* Lynne Rienner Publisher
Wade, Robert, 1990, *Governing the Market: Economic Theory and the Role of Government in East Asian Industrialization,* Princeton University Press
邢幼田，1996年「台商與中國大陸地方官僚聯盟——一個新的跨國投資模式」『台灣社會研究季刊』第23期，159-182頁

◆第7章

佐藤百合編，2002年『民主化時代のインドネシア——政治経済変動と制度改革』日本貿易振興会アジア経済研究所
佐藤百合，2003年「企業債務処理と企業部門の構造変化」『インドネシアの構造改革と日本の援助政策』（財）国際金融情報センター，81-100頁
佐藤百合編，2004年『インドネシアの経済再編——構造・制度・アクター』日本貿易振興機構アジア経済研究所
白石隆，1996年『新版 インドネシア』（ネットワークの社会科学）NTT出版
白石隆，1997年『スカルノとスハルト 偉大なるインドネシアをめざして』（現代アジアの肖像11）岩波書店
白石隆，1999年『崩壊 インドネシアはどこへ行く』NTT出版
本名純，2003年「国軍の財政破綻とその政治インパクト」『インドネシアの構造改革と日本の援助政策』（財）国際金融情報センター，63-80頁
三平則夫編，1991年『インドネシア——輸出主導型成長への展望』（ASEAN等現地研究シリーズNo.8）アジア経済研究所
宮本謙介，2003年『概説 インドネシア経済史』有斐閣選書
村井吉敬・佐伯奈津子・久保康之・間瀬朋子，1999年『スハルト・ファミリーの蓄財』明石書店

Bresnan, John, 1993, *Managing Indonesia: The Modern Political Economy*, Columbia University Press

MacIntyre, Andrew, "Funny Money: Fiscal Policy, Rent-Seeking and Economic Performance in Indonesia," in Mushtaq H. Khan and Jomo K.S. Rents, *Rent-Seeking and Economic Development: Theory and Evidence in Asia*, Cambridge University Press, 2000, pp. 248-273

Robison, Richard, 1986, *Indonesia: The Rise of Capital*, Allen & Unwin

Robison, Richard and Vedi R. Hadiz, 2004, *Reorganizing Power in Indonesia: The Politics of Oligarchy in an Age of Markets*, Routledge Curzon

◆第8章

川中豪編, 2005年『ポスト・エドサ期のフィリピン』日本貿易振興機構アジア経済研究所

ワーフェル, デイビッド／大野拓司訳, 1997年『現代フィリピンの政治と社会——マルコス戒厳令体制を超えて』明石書店

Abinales, Patricio N. and Donna J. Amoroso, 2005, *State and Society in the Philippines*, Rowman and Littlefield Publishers, Inc.

Balisacan, Arsenio M. and Hal Hill, eds., 2003, *The Philippine Economy: Development, Policies, and Challenges*, Oxford University Press

Hawes, Gary, 1987, *The Philippine State and the Marcos Regime: The Politics of Export*, Cornell University Press

Hutchcroft, Paul, 1998, *Booty Capitalism: The Politics of Banking in the Philippines*, Cornell University Press

Montes, Manuel F., 1991, *Financing Development: The Political Economy of Fiscal Policy in the Philippines*, Philippine Institute for Development Studies, Monograph Series No.13

National Statistical Coordination Board, various years, *Philippine Statistical Yearbook*

Rivera, Temario C., 1994, *Landlords and Capitalists: Class, Family, and State in Philippine Manufacturing*, U. P. Center for Integrative and Development Studies and University of the Philippines Press in cooperation with the Philippine Center for Policy Studies

Sidel, John T., 1999, *Capital, Coercion, and Crime: Bossism in the Philippines*, Stanford University Press

World Bank, 2009, *World Development Indicators*

◆第9章

鳥居高, 2001年「マレーシアの開発戦略と政治変動——多民族社会の安定装置は機能し続けるか」末廣昭・山影進編『アジア政治経済論——アジアの中の日本をめざして』NTT出版, 127-155頁

堀井健三, 1998年『マレーシア村落社会とブミプトラ政策』論創社

Bowie, Alasdair, 1991, *Crossing The Industrial Divide: State, Society, and the Politics of Economic Transformation in Malaysia,* Columbia University Press

Faaland J., Rais Saniman, and J. R. Parkinson, 1990, *Growth and Ethnic Inequality: Malaysia's New Economic Policy,* Dewan Bahasa dan Pustaka

Gomez, Edmund Terence and K.S. Jomo, 1999, *Malaysia's Political Economy-Politics, Patronage and Profits,* 2nd ed., Cambridge University Press

Jesudason, James V., 1990, *Ethnicity and the Economy: The State, Chinese Businesss, and Multinationals in Malaysia,* Oxford University Press

Mahathir bin Mohamad, 1998, *The Way Forward,* Weidenfeld & Nicolson

Snodgrass, Donald R., 1995, *Successful Economic Development in a Multi-Ethnic Society: The Malaysian Case*（www.cid.harvard.edu/hiid/503abs.html）

◆第10章

末廣昭・東茂樹編、2000年『タイの経済政策――制度・組織・アクター』日本貿易振興会アジア経済研究所

Christensen, Scott, Ammar Siamwalla, and Pakorn Vichayanond, 1992, *Institutional and Political Bases of Growth-Inducing Policies in Thailand,* Thailand Development Research Institute

Daniel Unger, 1998, *Building Social Capital in Thailand: Fibers, Finance, and Infrastructure,* Cambridge University Press

Doner, Richard F., 1991, "Approaches to the Politics of Economic Growth in Southeast Asia," *Journal of Asian Studies,* 50-4, November, pp. 818-849

Doner, Richard F. and Ansil Ramsay, 1997, "Competitive Clientelism and Economic Governance: The Case of Thailand," in Sylvia Maxfield and Ben Ross Schneider eds., *Business and the State in Developing Countries,* Cornell University Press, pp. 237-276

Khan, Mushtaq H. and Jomo Kwame Sundaram, eds., 2000, *Rents, Rent-Seeking and Economic Development: Theory and Evidence in Asia,* Cambridge University Prerss

Laothamatas, Anek, 1992, *Business Associations and the New Political Economy of Thailand: From Bureaucratic Polity to Liberal Corporatism,* Westview Press, Institute of Southeast Asian Studies

Siamwalla, Ammar, 1997, "Can A Developing Democracy Manage Its Macroeconomy? The Case of Thailand," *Thailand Development Research Institute Quarterly Review,* 12-4, December, pp. 3-10

◆第11章

石川滋・原洋之介編、1999年『ヴィエトナムの市場経済化』東洋経済新報社

石田暁恵・五島文雄編、2004年『国際経済参入期のベトナム』日本貿易振興機構アジア経済研究所

大野健一・川端望編、2003年『ベトナムの工業化戦略――グローバル化時代の途上国産業支

援』日本評論社
佐藤進・高野光一，2009 年「越僑送金と FDI，ODA 実行額の維持がカギ──2009 年の経済見通し（ベトナム）」『通商弘報』3 月 19 日号
坂田正三編，2006 年『2010 年に向けたベトナムの発展戦略──WTO 時代の新たな挑戦』日本貿易振興機構アジア経済研究所
坂田正三編，2009 年『変容するベトナムの経済主体』日本貿易振興機構アジア経済研究所
白石昌也，1993 年『ベトナム──革命と建設のはざま』（東アジアの国家と社会 5）東京大学出版会
白石昌也，2004 年「ベトナムの社会主義体制」関根政美，山本信人編『海域アジア』（現代東アジアと日本 4）慶應義塾大学出版会
白石昌也編，2000 年『ベトナムの国家機構』明石書店
白石昌也編，2004 年『ベトナムの対外関係──21 世紀の挑戦』暁印書館
白石昌也・竹内郁雄編，1999 年『ベトナムのドイモイの新展開』日本貿易振興会アジア経済研究所
中臣久，2002 年『ベトナム経済の基本構造』日本評論社
千葉文人，2009 年『ベトナム＠世代──IT で変わる意識と文化』暁印書館
トラン・ヴァン・トゥ　1996 年『ベトナム経済の新展開──工業化時代の始動』日本経済新聞社
中野亜里，2009 年『ベトナムの人権──多元的民主化の可能性』福村出版
古田元夫，1996 年『ベトナムの現在』講談社現代新書
古田元夫，2009 年『ドイモイの誕生──ベトナムにおける改革路線の形成過程』（シリーズ民族を問う 4）青木書店
Abuza, Zachary, 2001, *Renovating Politics in Contemporary Vietnam*, Lynne Rienner Publishers
Chan, Anita, J.Tria Kerkvliet and Jonathan Unger eds., 1999, *Transforming Asian Socialism: China and Vietnam Compared*, Allen & Unwin Pty Ltd.
Kim, Annette Miae, 2008, *Learning to Be Capitalists: Entrepreneurs in Vietnam's Transition Economy*, Oxford University Press
Kornai, Jānos and Yingyi Qian eds., 2009, *Market and Socialism: In the Light of the Experiences of China and Vietnam*, Palgrave MacMillan
Litvack Jennie I. and Dennis A. Rondinelli eds., 1999, *Market Reform in Vietnam: Building Institutions for Development*, Quodrum Books
Tran-Nam, Binh and Chi Do Pham eds., 2003, *The Vietnamese Economy: Awakening the Dormant Dragon*, Routledge Curzon

◆第 12 章

青木健編，2001 年『AFTA（ASEAN 自由貿易地域）──ASEAN 経済統合の実状と展望』日本貿易振興会
石田正美編，2005 年『メコン地域開発──残された東アジアのフロンティア』日本貿易振興

会

河合正弘，2004 年「国際化社会における公共政策——東アジアの経済統合をめぐって」(2004 年 11 月，大阪大学国際公共政策研究科創立 10 周年記念講演)

黒柳米司編，2005 年『アジア地域秩序と ASEAN の挑戦——「東アジア共同体」をめざして』明石書店

黒柳米司，2006 年「アジア冷戦と ASEAN の対応——ZOPFAN をてがかりに」『アジア研究』第 52 巻第 2 号，26-35 頁

白石隆，2004 年『帝国とその限界——アメリカ・東アジア・日本』NTT 出版

日本国際政治学会編，1997 年『ASEAN 全体像の検証』(国際政治第 116 号)

山影進，1997 年『ASEAN パワー——アジア太平洋の中核へ』東京大学出版会

山影進編，2001 年『転換期の ASEAN——新たな課題への挑戦』(JIIA 研究 3)日本国際問題研究所

山本武彦編，2005 年『地域主義の国際比較——アジア太平洋・ヨーロッパ・西半球を中心にして』早稲田大学出版部

山本武彦・天児慧編，2007 年『新たな地域形成』(東アジア共同体の構築 1)岩波書店

◆第 13 章

アジア政経学会監修／竹中千春・高橋伸夫・山本信人編，2008 年『市民社会』(現代アジア研究 2)慶應義塾大学出版会

伊藤正二・絵所秀紀，1995 年『立ち上がるインド経済——新たな経済パワーの台頭』日本経済新聞社

内川秀二編，2006 年『躍動するインド経済——光と陰』日本貿易振興機構アジア経済研究所（アジ研選書）

絵所秀紀，2002 年『開発経済学とインド——独立後インドの経済思想』日本評論社

小川忠，2001 年『インド——多様性大国の最新事情』角川選書

賀来弓月，1998 年『インド現代史——独立五〇年を検証する』中公新書

グハ，R.＝ G. パーンデー＝ P. チャタジー＝ G. スピヴァック／竹中千春訳，1998 年『サバルタンの歴史——インド史の脱構築』岩波書店

『講座現代南アジア』(全 6 巻)東京大学出版会，2002-2003 年。

孝忠延夫，2005 年『インド憲法とマイノリティ』法律文化社

コーエン，スティーヴン・P.／堀本武功訳，2003 年『アメリカはなぜインドに注目するのか——台頭する大国インド』明石書店

小島卓，2002 年『やがてインドの時代がはじまる——「最後の超大国」の実力』朝日選書

コタリ，ラジニ／広瀬崇子訳，1999 年『インド民主政治の転換——一党優位体制の崩壊』勁草書房

佐藤隆広，2002 年『経済開発論——インドの構造調整計画とグローバリゼーション』世界思想社

セン，アマルティア／黒崎卓・山崎幸治訳，2000 年『貧困と飢饉』岩波書店

竹中千春，1999 年「政党再編とインド政治」『国際問題』第 469 号，34-48 頁

竹中千春,2001 年 a「暴動の政治過程——1992-93 年 ボンベイ暴動」日本比較政治学会編『民族共存の条件』早稲田大学出版部,49-78 頁

竹中千春,2001 年 b「カシミール——辺境から国境へ」『アジア研究』第 47 巻 第 4 号,23-38 頁

竹中千春,2003 年 a「女性と民主主義——現代インドの実験」高畠通敏編『現代市民政治論』世織書房,217-244 頁

竹中千春,2003 年 b「インドという理念——民族共存の実験」『国際学研究』第 23 号(明治学院大学),39-50 頁

竹中千春,2003 年 c「ジェンダー化する政治——インドの国家・法・女性」日本政治学会編『「性」と政治』(年報政治学 2003)岩波書店,45-71 頁

竹中千春,2005 年「グローバリゼーションと民主主義の間——インド政治の現在」『国際問題』第 542 号,7-23 頁

竹中千春,2009 年「総選挙後のインド政治——諦めない民衆」『現代インド・フォーラム』(2009 年 7 月号 No. 2)財団法人日印協会(http://www.japan-india.com/forum/index/2009)

中島岳志,2002 年『ヒンドゥー・ナショナリズム——印パ緊張の背景』中公新書ラクレ

バドゥーリ,アミット゠デーパク・ナイヤール/永安幸正訳,1999 年『インドの自由化——改革と民主主義の実験』日本経済評論社

バラスブラマニヤム,V. N./古賀正則監訳,1988 年『インド経済概論——途上国開発戦略の再検討』東京大学出版会

バルダン,プラナブ/近藤則夫訳,2000 年『インドの政治経済学——発展と停滞のダイナミクス』勁草書房

広瀬崇子編,2001 年『10 億人の民主主義——インド全州,全政党の解剖と第 13 回連邦下院選挙』御茶の水書房

広瀬崇子・南埜猛・井上恭子編,2006 年『インド民主主義の変容』明石書店

脇村孝平,2002 年『飢饉・疫病・植民地統治——開発の中の英領インド』名古屋大学出版会

Brass, Paul R., 1990, *The Politics of India since Independence,* Cambridge University Press

Dutt, R.C., 1981, *Socialism of Jawaharlal Nehru,* Abhinav Publications

Frankel, Francine R., 1978, *India's Political Economy 1947-1977: The Gradual Revolution,* Princeton University Press

Kaviraj, Sudipta ed., 1997, *Politics in India,* Oxford University Press

Khilnani, Sunil, 1998, *The Idea of India,* Farrar Straus Giroux

Kohli, Atul ed., contributors, Pranab Bardhan et al., foreword by John P. Lewis, 1988, *India's Democracy: An Analysis of Changing State-Society Relations,* Princeton University Press

Rudolph, Lloyd I. and Susanne Hoeber Rudolph, 1987, *In Pursuit of Lakshmi: The Political Economy of the Indian State,* University of Chicago Press

Yadav, Yogendra, 1996, "Reconfiguration in Indian Politics: State Assembly Elections,

1993-1995," *Economic and Political Weekly,* 31-2&3, pp. 95-104

※ 執筆に際して引用または参考にした文献は,上に一括して掲げた。

●事項索引●

ア 行

アイデンティティー　12
アウトカースト　273
青陣営（パンブルー）　134
アジア太平洋経済協力（APEC）　67, 248
アジア通貨／経済危機　54, 65, 107, 232, 260, 263
アジアの奇跡　141
アジアン・ウェイ　66, 68, 250
アチェ州　141
アナーキー　59
アファーマティブ・アクション　186, 187, 189, 190
アフガン内戦　48
アメリカ　61, 65, 96, 99, 106, 108
アヨーディヤ事件　286
アリ・ババ・ビジネス　191, 192, 195
維新体制　82
イスラーム教徒　49
一国二制度　111
一党支配体制　235, 236
異文化体験　2
イラン革命　48
インド　96
　　──型社会主義　277
　　──インド型世俗主義　274, 285
　　──国民会議派　277
インドシナ戦争
　　第1次──　225
　　第2次──　→ベトナム戦争
　　第3次──　→カンボジア紛争
インドシナを戦場から市場に　252, 256
インド人民党（BJP）　286-288, 290
インドネシア援助国会議（IGGI）　148
インドネシア先住民（プリブミ）　142
埋め込まれた自律性　27
エスニシティー　12
越僑（在外ベトナム人）　234, 241
沿岸地方〈中国〉　98, 101-103, 105, 107, 112
縁故主義　154
エンパワーメント　289

欧州共同体（EC）　249
欧州連合（EU）　247-249, 260, 264
汚職　154
オリガーキー　161
穏健派　45
恩顧主義　→クライアンテリズム

カ 行

改革開放　98-100, 103-105, 110, 111
　　──政策　122
　　──路線　231
会議派システム　278
戒厳令　119, 166
外国直接投資（FDI）　234
外資　102, 104, 106-109
外省人〈台湾〉　117
開発指向国家　→発展指向国家
開発主義　21, 103, 111
　　──的権威主義（開発独裁）　9, 36, 80, 100, 231
　　──モデル　109
開発体制　21, 109
開発統一党　147
開発独裁　→開発主義的権威主義
開放政策　101
ガヴァナンス改革　31, 87
格差　5
　　──社会　49
核実験・核保有　275, 287
華人　142, 185
　　──資本　43, 141
カースト制度　273
価値創造的レント　24
合作社〈ベトナム〉　228, 232
カリスマ的指導者　9
雁行型発展　7
関税及び貿易に関する一般協定（GATT）　55, 56, 63, 67, 261, 266
カンボジア紛争（第3次インドシナ戦争）　226, 228, 256
カンボジア和平　226, 234
官僚主導論　26, 84

313

官僚制　147
議会革命　42
規制緩和　102, 170
北大西洋条約機構（NATO）　257
北朝鮮　→朝鮮民主主義人民共和国
既得権層　25
キャッチアップ　98
救済融資　31
急進派　45
9.11テロ事件　49
業界団体　27
共産主義　46
共産党　→中国共産党
共産党〈インド〉　281
共産党〈インドネシア〉　144, 145
共産党一党独裁　9
共産党支配体制〈ベトナム〉　228-231, 241
協調的安全保障　67, 257
拒否権ポイント　174
近代化（論）　2, 40
金融監督院〈韓国〉　87
金融危機　217
金融政策　31
金融制度改革　86
クアラルンプール宣言　255
クォータ制　→民族別割当制度
クライアンテリズム（恩顧主義）　42
クローニズム（取り巻き中心主義）　30, 163
グローバル化　12, 13, 27, **273**, **274**
計画経済　**98**, 99
経済官僚　80, 84
経済自由化政策　279
経済成長　5
経済体制　11
経済特区　102, 103, 122
経済ナショナリズム　**151**
経済企画院〈韓国〉　80
系列　27
結果の論理　58
ケーララ州　281
権威主義　**36**
　──時代　80
　──体制　62, 235
　──体制期　164
　──の溶解　45
権益　→レント
建設的介入　241

建設的関与　232
公営企業　117
工業化　**7**
工業技術研究院〈台湾〉　126
工業団地〈ベトナム〉　225
光州事件〈韓国〉　82
構成主義　→コンストラクティヴィズム
江沢民時代　**95**, 100
郷鎮企業　**100**, 101, 103, 104, 106, 109
5カ年計画〈インド〉　277
国営石油会社（PETRONAS）　182, 183, 185, 194
国軍〈インドネシア〉　144, 145
国際援助機関　11
国際金融市場　29
国際政治経済　13
国際通貨基金（IMF）　**30**, 86, 87, 148, 168, 263, 266
国際レジーム　**55**, 57, 59, 60, 63
国内総生産（GDP）　4
国民党　→中国国民党
国有企業　228, 229, 233, 237, 239
　──改革　236-238
国家主導型開発／発展モデル　208, 212, 213, 221
国家主導の経済政策　145, 148
国家主導論　**26**
ゴルカル〈インドネシア〉　146
コンストラクティヴィズム（**構成主義**）　22, 60
コンディショナリティ　87

サ　行

財政請負制　**104**, 107
財政経済部〈韓国〉　88
財閥（チェボル）　**77**
　──主導経済　83
財務部　80
刷新路線　→ドイモイ路線
サブプライムローン問題　65
産業政策　22, 30, 56, 61
三通　133
ジェンダー　12
識字率　3
市場化　108
　──改革　98, 104
市場経済化　229, 234-235, 242

市場主導論　121
次世代モデル説　**207**, 208
下請け　27
　——制度　125
指定カースト（SC）　286
指定部族（ST）　286
支配の正統性　240
資本家階級（ブルジョワジー）　42, 48
市民権　185, 189, 190
市民団体　45
自民党　→自由民主党
社会関係資本　41
社会主義　10, 46
　——**市場経済**　100, 106, 111, 113
　——陣営　13
社会統制　10
遮断　9
ジャナタ（人民）連合　282
自由主義陣営　13
十大建設〈台湾〉　126
自由貿易協定（FTA）　33, **66**, 69, 108
自由貿易主義　56
自由民主党（自民党）　124
商工部〈韓国〉　80
省籍矛盾〈台湾〉　**117**
植民地化　3
植民地国家　276
植民地的な政治経済　276
諸侯経済　105
女性議員〈インド〉　288
指令経済　→統制経済
審議会　27
新経済政策（NEP）〈マレーシア〉　**187**, 189, 192, 194, 195, 197
人権　9
新現実主義　→ネオ・リアリズム
新興工業経済地域群（NIEs）　5, 63, 199, 226
新古典派経済学（者）　20, **80**, 102, 108, 111, 148
新古典派的マクロ経済政策　145, 148
人事考課　104, 110
新自由主義　→ネオ・リベラリズム
新竹科学工業園区〈台湾〉　127
浸透　9
人民公社　101
人民行動党〈シンガポール〉　199
人民連合　→ジャナタ連合

政権交替　7
制限選挙制　43
政策金融　22, 80
政治参加　9
政治体制　3
政治的民主化　231, 235
政治文化　41
正統性　236
制度派経済学　23, 80
制度論　104, 109
政府開発援助（ODA）　234, 251, **260**, 266
政府主導論　121
政府による競争制限　20
世界銀行　27, 148, 168, 234, 242
世界金融／経済危機　109, 240
世界貿易機関（WTO）　55, 64, 226, 242
　——加盟〈中国〉　107, 108
セーフティーネット　48, 177
全欧州安全保障協力会議（CSCE）　257
前近代性　3
戦後和解体制　49
先住民〈台湾〉　134
専制政治　3
先富論　101
ソウルの春　82
ソ連　98, 99, 103, 106

タ 行

タイ愛国党　217, 218
第一次産業　7
第二次産業　7
第三次産業　7
第1回 ASEAN 首脳会議（バリ会議）　255
対決政策　251
第三の波　10, 44
大統領　81
　——非常事態宣言　282
大土地所有者　162
第 2 次 ASEAN 協和宣言　266
第 4 次中東戦争　150
大陸反攻〈台湾〉　123
代理戦争　254
台湾　106
　——アイデンティティー　132
　——意識　128
　——化　127
　——人意識　133

事項索引　315

――ナショナリズム　133
蛸足経営　77, 79
他の後進諸階級（OBC）　287
多民族国家　183
ダリット　273
地域協力機構　14
地域主義〈韓国〉　66, 68, **85**
地域的国際組織　248
チェボル　→財閥
チェンマイ・イニシアティブ　69, 265
地方指導部〈中国〉　97, 110
地方政府〈中国〉　93, 96, 97, 100, 104, 106, 109, 110, 112
地方政府主導型　93
　　――発展　111
中越対立　228
中央集権体制〈中国〉　96
中央と地方の関係〈中国〉　97
中華人民共和国　95, 122
中華民国　118
中間層　44, 49
中国共産党（共産党）　95, 118
中国国民党（国民党）　95, **117**
中国人意識　134
中国ナショナリズム　133
中小企業　27, 117
忠清（チュンチョン）地域〈韓国〉　85
朝鮮戦争　61, 77, 78, 99, 110, 118
朝鮮民主主義人民共和国（北朝鮮）　78
直接投資　102, 108, 109, 111, 259-262, 266, 267
通貨危機　28
通産省（現在の経済産業省）　26
適切性の論理　58
テロ　65, 66
天安門事件〈中国〉　105, 105
ドイモイ（刷新）〈ベトナム〉　236, 237, 240, 241, 252, 256
　　――政策　238
　　――路線　226, 231, 232, 235, 242
統一マレー人国民組織（UMNO）　189, **191**, 193
党営企業　123
鄧小平時代　95, **98**
統制（指令）経済　228, 229, 235, 239
東南アジア諸国連合（ASEAN）　**5**, 102, 108, 157, 226, 232, 247

東南アジア友好協力条約（TAC）　255
特別な地位規定（連邦憲法第153条）〈マレーシア〉　188-190, 197
都市化　2
特許制度　23
特恵財閥〈韓国〉　79
ドミノ理論　254
取り巻き中心主義　→クローニズム

ナ 行

内陸地方〈中国〉　103, 107, 105, 112
ナクサライト　281
南巡講話　106
二極化　89
西ベンガル州　281
日本　106, 108
2.28事件　119
ネオ・リアリズム（新現実主義）　58
ネオ・リベラリズム（新自由主義）　59
ネットワーク　27
農業保護政策　20
農地改革　164

ハ 行

ハイテク産業　106
バークレー・マフィア　148
覇権安定論　58
客家人　134
発展（開発）指向国家　21
パトロン-クライアント関係　42
バブル経済　29
バリ会議　→第1回 ASEAN 首脳会議
反イスラーム暴動　275
パングリーン　→緑陣営
バンコク宣言　249
反国家分裂法　135
パンブルー　→青陣営
非営利組織（NPO）　45
東アジア共同体　263-265
　　――構想　69
東アジア経済会議（EAEC）　264
東アジア経済グループ（EAEG）　264
東アジア首脳会議　265
東ティモール　247, 258
非正規職　49
非政府組織（NGO）　45, 288
非同盟主義　279

貧困化率　4
貧困ライン　177
ヒンドゥー至上主義　274
閩南人　134
ファミリー・ビジネス　151, 153
ファウンドリー　127
不干渉原則　231
福田ドクトリン　68
普通選挙制　43
ブミプトラ〈マレーシア〉　184, 185, 187, 188
プラザ合意　28, 102, 128, 152, 168, 259, 267
フランス革命　42
不良債権　31
ブルジョワジー　→資本家階級
ブルジョワジーなくして民主主義なし　42
プルタミナ〈インドネシア〉　150
プリブミ　→インドネシア先住民
プロレタリアート　→労働者階級
分割政府　134
分業ネットワーク　125
分権化改革　104
分税制　107, 112
分配結託　38, 39, 61, 62, 85
分離運動　12
分離独立　274
米中接近　126
平和・自由・中立地帯（ZOPFAN）　255
ベトナム戦争（第2次インドシナ戦争）
　　226, 228, 250, 254
ベンテン計画　142
貿易摩擦　63
北米自由貿易協定（NAFTA）　248, 261
ボゴール宣言　67
補助金　22
ボート・ピープル　256
湖南（ホナム）地域〈韓国〉　85
ポピュリズム　178
ポル・ポト派　255, 256
香港　106, 110
本省人〈台湾〉　117

　　　　　マ 行

マイノリティー　285
マフィア〈インド〉　283
マラリ事件〈インドネシア〉　149
マレー人の特別な地位規定　198
緑陣営（パングリーン）　134

緑の革命　282
ミニ韓国説　206
民営化　108, 109, 170
民間企業主導型開発モデル　208
民主化　7
　　──勢力　45
民主主義　4, 36, 38
　　──体制期　164
民主進歩党（民進党）　127
民主党　147
民進党　→民主進歩党
民族アイデンティティー　49, 78
民族義勇団（RSS）　285
民族別割当制度（クォータ制度）　188
メコン河流域圏（GMS）　252
メコン地域開発　252
毛沢東時代　95, 98, 99

　　　　　ヤ 行

闇の経済　283
輸出加工区　122, 195
輸出指向工業化　22, 54, 166, 195
輸出指向工業化政策　79, 121
癒着　154
輸入代替工業化　22, 165
輸入代替指向　278
輸入代替政策　148
よいレント　23, 32, 54, 56
幼稚産業　21
与村野都〈韓国〉　85
予防外交　257
嶺南（ヨンナム）地域〈韓国〉　85

　　　　　ラ 行

冷戦　61, 65
レント（権益）　20, 36, 54, 63, 66, 70, 90, 102,
　　103, 108, 109, 112, 113, 207, 234, 237
　　──・シーキング（レント追求）　240
　　──追求行動　38
連邦憲法第153条　→特別な地位規定
連邦制〈インド〉　278
労働者階級（プロレタリアート）　42, 48
労働集約型産業　102

　　　　　ワ 行

ワシントン・コンセンサス　31

事項索引　317

A

AFTA →ASEAN自由貿易地域
APEC →アジア太平洋経済協力
ARF →ASEAN地域フォーラム
ASEAN →東南アジア諸国連合
ASEAN+3 66, 69, 264, 265
ASEAN4 5
ASEAN拡大外相会議 247
ASEAN閣僚(外相)会議 247
ASEAN共同体 241, 266
ASEAN協和宣言(第1次) 255
ASEAN経済共同体 253
ASEAN憲章 266
ASEANサミット 247
ASEAN自由貿易地域(AFTA) 197, 258-260, 266
ASEAN地域フォーラム(ARF) 67, 232, 257
ASEANディヴァイド 253

B

BJP →インド人民党
BRICs 6, **284**

C

CSCE →全欧州安全保障協力会議

E

EAEC →東アジア経済会議
EAEG →東アジア経済グループ
EC →欧州共同体
EU →欧州連合

F

FDI →外国直接投資 234
FTA →自由貿易協定

G

GATT →関税及び貿易に関する一般協定
GDP →国内総生産

GMS →メコン河流域圏

I

IGGI →インドネシア援助国会議
IMF →国際通貨基金
IT企業 271

N

NAFTA →北米自由貿易協定
NATO →北大西洋条約機構
NEP →新経済政策
NGO →非政府組織
NIEs →新興工業経済地域群
NPO →非営利組織

O

OBC →他の後進諸階級
ODA →政府開発援助
OEM 125

P

PETRONAS →国営石油会社

R

RSS →民族義勇団

S

SC →指定カースト
ST →指定部族

T

TAC →東南アジア友好協力条約

U

UMNO →統一マレー人国民組織

W

WTO →世界貿易機関

Z

ZOPFAN →平和・自由・中立地帯

●人名索引●

ア 行

アキノ，コラソン（Corazon Aquino）　**168**, 171
アキノ，ベニグノ（Benigno Aquino, Jr.）　168
アクバル大帝（Talāl al-Dīn Mohammad Akber）　274
アショカ王（Aśoka）　273
アピシット（Abhisit Vejjajiva）　220
アロヨ（Gloria Macapagal-Arroyo）　176, 178
アンベドカル（Bheemrao Ramji Ambedkar）　273
李承晩（イ・スンマン）　9, 43, 78, 82
李明博（イ・ミョンバク）　90
ヴィクトリア女王（Queen Victoria）　275
エストラーダ（Joseph Estrada）　173, 178
エンゲルス（Friedrich Engels）　46
エンブリー（John F. Embree）　203

カ 行

ガンディー，インディラ（Indira Gāndhī）　281-283, 285, 288
ガンディー，ソニア（Sonia Gāndhī）　288
ガンディー，マハトマ（Mahatma Gāndhī）　9, 273, **277**, 285
ガンディー，ラジブ（Rajiv Gāndhī）　283
金鍾泌（キム・ジョンピル）　85
金大中（キム・デジュン）　85, **86**-89
金泳三（キム・ヨンサム）　82, 83, 85
クリアンサック（Kriangsak Chomanan）　207, 216
胡錦濤　95, 107, 113
胡耀邦　104
小泉純一郎　69
江沢民　**95**, 104, 107, 110, 112, 113

サ 行

サマック（Samak Sundaravej）　219, 220
サリット（Sarit Thanarat）　207, **209**-212, 216
シャストリ（Lal Bahadur Shastri）　280
蔣介石　123, 126
蔣経国　126, 127
ジョンソン（Chalmers Johnson）　21
シン，マンモハン（Manmohan Singh）　284, 290
スカルノ（Sukarno）　9, 141, 144, 145, 251
スターリン（Iosif Vissarionovich Stalin）　46, 280
スチンダー（Suchind kraprayoon）　215
ストウォ，イブヌ（Ibunu Sutowo）　150, 152
スハルト（Suharto）　36, 62, 141, 144, **145**-157, 216, 254, 265
セン，アマルティア（Amartya K. Sen）　281, 289
ソムチャーイ（Somchai Wongsawat）　220
ソンティ（Sonthi Boonyaratglin）　218, 219

タ 行

タクシン（Thaksin Shinawatra）　215, **217**-220
田中角栄　68, 149
タノーム（Thanom Kittikachorn）　207, **209**, 211, 212, 215, 216
チャーチャーイ（Chartchai Chunhavan）　252
趙紫陽　104
全斗煥（チョン・ドゥファン）　82, 83
チン（Chin Sophonpanich）　211
陳水扁　132, 134, 135
デューイ（John Dewey）　40
鄧小平　95, 98-101, 103-106, 112, 113, 129, 262

ナ 行

ニクソン（Richard Milhous Nixon）　254
ネルー（Jawāharlāl Nehru）　9, 277, 280-282
盧泰愚（ノ・テウ）　83, 85
盧武鉉（ノ・ムヒョン）　82, 89

ハ行

馬英九　135, 136
パオ（Pao Sriyanond）　211
朴正熙（パク・チョンヒ）　36, 62, **79**, 82, 83
鳩山由紀夫　69
ハビビ（Bacharuddin Jusuf Habibie）　152-156
ハンティントン（Samuel P. Huntington）　10
ピブーン（Pleak Phibunsongkhram）　**209**, 211
福田赳夫　68
ブッダ　273
ブトロス＝ガリ（Boutros Boutros-Ghali）　257
プレーム（Prem Tinsulanonda）　207, 212, 216
ヘン・サムリン（Heng Samrin）　256
ホー・チ・ミン（Ho Chi Minh）　**236**
ポル・ポト（Pol Pot）　255, 256

マ行

マカパガル（Diosdado Macapagal）　164
マグサイサイ（Ramon Magsaysay）　164
マハティール（Mahathir Mohamad）　**192**, 193, 196, 197, 263, 265
マハラノビス（Prasanta Chandra Mahalanobis）　278
マルクス（Karl H. Marx）　46
マルコス（Ferdinand E. Marcos）　36, 62, 127, **166**-168, 171, 216
マンダル（Mandal）　284, 286, 287, 289, 290
メガワティ（Megawati Sukarnoputri）　156
毛沢東　9, 46, **95**, 98-101, 112

ヤ行

ユドヨノ（Susilo Bambang Yudhoyono）　156, 157

ラ行

ラザク（Abdul Razak Hussein）　188, 195
ラモス（Fidel Ramos）　**171**, 173
リー・クアンユー（Lee Kuan Yew）　**199**, 265
李登輝　119, **127**, 128
レーニン（Vladimir Illich Lenin）　46

ワ行

ワヒド（Abdurrahman Wahid）　156

●編者紹介

片山　裕（かたやま　ゆたか）
　　京都ノートルダム女子大学副学長
大西　裕（おおにし　ゆたか）
　　神戸大学大学院法学研究科教授

アジアの政治経済・入門〔新版〕
Introduction to the Political Economy of Asia, 2nd ed.　　　〈有斐閣ブックス〉

2006 年 12 月 25 日　初版第 1 刷発行
2010 年 5 月 15 日　新版第 1 刷発行
2016 年 9 月 20 日　新版第 3 刷発行

編　者　　片　山　　　裕
　　　　　大　西　　　裕
発行者　　江　草　貞　治
発行所　　株式会社　有　斐　閣

郵便番号 101-0051
東京都千代田区神田神保町 2-17
電話　(03)3264-1315〔編集〕
　　　(03)3265-6811〔営業〕
http://www.yuhikaku.co.jp/

印　刷　株式会社新製版
製　本　牧製本印刷株式会社

© 2010, Yutaka Katayama, Yutaka Onishi.
Printed in Japan
落丁・乱丁本はお取替えいたします。
★定価はカバーに表示してあります。
ISBN 978-4-641-18386-5

JCOPY　本書の無断複写（コピー）は、著作権法上での例外を除き、禁じられています。複写される場合は、そのつど事前に、(社)出版者著作権管理機構（電話03-3513-6969, FAX03-3513-6979, e-mail:info@jcopy.or.jp）の許諾を得てください。